# 教育AIが変える21世紀の学び

## 指導と学習の新たなかたち

ウェイン・ホルムス、
マヤ・ビアリック、
チャールズ・ファデル 著

東京学芸大学大学院・教育AI研究プログラム
関口貴裕 編訳 訳

Artificial Intelligence In Education
Promises and Implications for
Teaching and Learning
Takahiro Sekiguchi
Education by Artificial Intelligence Program,
Graduate School of
Tokyo Gakugei University

Wayne Holmes
Maya Bialik
Charles Fadel

北大路書房

# ARTIFICIAL INTELLIGENCE IN EDUCATION

by Wayne Holmes, Maya Bialik and Charles Fadel

Japanese translation published by arrangement with
Center for Curriculum Redesign through Japan UNI Agency Inc, Tokyo.

CENTER FOR
CURRICULUM
REDESIGN

Making Education *More* Relevant

# 編訳者はしがき


　本書は，ウェイン・ホルムス（Wayne Holmes），マヤ・ビアリック（Maya Bialik），チャールズ・ファデル（Charles Fadel）の３氏による"*Artificial Intelligence in Education: Promises and Implications for Teaching and Learning*"を翻訳したものである。このうち，ファデル氏とビアリック氏は，編訳者が翻訳に関わった『21 世紀の学習者と教育の４つの次元』（*Four-dimensional Education*）（北大路書房，2016 年）の著者でもあり，複雑で予測不能な 21 世紀の世界における教育のあり方を論じ，発信しているソートリーダーである。本書は，この２人が，教育 AI の専門家であるホルムス氏とともに，AI の発展が教育の「何を教えるか」と「どのように教えるか」に与える影響を論じたものであり，AI 時代を見据え教育を変えていくことに関心をもつ多くの教育関係者に読んでいただきたい書である。

　仕事や生活の場で AI がさまざまな変化を起こしつつある中で，教育もその影響を受けることは必至である。これに対し，学校教員をはじめとした教育関係者は，「AI で教育の姿が大きく変わる」「より効果的な授業ができる」から，「AI なんか役にたたない」「人による教育でなければ意味がない」まで，さまざまな意見をお持ちのことだろう。しかし，それはどこまで教育 AI の実態をふまえてのものだろうか。AI の議論はとかくイメージ先行になりがちだが，大切なことは，AI の仕組みと実際の事例をふまえて，正しく恐れ，正しく期待することである。しかし，見渡してみると「AI 時代に必要な力」を語る書籍こそ多いものの，指導と学習に AI が何をもたらすかを具体的な事例をもとに紹介した書籍はほとんどない。これに対し，本書は教育 AI について多様な応用例を紹介し，さらに今後の可能性や倫理的問題までを詳しく論じている。AI で何ができるかを知り，それに備えたいと考える多くの関係者にとって格好の

書であるだろう。

　また一方で，本書は「AI時代に必要な力」を語った書でもある。しかし，同様の書がコンテンツ（教科内容）よりも，コンピテンシー（資質・能力）の教育に重点を置くのに対し，本書はあえて「AIが何でも教えてくれる世界で，何を学ぶべきか？」という視点から，コンテンツの教育に目を向けている。日本でも，2017年，2018年に改訂された新しい学習指導要領によるコンピテンシー重視の教育が始まったが，だからといってコンテンツの学びがなくなるわけではない。そこでは，各教科等の特質に応じた物事をとらえる視点や考え方，すなわち「見方・考え方」を身につけることで，学校卒業後にも活きる力や知識を育成することに重きが置かれている。本書の前半部では，「コア概念」を軸とした教育の重要性が強調されるが，これは，新学習指導要領の「見方・考え方」にきわめて近い考えと言えるだろう。その意味で本書は，新学習指導要領の学びをAI時代に対応した学びととらえなおし，より深く理解することを可能にするものである。

　本書の翻訳の経緯を少し紹介すると，きっかけは，訳者の一人である細川太輔先生が，ファデル氏より翻訳のお誘いをいただいたことであった。ちょうどそのころ，編訳者らが勤務する東京学芸大学では，AIが教育に重要な役割を果たす社会を見据え，それを支援する人材を養成する「教育AI研究プログラム」を修士課程に開設したところであった。このプログラムでは，AIの技術や教育への活用方法を学ぶのは当然として，21世紀の教育それ自体についてもコンピテンシーとコンテンツの両面から学ぶものであり，教育の「どのように」を「何を」とともに考えるという本書の理念と内容は，まさに本プログラムのそれと同じものであった。こうしたことから，本プログラムのメンバーを中心に翻訳のプロジェクトがスタートした。

　翻訳に際しては，本書の趣旨をふまえ，AIにも作業に参加してもらった。すなわち，まず全文をAI（株式会社みらい翻訳，Mirai Translator）で翻訳し，そのうえでそれを各訳者が専門的見地から推敲し，さらに編訳者が訳語の統一や内容の調整などを行った。はからずも編訳者は人間とAIの共同作業を目の当たりにすることになったが，正直，両者の間で不連続性を感じることは少なかった。そうした中で，人間の知とAIの知はどう違うのか，そもそも「知」

とは何かということについて，多くのことを考えさせられた。難しいことはさ
ておいても，今後，AI が人間を助け，教育のあり方を変える強力なパートナー
となることを確信させられた。もちろん，AI は人間の仕事を奪うかもしれない。
たとえば，今後，AI は翻訳者を大いに助けるだろうが，最終的にはその仕事
の多くを奪い，人の手による翻訳は贅沢品の位置づけになるだろう。人による
教育もそうなるのだろうか？　本書を読むかぎり，まだその未来は遠いように
思えるし，技術的に可能なことと社会が望むこととは切り離して考える必要が
ある。いずれにしろ，AI が教育にどのような影響をもたらすかを考えることは，
不安も感じるが，エキサイティングな体験であった。読者も本書を通じて，ぜ
ひそれを体験してほしい。

　なお本書では，教育への AI の利活用，さらには AI それ自体のリテラシー
の教育を担う人材育成についての論考を，「付論：人工知能と教育人材養成」
として載録している。これは，上述の「教育 AI 研究プログラム」を構想した
東京学芸大学の松田恵示理事・副学長にご寄稿いただいたものである。これに
より読者は，AI 時代の教育の姿について「何を」「どのように」だけでなく，「誰
が」を加えた 3 つの視点から，より現実味をもって深く考えることができるで
あろう。

　最後に，北大路書房編集部の大出ひすいさんには，本書の出版を快くお引き
受けいただき，企画段階から刊行にいたるまでさまざまな面で助けていただい
た。ご尽力に心から感謝申し上げたい。そして，貴重な翻訳の機会をいただい
た原著者の皆さん，特にチャールズ・ファデル氏に感謝する。

2020 年 6 月

編訳者　関口 貴裕

リンクがついた PDF バージョンの原稿を，次の URL から入手できる。
http://bit.ly/AIED-BOOK

**本書のキーワード**：教育テクノロジー，EdTech，人工知能，機械学習，深層学習，AI，AIED，カリキュラム，スタンダード，コンピテンシー，コンピュータ利用学習（CBL），深い学び，知識，スキル，人間性，メタ認知，メタ学習，マインドセット，21 世紀の教育，社会情動的スキル，21 世紀コンピテンシー，教育の再設計，21 世紀のカリキュラム，学習指導法（ペダゴジー），学習，仕事，雇用，雇用可能性，エデュプロイメント，OECD Education 2030 プロジェクト，第 4 次産業革命，エクスポネンシャルテクノロジー，パーソナライズ学習，コンピテンシーベースの学習，個別化学習，適応学習

## "Artificial Intelligence in Education"
## （教育 AI が変える 21 世紀の学び）への賛辞

### 国際機関から

「人工知能は既存の価値を打ち壊す存在だが，教育がその最前線となりつつあることを理解している人はほとんどいない。この思慮深く，先見性のある本は，教育界の人々が，知識の伝達を否定する流行（前門の虎）と古い学問規範の復古（後門の狼）という問題に対処しながら，嵐の海を乗り切っていくための助けとなるだろう。実に大胆な知的営みである！」

——ダーク・バンダム，経済協力開発機構（OECD），教育・スキル局副局長

「教育の未来は AI の影響により，十中八九変わるだろう。本書は，そのことに関心をもつ教育者やすべてのステークホルダーに必読の書である。本書は，哲学，科学，工学，大衆文化など，さまざまな分野の事例を織り交ぜた学際的な学びとなっており，わかりやすく，面白い。また，著者らは，AI 技術を大げさに宣伝するのではなく，学習科学に根ざして，それがもつ利益とリスクの両方に対し批判的な見解を示している。本書は「何を」「どのように」教えるかを示すさまざまな枠組みの参考資料としても，不確実ではあるが，エキサイティングな未来を予測するためのモデルとしても，ぜひ手元においておきたい本である。」

——ジム・フラナガン，International Society for Technology in Education（ISTE），
最高執行責任者兼戦略責任者

「AI に関する誇大広告に惑わされることなく，指導と学習の未来をデザインすることを深く考えさせてくれる必読の書である。バランスよく明快に書かれておりわかりやすく，第 4 次産業革命が始まったこの時代における重要な指針であ

る。」

——キース・クルーガー, Consortium for School Networking（COSN）, 最高経営責者

「 *"Artificial Intelligence in Education"* は，パーソナライズされた現代的なカリキュラムへの移行と，指導と学習における AI の役割という，互いに関連した2つの重要なテーマを深く追求した画期的な書籍である。この本は，これら2つの研究領域を見事に概観し，それらを統合することで，子どもたちすべての教育を向上させる基盤を確立している。」

——ロブ・アベル, IMS Global Learning Consortium, 最高経営責任者

「 *"Artificial Intelligence in Education"* は，**政策立案者や教育者が人工知能について深く理解し，そこに何があるのかを教えてくれる，初の国際的，包括的な試みである。**読者はその分析的な視点と，仕事や文化，社会生活など日常の多くが人工知能の挑戦を受ける世界にあって，教育の意義を再確認すべきという価値の提案を必ずや歓迎するだろう。」

——フランチェスク・ペドロ, UNESCO, 教育政策部部長

「 *"Artificial Intelligence in Education"* は，時に読者を不安にさせるかもしれないが，教師や生徒の教育への関わりに AI がどのような影響を与えるかについて詳細な分析を提供し，AI に関する議論に大きな貢献をしている。この本は，**人工知能がカリキュラムの設計や学習の個別化，教育評価にどのような影響を与えるかを解説しており，それがもたらす興味深い未来（たとえば，入試に終わりをもたらすことや，AI が生涯にわたる学習コンパニオンとなること）を，誇大広告となることなく，垣間見させてくれる。**今後の倫理的，技術的，教育的な課題は山積みであり，また人工知能を使った製品やサービスが教育システムの力以上に急速に発展して，それらを適切に教育に組み込むことができなくなってしまうリスクは現実にあるだろう。著者らが結論で述べているとおり，「人工知能を教育にどう展開させるかは，コンピュータ科学者，AI エンジニア，大手 IT 企業など，他の人たちに任せることもできるし，自ら生産的な対話に参加することもできる」と言いたい。私は本書を，このデジタル世界における教育の未来に関心をもつすべての人に勧める。」

——マーク・デュランド, European Schoolnet, 事務局長

## 企業から

「第4次産業革命は，K–12（幼稚園から高校まで）教育と成人後の学びのどちらに対しても，かつてない影響を与えるだろう。本書は「何を学ぶべきか」「どのように学ぶのか」のそれぞれに対し，AI がこれからもたらす変化を包括的かつ詳細にまとめてくれている。」

——ウルリク・ユル・クリステンセン，Area9 Lyceum，最高経営責任者；
Area9 Group，執行役員兼会長


「教育における AI の可能性を実現するためには，コンピテンシーベースの学習への移行に際し，AI がカリキュラムの現代化にどのように関わるのかを世界中の教育リーダーやステークホルダーがともに深く理解していかねばならない。本書は，その理解を深めるための最強の基盤である。誇大広告に惑わされることなく，学習に対して AI ツールを適切かつ正確，効果的に使うことを目指す人にとって必読の書である。」

——マリア・ラングワーシー，Microsoft，Worldwide Education Research，ディレクター


「この新刊書 *Artificial Intelligence in Education* は，AI 時代で活躍するために知っておくべきことや，AI が教育産業や社会にどのような影響を与えるかを読者に教えてくれる。未来の学習者が成功するには，従来からの知識やスキルに加えて，メタ学習のスキルや人間性の形成につながる体験がより重要となるだろう。教育産業は AI を使って，教師や学習者が急速な変化の中でも成功できるよう支援するだろうし，最先端の AI システムは，ユーザーの知識や目標をますます適切にモデル化していくだろう。本書で繰り返し述べられるテーマかつ警告は，これらのテクノロジーや経済的な力が望ましい成果につながるよう，あるいは，望ましくない形となっても大丈夫なように，各個人がそれに積極的に関わっていくべきだということである。」

——ジム・スポーラー，IBM，Mapping AI Progress with Cognitive Opentech Group，
ディレクター


「解決すべき問題がどんどん複雑化するこの激動の時代にあって，より良い人材を求めることは企業等が成功し生き抜くためにきわめて重要なことである。人間の頭脳を生かす手段としての AI の役割は，広く研究されている。AI を活用

して学習を加速すること，またそれを広く利用できるようにすることは，本書の非常に複雑なテーマである。**本書は，枠組みやチュートリアルを広く包括的に集めたものであり，専門家だけなく初心者でも使えるように補足説明もついている。**これは，この分野を探究するリーダーや研究者にとって必須のツールである。」

——ジョン・アベル，Boston Scientific，名誉会長・共同設立者

## 財団ならびに非営利団体から

「情報がオンラインで簡単に手に入る世界で，学校はどうしたら意味ある存在であり続けられるだろうか？　人工知能の出現により，こうした対話の必要性が高まっている。"*Artificial Intelligence in Education*"は，AI時代の生徒に何を教えるべきかの議論に読者を導き，また，AIの存在が学校カリキュラムのアップデートの必要性を高めていること，すなわち，学習を生徒の人生にとって楽しく，有意義なものにするという最終目標に向けて教育内容を現代化し，また，コア概念に焦点を当て，学際的なテーマやコンピテンシーの育成をそこに埋め込む必要性を高めていることを検証している。さらに本書の第2部では，教育におけるAIの歴史やその技術と応用について，AIがどのように教師の仕事を助けるかを含めて掘り下げ，最終的にAIの社会的側面について考察している。この本は，**学校を不確実な未来に対応させ，有意義な存在であり続けるようにしたいと願う教育者や政策立案者にとって必読の書である。**」

——アマダ・トレス，National Association of Independent Schools（NAIS），Studies, Insights, and Research 部門，副会長

## AI や EdTech，教育に関する思想的リーダーより

「**本書は，21世紀の教育の目標や方法にAIがどのような影響を与えるかを理解するためのベンチマークである。**」

——ヘンリー・カウツ，Goergen Institute for Data Science，創設者兼ディレクター；Association for the Advancement of Artificial Intelligence（AAAI），前会長

「AI は，イノベーションを中心とした，グローバルな知識基盤社会において**生徒たちが活躍するために必要な知識やスキルを変化させている**。こうした野心的な成果を成し遂げるために，AI はまた，これまでになく強力な指導法，学習法を現実のものとしつつある。この素晴らしい本はさらに，社会の変化という大きな文脈における教育と AI の関係についても論じてくれている。」

——クリス・ディード，ハーバード大学大学院教育学研究科，
Learning Technologies, Technology, Innovation, and Education Program,
ティモシー・E・ワース・プロフェッサー

「*"Artificial Intelligence in Education"* は，**中等教育に求められる新たな目標と，教育者がそれを学習体験の中に組み込む方法**の 2 つをまとめたものとして，これまでで最高のものである。」

——トム・ヴァンデル・アーク，Getting Smart，最高経営責任者；
ビル＆メリンダ・ゲイツ財団，初代教育部長

「**私たちは第 4 次産業革命の真っただ中にいる**。私たちが暮らす世界は，人工知能とロボット工学の世界，すなわちデジタル化，グローバル化された世界へとますます変化しつつある。教育者として，そう，特に教育者として，私たちはこの複雑で不確実な人工知能の時代を歩むための指針を必要としている。*"Artificial Intelligence in Education: Promises and Implications for Teaching and Learning"* は，その待望の指針である。」

——アンソニー・マッケイ，National Center for Education and the Economy（NCEE），
最高経営責任者

「*"Artificial Intelligence in Education"* の著者たちは，**AI の力を教育に活かすための『どのように教えるか』のロードマップを見事に示してくれている**。この本は，すべての教育者，政策立案者，カリキュラム設計者にとっての必読の書である。」

——ロバート・マルテッラッチ，C21, EdTech Pioneer，共同創設者，会長

「*"Artificial Intelligence in Education"* は，実は 2 冊の本で構成されている。1 冊目は，21 世紀の学びに向けた包括的なカリキュラムの枠組みを示しており，2 冊目は，学習における AI の活用に関する詳細なレビューである。**教育の未来に**

関心をもつ人々にとって，本書はかけがえのない資料である。」

——トニー・ワグナー，ベストセラー『未来の学校』（*The Gloval Achievement Gap*），
『未来のイノベーターはどう育つのか』（*Creating Innovators*）の著者

# 謝　辞

## ウェインより

　トレーシー，ケイト，オリバーへ。私の人生の中にいてくれてありがとう。友人であり，同僚であるデニス，ディエゴ，ダグ，ドゥイグ，アイリーン，イグ，ジュリエット，カスカ，ローリー，マノリス，マリア，マーク G，マーク N，ローズ，セイジ，そしてスタマティーナ。あなたたちのやさしさ，助言，そして力添えに感謝します。

## マヤより

　「どうして，こんなことを学ぶ必要があるの？」と聞いてくれた生徒たちに。そして，教育制度が変わるまで，それを問い続ける人たちに。
　私の先生たち，特に概念的に考えること，批判的に考えることを教えてくれた父に。
　そして，生徒たちにとって学びが意味あるものとなるよう頑張っているすべての先生方へ。

## チャールズより

　慈悲深き未来の AI へ（私を覚えていてね！）
　充実した人生を望む，あまたの人々へ。あなたたちの存在が私の内なる動機です。ありがとう！
　アリーン，キャロル，そしてナタリーへ（アルファベット順）。その愛に，私

のすべてをこめて。

　長年の友人，河合千春へ。感謝をこめて。

　エレン・コシュランドへ。この教育の冒険における彼女の信頼と友情に。

　ニューラルネットワークモデルの冬の時代にニューロダイン社の旅の始まりをともにしてくれた共同設立者，クロード・クルーズへ（タイミングこそすべてだ！）。

　私の素晴らしい共著者たちへ。彼らの多大なる忍耐と数多くの専門的見地からの力添えに感謝します。


　著者らはまた，原稿をチェックしてくれたすべての皆さんの温かい支援に感謝します。

　そしてCCRは，この本の執筆そしてCCRの業務全般に対する，以下のすべての人々のアイデア，意見，そして貢献に感謝の意を表します（姓のアルファベット順）。

　ジョン・アベル，アルフォンド家（バーバラ，ビル，ジャスティン，カット，テッド），リー・バチェラー，マイケル・ブルーニゲス，アナマリア・ディニス，パット・ファレンガ，イーロン・ジョニ，ブレンダン・グリフェン，ダニー・ヒルズ，ジム・コシュランド，シバ・クマリ，ローズ・ラッキン，レティシア・ライル，リック・ミラー，アンリ・モザー，アッチリオ・オリヴァ，グレッグ・パウェル，ロバート・ランダル，トッド・ローズ，キャシー・ルービン，ハリー・ルービン，コートニー・セール・ロス，ブロア・サクスバーグ，アンドレアス・シュライヒャー，モーガン・シルバー・グリーンバーグ，レイ・ステータ，そしてご支援いただいているすべての財団へ。


資料の出典元に感謝を込めて。これらの資料は，著作権法の公正使用の原則に基づき，非営利の教育活動として利用されている。

# 目 次

## Table of Contents

Part One
What Should
Students
Learn?
The Impact
of AI on
Curriculum

# 第 **1** 部
# 生徒は何を学ぶべきか？
## AI がカリキュラムに与える影響

Part Two
The How:
Promises and
Implications of
AI for Teaching
and Learning

# 第 **2** 部

# どのように？

## 指導と学習に対する AI の可能性と影響

# はじめに――背景

　人工知能（artificial intelligence；AI）[訳注]はおそらく今世紀前半の原動力となるテクノロジーであり，人間の取り組みのすべてとまでいかなくとも，事実上，あらゆる産業を変容させるだろう[1]。世界中の企業や政府は膨大な資金をそのさまざまな実装に投入しており，現在，数十社のスタートアップ企業が数十億ドルもの資金を得て活動している。

[訳注]　人工知能（artificial intelligence）：「人工知能」（artificial intelligence）という用語に対しては，「拡張知能」（augmented intelligence）という表現のほうが適切ではないかという議論もある。これに対し原著は，どちらの立場にも与せず「AI」という表現を主に使用している（p.82 参照）。訳書である本書も，「artificial intelligence」と書かれた場合のみ「人工知能」と訳し，その他はすべて「AI」という表現を使用している。

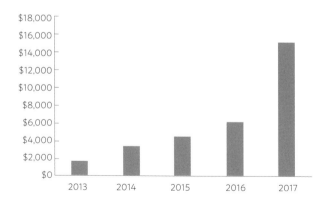

図 0-1　2013 〜 2017 年の間で世界の AI 関連スタートアップ企業になされた資金提供の様子（単位：百万米ドル）[2]

AIが教育に影響を与えることはないというのは，甘い考えだろう。それどころか，その可能性は大いにある。しかし，今のところ過大評価もされているようである。本書は，現実と誇大広告（次の図0-2を参照）の間の，また，本当の可能性と荒っぽい推定の間の正しいバランスを示すことを試みるものである。あらゆる新技術は，期待や評判が急激に高まる時期の後，必然的にそれに応えられなくなって期待が急落し，その後，技術が発展して生活に組み込まれるにつれ緩やかに成長していく。以下のガートナー社（Gartner）の図（図0-2）に表されているように，それぞれのテクノロジーは常にこの曲線上のどこかに存在すると言える（たとえば，AIの一部である深層学習〈deep learning〉は，現在ピークに位置している）。

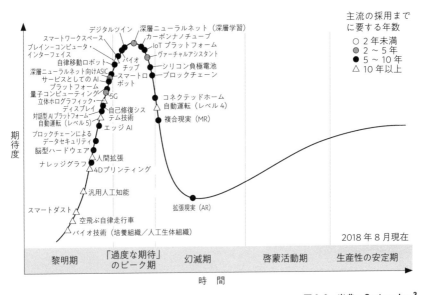

図0-2　出典：Gartner Inc.[3]

　もちろん，これほど急速に進歩している分野について将来を予測しようとするのは，危険な考えである。したがって，この作業は（ソフトウェアやアプリからわかる）技術の発展に応じて定期的に更新されるべきだろう。

　この本は，「教育には2つの問題があるだけだ。何を教えるかと，それをど

のように教えるかである」[4]という，やや軽薄な文句を中心に構成されている。このため，本書は2つのパートに分かれており，一つは「何を」に焦点を当て，もう一つは教育AIによる「どのように」に焦点を当てている。

## 何を

> 私たちが向かっているのは，アルゴリズム[訳注]が書けるようになるか，……さもなければ，アルゴリズムに置き換えられるか，という世界だ。
> ——ヘッジファンド会社ブリッジウォーターの億万長者，レイ・ダリオ（Ray Dalio）

[訳注] アルゴリズム：コンピュータなどで情報処理を行う際の手順や方法のことだが，本書ではそれを実装した「プログラム」や「ソフトウェア」のような意味にも使われている。補足2, p.206も参照。

本書の第1部では，「AIの時代に生徒は『何を』学ぶべきか」という問いを探求する。そして，その当然の帰結として，「何でも検索でき，何でも知的エージェントに探してもらえるなら，なぜ何かを学ぶ必要があるのか？　本当に学ぶ価値のあるものは何か？」という挑発的な問いについても探求している。

AIは多くの仕事に影響を与えるので，何を教えるかにも大きく影響すると広く考えられている。たとえば，経済協力開発機構（OECD）の国際成人力調査（Programme for the International Assessment of Adult Competencies；PIAAC）[5]の例を見てみよう。この調査では，読解力，数的思考力，ICTを活用した問題解決力といった重要な情報処理スキルに関する成人の習熟度を測定し，また，成人が家庭や職場でどのようにそのスキルを活用しているかに関する情報やデータを収集している。それによると，すでにAIは，50%以上の成

表 0-1

| 習熟度レベル | OECD加盟国の成人の割合 | 人工知能 |
|---|---|---|
| レベル2以下 | 53% | 該当 |
| レベル3 | 36% | ほぼ該当 |
| レベル4〜5 | 11% | 非該当 |

出典：Elliott Stuart, "Computers and the Future of Skill Demand."[6]

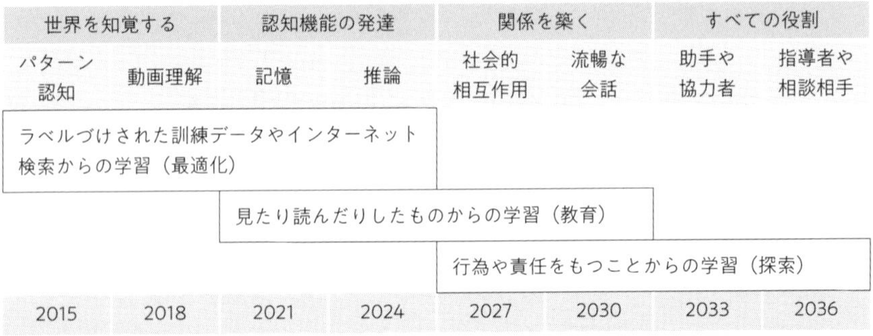

| 世界を知覚する | | 認知機能の発達 | | 関係を築く | | すべての役割 | |
|---|---|---|---|---|---|---|---|
| パターン認知 | 動画理解 | 記憶 | 推論 | 社会的相互作用 | 流暢な会話 | 助手や協力者 | 指導者や相談相手 |
| ラベルづけされた訓練データやインターネット検索からの学習（最適化） | | | | | | | |
| | | 見たり読んだりしたものからの学習（教育） | | | | | |
| | | | | 行為や責任をもつことからの学習（探索） | | | |
| 2015 | 2018 | 2021 | 2024 | 2027 | 2030 | 2033 | 2036 |

図 0-3　出典：Jim Spohrer, IBM[7]

人と同等のレベルに達しており，さらに続く 36％の人たちにも迫っている。

　こうした AI の進歩は加速度的なペースで続くはずだ。IBM のオープンリーダーボード（Open Leaderboard）は，多くの指標の変化を追うことによって，この進歩の状況を把握しようとしている。それによると，AI は，2020 年代初頭までに深い自己学習の領域に達し，2030 年代初頭までに人を支援したり，協働したり，さらにはコーチングや仲立ちをしたりするまでの能力を備えるようになるという。

　以上のことから，この「何を」のパートでは，不確実な将来に対するヘッジとして，深く幅広い，そして多能性を重視する教育に焦点を当てることが重要だと指摘する。それは，以下に示す，現代教育の「深い学習目標」に焦点を当てなおすことを意味する。

・どんな生き方や仕事にも対応できる多能性（versatility）を身につけること。
・適用性が高く，生徒がやる気をもてる，今日的な意義（relevance）のある学びをすること。
・将来，幅広く活用できる転移（transfer）[8] 可能な学びとなること。

これらはすべて，以下を通じて育成される。

- ・伝統的知識の中の重要な分野を特に取り上げる。
- ・現代的な知識を加える。
- ・必須のコンテンツとコア概念に重点を置く。
- ・現実世界への応用を介した学際的な学び。
- ・知識の領域にスキル，人間性，メタ学習を組み込む。

## どのように

　本書の第2部では，AIはどのようにして教育を向上させ，変革することができるのかという問いに取り組む。まずは，教育テクノロジー（EdTech）全般と教育における人工知能（artificial intelligence in education；AIED）を明確に区別することが重要であるが，この分野の分類法とオントロジーはかなり曖昧なので，EdTech が提供するものを簡単にまとめておくことが，今の段階では適切だろう。以下の SAMR（Substitution-Augmentation-Modification-Redefinition）モデル[9]を使用して，「どのように」の章では，AIED がいかにこのすべての階層に広がっており，層があがるにつれその影響が大きくなっているかを示す。

図 0-4　SAMR（Substitution, Augmentation, Modification, and Redefinition）モデル

図 0-4 は，モデルの説明をわかりやすくするために，未来のではなく，現在のアプリの例を示している。これらのアプリは「テクノロジー」という言葉で一緒くたにされ，その可能性が曖昧にされることが多い。これに対し，このモデルは，機能的変化をともなわない単なる「代替」（substitution）から，以前は考えられなかった新しいタスクの創造にいたるまで，テクノロジーがさまざまなタイプのインパクトをもたらすことを明らかにしてくれている。

## 評価の役割

測定できるものは，管理できる。　　　　　　　——ケルビン卿（Lord Kelvin）

評価（assessment）は，多くの教育論争における隠れた悪役であり，制度の惰性を固定化する強力な力である。有名なアリストテレスの三段論法をここに採用しよう [10]。

人間のさまざまな問題の根っこには，教育の欠如や不適切さがある。
評価は，私たちがどのような教育を受けるかを決める。
したがって，人間のさまざまな問題の根っこには，評価の問題がある。

本書の焦点ではないが，評価がこの変化のプロセスにおいて重要な役割を果たすことは明らかであり，それは AI を用いた（主に形成的）評価システムとしてなされるだろう。

OECD 教育・スキル局のアンドレアス・シュライヒャー（Andreas Schleicher）局長は，「簡単に測れる力は，簡単に自動化できる力である」と公言し，評価の世界に対し，その焦点を再調整して，この変化を後押しするよう挑発している。

## おわりに

読者の関心や何を重要と考えるかは，トピックによって異なるだろう。たとえば，政策立案者やカリキュラム設計者は最初に「何を」のパートを読むこと

を選び，教師やITの専門家はまず「どのように」のパートを選択するのではないだろうか。

　そのため，本書では「何を」のパートと「どのように」のパートが互いに独立して書かれている。また，特に細かい技術について，わかりやすくするため，補足説明のパートも置かれている。

　最後に，私たちはみな時間に追われているため，アントワーヌ・ド・サン＝テグジュペリ（Antoine de Saint-Exupéry）の言葉「完璧がついに達成されるのは，何も加えるものがなくなったときではなく，何も削るものがなくなったときである」を本書の執筆哲学とした。それゆえ，この本は深みのある学術的著作というより，簡潔かつ正鵠を射たものとなることを意図している。本書は「的外れな情報であふれ返る世界にあっては，明確さは力だ」[11] というユヴァル・ハラリ（Yuval Harari）の哲学を忠実に守っているのである。

　読者の皆さんに楽しんでいただければ幸いである。またよろしければ，以下のサイトで皆さんのご意見をお聞かせいただきたい。

info@CurriculumRedesign.org

---

原　註

* URLはすべて原著出版当時のものである。

**1** おそらく，それに匹敵するのはバイオテクノロジーくらいであろう。

**2** https://www.statista.com/statistics/621468/worldwide-artificial-intelligence-startup-company-funding-by- year

**3** http://www.Gartner.com/SmarterWithGartner

**4** Dr. Roger Schank の言葉である。 https://www.rogerschank.com/

**5** https://www.oecd.org/skills/piaac/

**6** https://read.oecd-ilibrary.org/education/computers-and-the-future-of-skill-demand_9789264284395-en#page1

**7** IBM, 2017, Cognitive Opentech Group.

8 　ある領域で学んだ知識が他の領域へと転移すること。

9 　Dr. Ruben Puentedura の言葉である。 http://www.hippasus.com/

10 　「すべての人間は死すべきものである」「ソクラテスは人間である」「ゆえにソクラテスは死すべき
　　ものである」。https://en.wikipedia.org/wiki/Syllogism

11 　Harari, Y. (2018). *21 Lessons for the 21st Century*. Spiegel & Grau.（ユヴァル・ノア・ハラリ（著）
　　柴田裕之（訳）(2019). 『21 Lessons : 21 世紀の人類のための 21 の思考』河出書房新社）

Part One
What Should
Students
Learn?
The Impact
of AI on
Curriculum

# 第1部

# 生徒は何を学ぶべきか？

AI がカリキュラムに与える影響

教育はなかなか変わらない。生徒たちは，カリキュラムの内容に関し，教師でさえ信じていないような，古ぼけた言い訳をいまだに聞かされている。「毎日電卓を持ち歩くことはないだろう？」と言われても，誰もが皆，ポケットの中に超強力な電卓をもっている。それは単なる計算機ではなく，辞書であり，百科事典であり，本や論文，教育ビデオであり，質問をして答えを得るためのプラットフォームでもある。強力なテクノロジーにアクセスできることからは，「何でも Google で検索できるのなら，なぜ何かを学ばなければならないのか？」という疑問が生まれてくる。よりまじめな言い方をするならば，「本当に学ぶ価値があるものは何か？」という問いである。

# 1. 教育の目的

　物事の価値に関するあらゆる議論と同じく，この問題を考えるには文脈が重要である。「学ぶ価値があるものは何か？」という問いに答えるには，まず教育という取り組み全体の目的について問わねばならない。

　この問いは決して新しいものではなく，答えは時代とともに変化してきた。教育制度の当初の目的は，労働者の育成と宗教的知識の付与，そして基本的な読み書きと計算スキルを与えることであった。しかし，社会の構造が変化するにつれ，教育はさらに実用的，社会的，情緒的機能を担うようになった。

　実用的な意味では，学校は高等教育への入り口であり，突き詰めると経済的自立への入り口と見なされる。この考え方では，教育は主に，従業員が最低限の社会的な品質基準を満たしていることを将来の雇用主に示す「お墨つき」としての役割を果たす。一方，教育の社会的意味は，社会のニーズや，そこにおける個人のニーズが発展するのに応じて，ゆっくりと成熟してきた。教育は社会のニーズを満たすために生徒を形づくる方法であると同時に，生徒が自らのニーズを実現するための力を得る手段でもある。最後に，学校はまた情緒的な意味では，学習に刺激を受け，学びに恋する場と見なすことができる（これまで以上に，絶えず新しい状況に適応していくことが求められる世界では，それ

010　Part One What Should Students Learn? The Impact of AI on Curriculum

第1部　生徒は何を学ぶべきか？——AI がカリキュラムに与える影響

はますます重要となる）。

　学習は生涯にわたる営みであるため，初等中等教育（K-12；幼稚園から高校3年生まで）の目標と，後の人生における学習目標は分けて考えなければならない。成人後の学びは，おおむね次の3つの理由から必要となることが多いだろう。

1. 経済的理由：就くことができる仕事が変わり続ける中で，職業に関する専門的知識を得るため。
2. 市民としての理由：情報が爆発的に増え続け，事実を知ることがますます難しくなる中で，投票上の争点についてきちんとした知識をもつため。
3. 個人的理由：新しい趣味を身につけることや，成長したり，自分に挑戦したり，他人と関わったりするなど，個人的な楽しみのため。

　これと対照的に，初等中等教育は，知識とコンピテンシー（competency）の両面で，生徒たちに将来の学習の基礎をつくることに特に焦点を当てている。

1. 基礎となる知識：より多くのことを学ぶためや，あるいは学んだことを現実状況で活用するためのしっかりとした知識の基礎。
   a. コア概念（core concepts）：つながりや意味を生み出し，転移[12] を可能とするために生徒が理解しなければならない最も重要な概念。
   b. 必須のコンテンツ（essential content）：概念を自分のものとするために必要で，また生涯を通じて十分な情報に基づく意思決定ができるために必ず学ぶべき最も重要なコンテンツ知識（内容知識）。
2. 基礎となるコンピテンシー：関連する知識を効果的に呼び出したり，必要に応じてより多くを学んだりする意欲や能力。
   a. スキル（skills）：知っていることをどう使うか。創造性，批判的思考，コミュニケーション，協働のスキルをどのように活用するか。
   b. 人間性（character）：マインドフルネス，好奇心，勇気，レジリエンス，倫理，リーダーシップをもって，どのように行動し，どのように世界と関わるか。

c. メタ学習（meta learning）：どのように省察し，どのように適応するか。メタ認知や成長型マインドセット（growth mindset）など。

　私たちが 21 世紀の教育についてのワークショップを開き，「将来に備えるために，生徒たちが学ぶべきことは何ですか？」と尋ねたときに返ってくる答えは，聴衆が教育者であっても，学校管理職，政策立案者，産業界の代表であっても，いつも同じようなものであった。

　英語の授業で読む特定の本のことや歴史の授業における特定の時代のことを話す人はほとんどいない。また，数学のある分野や生物学の話題について言及する人もいない。ミトコンドリアが細胞の動力源であることを学習することが重要だと言ったりした人は一人もいなかったのである。はっきり言って，返ってくる答えはいつも「批判的に考える方法」や「システム思考」「倫理」「コミュニケーション」「学び方の学び」などばかりだ。

　直感的には，コンテンツ知識は，生徒が学校教育で身につける，おそらく最も重要度が低いものであることはわかっている（実際，ほとんど身についていない！[13]）。しかし，何度となく行われた善意の教育的努力によって，カリキュラムの内容は際限なく膨れ上がっており，その結果，最も重要な学びに費やすことのできる時間はほとんど残っていない。

　それは，実に無邪気に始まる。「生徒がより高度な題材を学ぶには，基本的な読み書きのスキルと計算の知識が必要です」と。しかし問題は，専門家にならない大多数の生徒たちには何を教えれば十分なのかや，そもそも専門家になろうとしている子どもがいるのかが，はっきりしないことである。

　一方で，教育者は協働（collaboration）のスキルのようなコンピテンシーを教えてはいるが，それはおまけ的なものであることが多く，計画的，体系的，包括的，実証可能な方法によるものではない。こうしたコンピテンシーはコンテンツ知識よりも測定が困難であるため，それらに焦点を当てた評価が行われることもほとんどない。その結果，コンテンツの学びに時間をかける誘惑にまけてしまい，コンピテンシーについてはその過程で暗黙のうちに学習されることを期待してすましてしまう。

　UNESCO は言っている。「質の高い教育制度は，学習者が継続的にコンピテ

012　Part One What Should Students Learn? The Impact of AI on Curriculum

第1部　生徒は何を学ぶべきか？——AI がカリキュラムに与える影響

ンシーを身につけ，さらには新たな力を開発しながら，常に自らのコンピテンシーを発揮できるようにしなければならない。これらのコンピテンシーは，コアスキル，コンテンツ知識，認知スキル，ソフトスキルといったものから職業スキルまでいたる多様なものである。それらは，複雑な課題に対処したり，特定の状況下で複雑な活動やタスクを効果的に実行したりすることを可能にする。こうしたコンピテンシーの類型やアプローチは，それを定義する主体（国，組織，個人）と同じくらい多岐にわたっている」[14]。

　前書『21世紀の学習者と教育の4つの次元』(*Four-Dimensional Education*)[15]において，私たちカリキュラム・リデザインセンター（CCR）は，世界中の35の国や地域，組織のカリキュラムを，教師や管理職からの意見や経営者，経済学者，未来学者が期待することなどを参考にまとめ，以下のような，カリキュラム構築のための統一された枠組みをつくっている。

**包括的か**。欠けている大事な要素はない。
**コンパクトか**。それは実行可能で配置可能である。
**無相関か**。重複や混同がない。
**適切なレベルに抽象化されているか**。それは構造化されている。
**各国から見て妥当であるか**。それは広く受け入れ可能である。

そしてこの枠組みから，教育目標を以下の4つの次元に分けた。

1. 知識[16]：何を知り，何を理解しているか。
2. スキル[17]：知っていることをどう使うか。
3. 人間性[18]：どのように行動し，どのように世界と関わるか。
4. メタ学習[19]：どのように省察し，どのように適応するか。

　この書では，世界中の研究，枠組み，スタンダートを調べることで，最終的に（知識に加えて）全12のコンピテンシーをリストアップし，21世紀の教育の目標を示すことができた。それらは次の図1-1-1で示される。

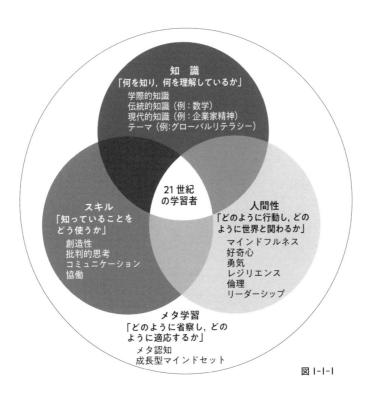

図 I-I-I

これらのコンピテンシー（スキル，人間性，メタ学習）はとても複雑なものであるため，私たちはそれがどのように概念化されたかを詳細に分析し，さらにサブコンピテンシーに分類した[20]。現在私たちは，これらのサブコンピテンシーをさらに一歩進めて，教室での行動や習慣に置き換える作業を行っている。

この作業においてもう一つ考えなければならないことは，現実には，このそれぞれの力を個別に教える授業をつくることはできないということである。実際には，コンピテンシーは知識の学びの文脈で教えるのがベストということになるかもしれない！　そこで，私たちは今，コンピテンシーの学びをより深く掘り下げようと，最も効果的な組み合わせを特定したり，専門家からアイデアを集めたりすることに取り組んでいる。

しかしながら，本書はコンピテンシーではなく，知識の要素に焦点を当てていくこととした。結局のところ，テクノロジーの変化によって直接的な影響を最も早く受けるのはこの次元であるし，またこれ自体，じっくりと検討する価

014　Part One What Should Students Learn? The Impact of AI on Curriculum

第1部　生徒は何を学ぶべきか？──AIがカリキュラムに与える影響

値があるものだからである[21]。

# 2. 基礎となる知識：生徒は何を学ぶ必要があるか？

　こんな例を考えてみよう。STEM（科学や技術，工学，数学）の専攻で大学に入学し，微積分の授業をとると予想される大学生は20～30％である[22]。高校で微積分を学ぶことは，その人たちには役に立つだろう。しかし，残りの70～80％の生徒には，意味ある経験だろうか？　また，高校を卒業しても大学に進学しない約30％の人々[23]には何の意味があるだろうか？　さらに，大学に進学し，専攻必修科目として微積分を履修したが，そのキャリアパスで微積分が必要とされない多くの大学生にとってはどうだろうか？　現時点では，最良のシナリオであっても，生徒たちは専門を決めた後には二度と使わない内容の学びに多くの時間を費やしている。これと同じ思考実験は，ほぼすべての科目について行うことができる。

　学校で教える知識は，すべての生徒にとって有意義なものとなるよう再編成されなければならない。それと同時に，どのような進路を選択するにしても，それに必須の知識を深く学ぶ機会を提供しなければならない。この2つのバランスを考えることは骨が折れるが，努力に値することである。

# 3. コア概念の概要

　学校で学んだことは，卒業した後でも役に立つべきである。知識を必要とする新しい状況に対応するには，それが現実社会への応用であれ，特定の学問分野のより高度なトピックの学びであれ，すでに学習したことを活用しなければならない。いずれの場合も，既存の知識を新しい文脈で効果的に使う必要がある。トピックの基礎をしっかりと習得していればいるほど，それを活用してさ

らに多くのことを簡単に学ぶことができる[24]。ここで問題となるのは，どうすれば生徒たちの理解をこのように有益なものにすることができるかである。

ハーバード大学の教授デイヴィッド・パーキンス（David Perkins）は著書『未来の賢者』（Future Wise）[25] の中で，カリキュラムは各科目の専門知識の詰め込みではなく，「専門的アマチュアリズム」（expert amatualism）の形成に向けて取り組むべきだと主張している。専門知識がその専門に関する深さを特色とするのに対し，専門的アマチュアリズムは「基礎となるものを強固かつ柔軟に理解すること」を目的とする。すなわち，それぞれの分野における最も重要な概念や複数の分野にまたがる重要な概念（これを「コア概念」と呼ぶ）を自分のものとすることで，生徒たちは多面的な問題に対処する力を高め，また，世界を解釈するための道具をより多様にもつことができるのである[26]。

しかし，「生徒らは，所定の時間内にすべての学習事項を横断すべく教科書を1ページずつ（教師は講義ノートを1ページずつ）果敢に行進するのである！」という，拭いがたき網羅型マインドセット（coverage mindset）の罠がある[27]。重要な概念から始まるカリキュラムの枠組みであっても，往々にして，より広い分野や主題の文脈では扱われない細かいトピックの学びへと分解されてしまう。そして，教育評価は多くの場合，この最も細かいレベルの項目の習得のみを評価対象とする[28]。

専門家が，細かいコンテンツと上位レベルの概念の関係を容易に理解できるのに対し，初学者はそうしたつながりを自動的につくることができない。実際，ある分野においてさまざまな情報の関係性がわかることは，その分野の専門家であることを意味する定義的特徴である。初学者が細かい断片的知識のみを教えられ，その習得を評価された場合，たとえ学んだことを理解しているように見えたとしても，彼らはそれを他に活かすことができないだろう。新しい状況に知識を転移したり，有用で転移可能なより大きな理解の達成のために知識を活用するには，生徒たちが意味を生み出すことができる形でコンテンツが概念と結びつけられていなければならない（個々のトピックを重要な概念に結びつけようとする例については，補足1を参照）。

一つの難点は，最も有用な知識とは専門家が何も考えずに使っている知識であり，その分野を定義する，言葉で説明するのが難しい知識であるということ

016　Part One What Should Students Learn? The Impact of AI on Curriculum

第1部　生徒は何を学ぶべきか？——AI がカリキュラムに与える影響

である。そのため，専門的なアマチュアを育成するための本格的なカリキュラムを専門家自身がつくるのは難しい。専門家は，コンテンツを専門的に扱う方法は知っているが，その専門性につながる概念を必ずしも明示的に述べることができなかったりする[29]。たとえば，歩行中のバランスのとり方や食べ物の噛み方の説明を求められたときのことを想像してみれば，それがよくわかるだろう。これは，初等中等カリキュラムを学習の基礎をつくり上げるものにする際の最も大きな問題であり，最も見すごされてきた難しさの一つでもある。

# 4. 必須のコンテンツの概要

　もし生徒たちが，学校で学んだ知識を基礎として，その上に成長していくことが期待されるならば，この基礎がもつべき重要な特徴の一つは，生徒たちがその上に築こうとするすべてを十分に代表していることである。言いかえれば，コア概念と必須のコンテンツの組み合わせを通じ，生徒たちをさまざまな分野の人間の努力に触れさせることで，学校教育は彼らが多様な人生の可能性やキャリアの道筋を見渡し，何が自分に適しているかを十分な情報に基づいて判断できるようにするのである。

　コンテンツは，それほど遠くないうちに，情報と社会の新しい関係性をふまえて見なおす必要があるだろう。人類の歴史の大部分では情報の蓄積が乏しかったが，書籍の大量生産によってそれが豊富になった。そして，パーソナルコンピュータと，最終的にインターネットの登場によって情報を操作するためのリソースも豊富になった。今ではどんな小さな情報でもオンライン上で素早く見つけることができるし，強力な計算ツールにも簡単にアクセスできる。また，ある研究によれば，人々は学校で習った内容を2年に50%の割合で忘れているし[30]，ある分野での知見は時間とともに変化して，学校で学んだ当たり前のことも，それが仕事で役立つようになるまでに時代遅れになってしまうことが示唆されている[31]。このような状況において，必要なときに検索したり，専門を深めるときだけ学ぶのではすまない，知っておく価値のある「必須のコ

ンテンツ」とは何だろうか？

　コンテンツの中には，概念を教えるための媒体となるものもあるし，後により複雑な知識を構築したり，日常生活で使ったりするために，自動的に働くよう身につけておくべきものも一定程度ある。コンテンツはある概念を導入するための手段として機能する。なぜならコンテンツは，当該の文脈におけるその概念の最もよい事例を表すし，近い例や遠い例で，概念の一般性を示すこともできるからである。これにより，生徒たちは明示的に促されなくとも（実際の環境ではそうであることが多い），概念を抽象化し，将来出会う関係した状況にそれを応用することができるようになる。

　社会や世界が急速に変化する中で，その妥当性を高めるために，コンテンツは２つの方法でアップデートされる必要がある。第１に，カリキュラムに組み込む余裕がなかった主要な現代的学問分野（エンジニアリング，ウェルネス，社会学など）を追加し，それとともに，現行カリキュラムのどの部分を軽くする，または削除するかを決めなければならない。第２に，伝統的学問分野にしろ，現代的分野にしろ，その教え方をより現代的なものにする必要がある。たとえば，テクノロジーは学習の構造を根本的に変えることができるという考えに基づく，「反転授業」（flipped classroom）という学習指導法がある。本書の第２部で見ていくように，教育テクノロジーは，機能的な変化をともなわない単なる「代替」の技術から，以前では考えられなかった新しいタスクを創造するものになっていくだろう。

　こうした実用的な目標に加えて，生徒が，自分が詳しくない分野でも正しく理解する力をもっていることは，市民参加や，自分自身の意味をより多面的にしたり，他者とつながりをもったりするうえで価値があると一般的に考えられている。しかし，これでは目標が多すぎる。生徒が，ある学問分野について幅広い考えや話題に触れられるようにしようとすると，授業はその分野の内容を何でもかんでも入れて概説したものになることが多い。それ自体は必ずしも問題ではないが，断片化された情報を生徒に教えることは（こうしたコースデザインは皆そうなる），生徒が新しい情報を理解するための概念枠組みを既存の知識の上につくり上げることを難しくしてしまう。

　断片化された情報の反対は「意味」である。フィリップ・フェニックス（Philip

018　Part One What Should Students Learn? The Impact of AI on Curriculum

第１部　生徒は何を学ぶべきか？──AI がカリキュラムに与える影響

Phenix）は著書『意味の領域』（*Realmes of Meaning*）[32] の中で，意味を生み出すことは人間の本質的な活動であり，教育は，多種多様な意味づけのために人間が発達させてきたさまざまな方法を生徒が学ぶのを助けるべきだと論じている。このような観点から，生徒はさまざまな意味づけの領域[33] に十分に触れるべきだと言える。

　意味は，目的[34]，理解[35]，没頭[36] の感覚と密接に関係しているため，将来の学習と評価のための基礎を構築するうえでの有用な指針となる。ある研究分野の論理を意味づけ，深く理解することは，まさに，単に必要なときに検索すればすむ類いのものではなく，いつ，どのように適用すべきかを直観で理解しなければならないものである（実際には，何を検索すべきかも知る必要がある！）。そして，断片化された知識とは異なり，時間とともに簡単に忘れられたり，変化したりしないものでもある。

# 5. 意味づけと AI アルゴリズムの影響

　古来から学校は，生徒が基礎となる理解を構築するのを支える役割を担ってきた。生徒たちは，その基礎のうえで，後に自分の専門性を磨くことができるようになる。生徒が意味づけを行うことができるかを決めるのは，学習内容の今日的な意義（relevance）である。意義あるものであることは，学校で学んだことを転移可能にするために常に重要であった。そして，気候変動，社会的混乱，テクノロジーの飛躍的な進歩，雇用機会をめぐる状況の変化といった問題との関わりの中で，今この問いは特に緊急性をもつものとなっている。考えるべき課題は他にもあるが（上で述べた，学習の個人的機能や市民機能など），最も憂慮される影響は，AI アルゴリズムの普及とともに職業の状況が変化していることである。

## 5.1　雇用可能性
　生徒たちがキャリアのために知っておくべきことを学べるカリキュラムを設

計することには，一つ難しい点がある。それは，業務の自動化とオフショアリング（海外への業務委託）によって，将来，彼らが就くかもしれない職業の状況が急速に変化していることである。私たちが今の世界に向けて生徒たちに準備させているものは，彼らが卒業する頃には時代遅れになってしまうかもしれない。ただし，自動化はすべての仕事に同じように影響するわけではなく，これまでのところ，自動化できるのは，ルーチン化（定型化）されたタスクをともなう仕事であるとされている[37]。

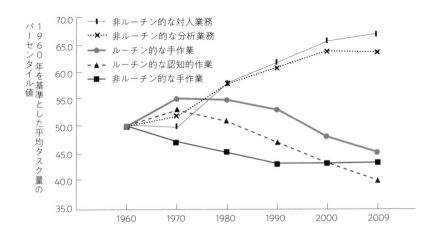

図 I-5-I　仕事に求められるタスクの種類の経時変化。出典：Autor & Price

コンピュータプログラムは，一連のステップをルール（アルゴリズム）に従い実行することを学習できるため，ルーチン化されたタスクは簡単に自動化できる。このことは，図1-5-1に示した職種の割合の変化からも明らかである。図からは，非ルーチン的な対人業務（コンサルタントなど）と非ルーチン的な分析業務（技術者など）の割合が増加していることがわかる。一方，ルーチン的な手作業（工場の仕事など）と，ルーチン的な認知的作業（文書整理や書類仕事など）は減少している。また，非ルーチン的な手作業（配管等）は減少傾向であったが，今後も基本的に必要なものであるため，減少は底を打ったと考えられる。

「職業衰退」（jobsolescence）への懸念が高まっていることを受けて、オックスフォード大学[38]，OECD[39]，PwC コンサルティング社[40]，マッキンゼー社（McKinsey）[41] などいくつかの組織では、自動化が職業に与える影響を定量化しようとしているが、その数値は9%（OECD）から約50%（オックスフォード大学）まで幅がある。最近では、このテーマに一般の関心も集まっているが、終末論的なシナリオを述べるものから明るいユートピアの姿を描くもの、その中間に位置するさまざまな微妙な立場を記したものまで[42]，記事に描かれる未来像にはかなりの違いがある。

AIの進歩は、テクノロジーに精通した人たちの多くにとっても驚くべきものであった[43,44]。この進歩について考える一つの方法は、認知[45]，情意[46]，精神運動[47] の領域に広げられたベンジャミン・ブルーム（Benjamin Bloom）のタキソノミー（taxonomies；教育目標分類学）を適用することである。この分類学は、人の思考、感情、動作それぞれの複雑さの深まり方を理解し、分類するためにつくられたものである。図1-5-2は、現在あるアルゴリズムがすでに人間の能力のかなりの部分まで侵出してきており、これがその影響の始まりにすぎないことを示し

**情意領域とアルゴリズム**

| 価値の内化 |
| 組織化 |
| 価値づけ |
| 反応 |
| 受け入れ |

Source: krathwohl, Bloom, Masia

**認知領域とアルゴリズム**

| 創造統合 |
| 評価 |
| 分析 |
| 応用 |
| 理解 |
| 記憶 |

Source: Bloom/Anderson

**精神運動領域とアルゴリズム**

| 創作 |
| 適応 |
| 複雑な明示的反応 |
| メカニズム化 |
| 誘導された反応 |
| 構え |
| 知覚 |

図1-5-2　情意，認知，精神運動の各領域の自動化の進展。出典：CCR

ている。

## 5.2 拡張知能

　人間の仕事とコンピュータの仕事の違いは，どれくらいはっきりしたものだろうか？　また，あるタスクが自動化されたとき，人間には何か役割が残っているのだろうか？　チェスはこの問題を考えるのに適した例である。なぜならチェスは，直感を使った人間的，包括的なやり方でプレイされるイメージがあるとともに，強力な計算を使ったロボット的，アルゴリズム的な方法でプレイされるイメージもあるからである。1997 年にコンピュータの Deep Blue がチェスの世界チャンピオン，ガルリ・カスパロフ（Garry Kasparov）を破ったとき，人類がコンピュータに追い越された活動のリストにチェスが加わったと感じられた。同様に，最近では囲碁も征服されており，そのアルゴリズムは，人間のプレイヤーが使ったことのない革新的な戦略を使う域に達している[48]。

　しかし，確かにコンピュータはチェスで人間を負かすことができるようになったが，この 2 つの組み合わせ，すなわちコンピュータと人間が力を合わせて戦うことは，どちらか一方だけが戦うよりも効果的なようだ。フリースタイルのチェス競技では，コンピュータを使ったアマチュアのチェスプレーヤーが，人間なしのコンピュータ，コンピュータを使わないグランドマスター，さらには，弱いコンピュータを使ったグランドマスターでさえも打ち負かす結果となっている[49]。これは表面的には，コンピュータが，かつては人間特有の仕事と考えられていたものまで侵出したことを示す好例であるが，人間にとっては，アルゴリズムを自分たちが最も得意とすることをより良く行うためのツールとして使うチャンスであることも意味している。この考え方は「拡張知能」（augmented intelligence）と呼ばれ，コンピュータに対する人間の役割を理解するための鍵であり，それゆえに教育が目指すものにも示唆を与えてくれる。

　同様の経過は，他の多くの専門的な仕事の変化でも見られてきた。計算機は数学者に取って代わるのではなく，むしろ彼らの能力を高めたし，ワープロは，作家の代わりとなるのではなく，彼らが作品を書いたり編集したりするための大きな力となった。AI が引き起こす変化は，これらの変化よりも革新的である可能性が高いが，だからといって，AI の場合は最適のツールとして使われ

Part One What Should Students Learn? The Impact of AI on Curriculum

第 1 部　生徒は何を学ぶべきか？──AI がカリキュラムに与える影響

表 1-5-1　コンピュータ，人間のチーム，人間とコンピュータのチームの比較。出典：PARC[50] の表から作成

| 実体 | 有利な点 | しかしながら… |
|---|---|---|
| コンピュータ | ・巨大な探索空間の中で高速に解を生成し，検証する<br>・ビッグデータに対する高速処理 | ・開いた世界（open world）では，解の生成が不完全となる<br>・開いた世界では，すべてをデータに表せるわけではない |
| 人間のチーム | ・開いた世界での人生経験<br>・複数の領域からなる学際的チームがもつ多様な経験 | ・調整のコストがかかる |
| 人間とコンピュータのチーム（最高のパフォーマンスとなる） | ・補完的な認知で互いの失敗パターンを補うことにより，パフォーマンスを向上させられる | ・人間とコンピュータのチームをつくるためには，良い理論と実践が必要である |

るようにはならないというわけではない。ただしそのためには，次世代の子どもたちが AI を最大限に活用できるようにトレーニングされていなければならない。

　では，機械はどんな領域に最も適しているのか，そして，人間が役割を果たし続け，機械の力を活用できる領域はどこか？　現状をふまえると以下のようにまとめられる。

### 機械のほうが人間よりも強い領域

　・反復的／予測可能なタスク。

　・計算能力に依存するタスク。

　・大量のデータや入力の分類。

　・具体的なルールに基づいた意思決定。

### 人間のほうが機械よりも強い領域

　・本物の感情を体験し，人間関係を築く。

　・規模やソースを超えた問いや説明を作成する。

　・限られたリソースを異なる次元の間で戦略的に使用する方法を決定する（これには，機械が実行すべきタスクの決定や，機械に与えるデータの決定が含まれる）[51]。

　・製品や成果を人間が使いやすい形にして，それについてコミュニケー

ションを行う。

・抽象的な価値に基づいた意思決定。

　すべてのタスクが完全にアルゴリズム的で分割可能であれば，アルゴリズムはすべてを処理することができる。しかし，ほとんどの場合，人間が問題の枠組みをつくり，データを選択し，要素をどのように適合させるかを決定し，その価値を他者に伝え，価値に応じて判断を下すなどの作業を行う必要がある。AIにはアルゴリズムの制約はないかもしれないが，それでさえ，人間が設計し，訓練し，より大きなプロセスの中に位置づける必要があるだろう。仕事を構成する多くの「部分」は自動化できるかもしれないが，人間が果たすべき重要な役割はまだ残されている。ただし，そのためには人間のほうも適切に力をつけていなければならない。

## 5.3　教育への示唆と生徒が学ぶべきこと

　AIの指数関数的な進歩と，その職業や仕事に対する価値破壊的な性質，そして社会や個人の不安定性といった他の要因を考慮したときに，教育に関して私たちがとるべき賢明な戦略は何だろうか[52]。

　論理的に考えると，変化を予測できない時代には，適応性と高い処理能力がきわめて重要となるだろう。このことは，より「多能性」を志向した教育（*versatile* education）が必要であることを意味する。多能性を志向した教育と

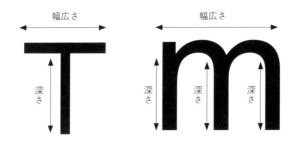

図 I-5-3　T型人間とM型人間の比較。出典：Spohrer の図をもとに CCR が作成

**024**　Part One What Should Students Learn? The Impact of AI on Curriculum

第1部　生徒は何を学ぶべきか？——AI がカリキュラムに与える影響

は，多くの領域で広くトレーニングされることで，他の取り組みでもそれに適応し，成功することができるスキルや人間性を身につけることを指す。これは，ある意味，教育が常に達成しようとしてきたことであり，将来の課題に備えるための強固な基礎となるものである。しかし，今ある混乱の大きさを考えれば，これまで以上にそれを効果的に行う必要があるだろう。

IBM のジム・スポーラー（Jim Spohrer）は，知識の幅広さと深さのどちらか一方ではなく，その両方をもつ人の認知プロファイルを示すために「T 型人間」（T-shaped person）[53] という用語をつくり出した。これに対し私たちは，予測される労働力の変化を盛り込むために，生涯にわたって複数の深さを発達させる「M 型人間」（M-shaped person）を提案して，スポーラーのモデルを拡張したい。

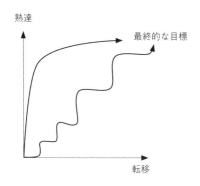

図 1-5-4　K-12 教育の目標を達成する 2 つの方法：伝統的な方法は熟達の結果としてのみ転移が生じることを想定するが（曲線），提案する方法（波線）では，転移を増やすことと熟達の関係を交互に生じさせる。出典：CCR

教育は常に転移（学習した文脈以外で知識を利用するプロセス）と熟達（expertise；情報を知覚し解釈する方法を含め，ある知識領域について高度に発達した理解をもつこと[54]）を対象としてきた。しかし今こそ，転移と熟達の関係を再検討し（図 1-5-4 を参照）[55]，計画的，体系的，包括的，実証可能な方法[56] でこれらを教育の中心に据える必要がある。

図 1-5-5 は，テクノロジーを用いた活動が増えることで，カリキュラムが重点を置くものが反転するようになることを示している[57]。そこでは，もはや簡単にアクセスし，操作できるようになったコンテンツの学びではなく，概念を

5.　意味づけと AI アルゴリズムの影響

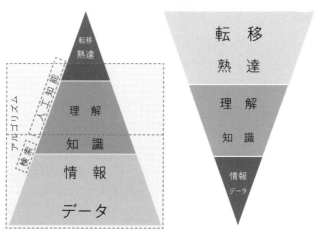

カリキュラムの反転

転移
熟達
理解
知識
情報
データ

転　移
熟　達
理　解
知　識
情報
データ

アルゴリズム
人工知能
検索

図 I-5-5　インターネット検索と AI の侵出を考慮してカリキュラムを反転する。出典：CCR

介して転移と熟達を達成する学びにより多くの時間が費やされるようになるだろう。これは，反転授業と呼ばれる指導法がコンテンツ学習にテクノロジーを取り入れ，授業の時間を活動をベースとした概念の学習により使えるようにしたのと似ている（ただし，反転授業は「何を」ではなく「どのように」に重点が置かれている[58]）。

　これにはテクノロジーの変化が直接関係している。インターネット検索とAI アルゴリズムは，最初は知識の基礎的な側面（基本的な事実ややり方）に侵出してきたが，現在では特定領域の専門家のレベルまで達しつつある。アルゴリズムは意味を提供する能力を向上させ続けているが，それは脅威ではなく，むしろとても有益なことである。これにより教室での時間を，ただ情報を集めることに費やすのではなく，熟達と転移というより深い教育の目標を達成するために，そして，実際の仕事において生じる課題に対応できる力を生徒たちにつけさせることに使えるようになったのである[59]。

　変化の時代であることを考えると，コンテンツも新しく変えなければならないことが再認識される。これに対処する一つの方法は，時代遅れとなったカリ

**026**

Part One What Should Students Learn? The Impact of AI on Curriculum

第 1 部　生徒は何を学ぶべきか？——AI がカリキュラムに与える影響

キュラムの一部を削除することである。「ジェンガ」[60]というゲームで喩えてみよう。プレイヤーはタワーの構造を弱めないように注意しながら，負荷のかかっていないブロックを取り除き，本質的な構造を維持し続ける（もちろん取りすぎてしまう場合もある。大切なことは必要なものをちゃんと残すことである）。また，それを今日的に意義あるものにするために，現代的で重要なトピックを伝統的コンテンツに追加する必要もある。そして，新しい教育ツールや専門的ツールを活用して，コンテンツの教育方法も刷新する必要があるだろう（ただし，新しいツールを無頓着に使用するよりも，古いツールを使用するほうがよいこともある）。

　一方，コンテンツの学びが概念の学びを圧倒してしまうのと同じように，専門への熟達を教育の焦点とするあまり，転移が犠牲になってしまうこともありうる。数学の例で考えてみよう。逆正割を含む三角方程式を手計算で解くための反復練習は，非デジタル世界では土地測量士の訓練に役立ったし，工学を勉強する人にも役立ったかもしれない。ちょうどクエン酸回路を暗記することが，かつて生物学関係の仕事をする人に役立ったのと同じである。しかし，現代の生徒の大多数にとっては，どちらの学びも何の役にも立たないことが多く，実際，コンピュータで検索や計算したりすることで簡単に達成することができる。

　熟達に焦点を当て，最後に転移につなげるというアプローチは，転移と熟達を組み合わせるという目標の唯一の達成方法ではないし，重大な欠点もある。すなわち，ある領域における知識の学びを早い段階で止めてしまうと（多くの場合そうなるし，大半のK-12教育では，制度上それが推奨されている），転移の可能性がありえないほど低いままで終わってしまうのである。この場合，詳しい理解は学習した領域に限定されたままであり，他のことには役に立たないだろう。これに対し，前出の転移／熟達の図（図1-5-4）に示されているように，転移のための教育（広がり）と熟達のための教育（深さ）を交互に行うことは可能であり，この場合，早期に止めてしまったとしても，生徒たちは重要で転移可能な理解を得ることができるのである[61]。

　たとえば，科学的なものの見方を身につけるには，背景知識を勉強したり，難解な一次論文を読んだり，研究を企画・実施したりしながら苦労して専門性を高め，科学分野の博士号を取得することも一つの方法ではある。しかし，あ

る主張の検証可能性や不確実性を検討する能力（科学特有の力）は，もっと早い段階で身につけるべきものではないだろうか？　そしてそれは，授業で扱う科学的知識のどの事例でも，伝えていくべきものであるだろう。各分野の教育実践者のほとんどは，こうした「特定の見方・考え方」を学ぶことほど重要なことはないと主張するだろう。そして，この特定の見方・考え方は，コンピュータからは依然としてアクセスできない情報なのである。確かに私たちは，今，圧倒的な量の情報にさらされ，それらを正しく評価することを期待されているが，これらの情報を評価するには，正しい質問をするための一般的な枠組みを学ぶ必要がある。そして，教育はそれに応えるように再構築される必要があるのである。

## 5.4　意味の重要性

　知識の基礎を強固にするものは何だろうか？　逆に，壊れやすくするものは何か？　その鍵は意味をもたせることである。

　有益な理解とは意味のあるもの，すなわち，言葉や知識，考えがそれらの関係性と適用可能性に応じてつながったものである。ある意味では，意味づけることは，理解することと同義と言える。自分の分野を深く研究し，特定方法の意味づけに人生を捧げてきた専門家たちは，その分野を非常に深く理解しているので，新しい課題を前にしてもそれにどのように取り組んだらよいかが直観的にわかる。もちろん，特定の概念を多くの角度から深く学んだならば，そのような直観（intuition）を身につけるのは自然なことだろう。

　しかし，こうした直観は，ある科目についての専門性をもたないと身につけることができないのだろうか？　また，すべての科目について完璧な専門知識を獲得しないと[62]，生徒は自分の知識が適用できる状況がわかったり，未知のものに適切な視点からアプローチする方略を根拠をもって考えられるようにはならないのだろうか？　私たちは，それはできると信じている。そのためには，知識が意味づけしやすい形で，その基礎をなすものがはっきりとわかるように伝えられる必要がある。

**028**

Part One What Should Students Learn? The Impact of AI on Curriculum

第1部　生徒は何を学ぶべきか？——AIがカリキュラムに与える影響

## 5.5 　直観

　あなたがある街の地元住民で，生まれてからずっとその街の通りを歩いているので，考えなくても，それらのことがわかると想像してみてほしい。どこにいても，あなたは今いる辺りのことが大体わかっていて，これまでに行ったことのある場所とそことの関係性もわかる。このような場合，あなたはその街の地理の専門家と言えるだろう。

　では次に，その街に初めて来た人に道を教えようとしていると想像してみよう。相手に地図を渡して，一番上から始めて，隅から隅まで記憶させることができたとしよう。そうすれば，この訓練が終わったときには，おそらく相手はこの街について深く詳細に理解できているだろう。別のやり方として，彼らがどこかへ行くときにはいつでも，ある場所から目的地までの正確な道順と目印を教えるとしよう。その場合も，彼らが十分長い間その街に滞在すれば，おそらく正しい地図を頭の中につくることができるだろう。

　これに対し，さらに別のやり方として，その街のざっくりとした構造といくつかの役に立つ目印を教えるという方法もある。たとえば，川が街を北と南に分けていること，大通りがあり，そこからさまざまな地区が枝分かれしていること，街の外周に沿って巡回するバスがあることを伝えるのである。この方法なら，その街へ引っ越すことを計画している人にも，観光客としてその街を訪れようとしている人にも，より意味に富んだ，街を知るにつれ拡張していける知識の「基礎」を提供することができる。その街の最も重要な構成要素を示すことは，その街を知らない人が街のレイアウトと目印をもとに意味づけを行う方法がわかる直観の力につながり，とても有益である。自分がどの地区にいるかわからなくなったら，川を探して道を見つけ，その経験から知ったことを街の理解に加えていくことができるのである。

　その上に新たな構造を築いていくことができるか，それとも新たな学習項目の重みにまけて崩壊するかが，まさに基礎であるかの試金石である。すべてのピースが既存のピースと意味ある関係をつくり上げるように加えられている場合，新しいピースをどこに接続すべきかが明確にわかる。一方，どのピースも，いつか何かの意味が生まれるだろうと期待してただ集められているだけならば，コレクションに追加したものは，覚えておくべき知識の断片にすぎず，簡

単に失われたり，何のことだったかわからなくなったりするだろう。

　トピックの中には，あまりにも専門的であるために，追加した知識に意味をもたせることができないように思えたり，包括的な専門知識の獲得なしに直観の力を得ることができないように思えるものもあるかもしれない。専門家たちは今あるシステムの中で自分たちの理解を築き上げてきたので，その分野を学ぶ人はすべて自分たちがしてきたように学ぶべきだと考えていることが多いだろう。

　しかし，専門家は，生徒をその学問分野に導く方法を決める人として，おそらく最悪の立場にある。専門家には「知識の呪い」(curse of knowledge)[63] がかけられていることが多く，その場合，初学者が教材をどのように受け止めるかがわからないし，それをふまえてそれをどのように提示すべきかもわからない。その内容に深い情熱をもち，簡単にそれがわかる人には，基本をちょっと理解したいだけの人や，学習に苦労している人の体験を想像するのが難しいのだろう。

## 5.6　有意義さ：知識を動員する

　これまでの研究から，どの情報も，その情報を理解するための枠組みと自分自身の目標に基づくフィルターを通して認識されることがわかっている。これは最も低いレベルの知覚にも[64]，高レベルの認知にも[65]同様に当てはまる。生徒たちの脳が情報に有用性を見つけられなければ，意味のある方法で情報を統合（理解）することは難しくなる。知識が有意義なものであるためには，必ずしも具体的な形で役に立たなければならないわけではない。抽象的な問題を解決したり，混乱した考えを理解したりするのに役立つ場合もある。

　有意義であることはさらに，生徒の動機づけと直接的に関係する。好奇心に関する情報ギャップ理論（information gap theory）は，自分の理解と知るべきことの間にギャップがあることを認識すると，強力な動機づけが生じると仮定している[66]。ただし，ギャップはほどよい大きさでなければならず，ギャップが小さすぎたり大きすぎたりすると，それぞれ生徒は無関心になったり，怖じ気づいたりする[67]。さらに，人々は自分が楽しむことができるトピックについて情報を探し求め，楽しくないトピックの情報は避けたがる。この最後の現

030　Part One What Should Students Learn? The Impact of AI on Curriculum

第1部　生徒は何を学ぶべきか？——AI がカリキュラムに与える影響

象は「ダチョウ効果」（ostrich effect）[68]と呼ばれており，特に興味深い。このように，有意義だが不快な情報へのアプローチが感情で左右されることがあることを考えると，有意義さはきわめて主観的なものであることがわかる[69]。

　デイヴィッド・パーキンスは次のように述べている。「知識は自転車のようなもの，つまり，どこかへ行くためのものである。もし私たちがフランス革命や民主主義の本質，ベイズ確率や機会費用について何かを知っているなら，それを使ってどこかへ行きたいと思うだろう。あなたは，ヘッドラインにあがったニュースを理解したり，医学的な診断について考えたり，プロジェクトを最も効果的な方法で軌道に乗せたいと思っているかもしれない。これらの，そしてその他のたくさんのミッションのために，私たちは自分の知っていることを使ってどこかに行きたいと考えているのである」[70]。遊びでのんびり自転車に乗るにも，自転車がちゃんと機能していることが重要である。言いかえれば，知識は空虚なものであってはならず，何かに役立つものでなければならない。このような知識を獲得することは，コンピュータとの競争よりもむしろ，コンピュータを補完するために重要である。なぜならば，コンピュータは自発的につながりを見いだしたり，知識を新しい文脈に転移したりすることができないからである。人間が問題を定義して定式化する作業を行い，コンピュータの計算能力が必要な問題において彼らに仕事をさせなければならない。

　機能する知識という考えは，アクティブラーニング（active learning）に焦点を当てたさまざまな学習指導法[71]と関連づけられることが多い。ジョン・デューイ（John Dewey）が述べたとおり，「知識が主に行為から離れた単なる情報の貯蔵を意味するのは，教育においてのみである。農夫や船乗り，商人，医師，または実験室の研究者の生活においては，知識はそのような意味を決してもたない」[72]。この考えは，前述のベンジャミン・ブルームの重要な研究[73]によってさらに強化された。ブルームの枠組みでは，記憶から理解，応用，分析，評価，創造へと認知の複雑さのレベルが高くなるほど，学習者側の知識をより多く動員する必要があるとする[74]。こうしたことから，多くの人々が，能動的に知識を構築させ，応用させるという指導法アプローチを通して，生徒に使える知識を授けるという課題に取り組んできた。これらのアプローチでは，知識の伝達から生徒の学習へ，そして「知っている」から「できる」へと焦点

が移っている。つまるところ，応用の文脈で知識を学習することは，少なくとも，生徒が自分自身の概念構築のために知識を使うという意味をもたせることになる。しかしこの後で議論するように，これは全体の一部にすぎない。

## 5.7 概念の道具箱をつくる

　どのような知識も，理屈のうえでは多様な状況で役立つものであるが，そうなるかどうかは，生徒がそれをいつ，どのように使うかを知っているかにかかってくる。これは教育が目指すべき理解の姿の鍵である。たとえば，「確証バイアス」(confirmation bias)[訳注]の定義について知っていることは，自分が確証バイアスに陥っていないかをチェックしないのであれば，何の役に立つだろう？　よく学習は道具箱をつくることと表現されるが，この場合もそれが当てはまるだろう。つまり，生徒たちは「正しい使い方を学んだ概念」という一連の道具を使って，自分の能力に磨きをかけるのである。

> [訳注]　確証バイアス（confirmation bias）：自分の考えを支持する情報ばかりに注目する傾向のこと。

　しかし，概念の中には，他の概念よりも強力なものもある。たとえば，数学における「力まかせ法／エレガントな方法」[訳注]の概念は，問題を解くためにとりうるアプローチに関する重要な考えを結晶化したものである。どのような戦略で解こうとしているかを（この概念を道具として使って）意識することは，STEM（科学，技術，工学，数学）の分野を専攻しているか否かにかかわらず，すべての生徒に役立つだろう。このため，これは思考の「電動工具」となると考えることができる。特定の文脈で学習される概念ではあるが，すべての生徒にとってとてつもなく大きな有用性をもっている。

> [訳注]　力まかせ法／エレガントな方法：「エレガントな方法」とは，最小限の事実や仮定を使用して簡潔かつ鮮やかに問題を解いたり，驚くような方法で証明したりすることをいう。これに対し，すべてのパターンを考える，たくさんの計算を組み合わせるなど，手間のかかる地道な方法が「力まかせ法」である。

　コア概念は電動工具的な知識である。それは，将来の学習にあまり影響を与えない概念や，もっとひどい概念，つまり，学習した文脈と不適切に結びつい

032　Part One What Should Students Learn? The Impact of AI on Curriculum

第1部　生徒は何を学ぶべきか？——AIがカリキュラムに与える影響

ているために新しい文脈で道具として使用することができない断片的知識などよりも，カリキュラムの中で高い優先度をもつべきである。

## 5.8　転移：学習した知識を新しい状況で使う

　この課題を考えるもう一つの鍵は，転移（学習された文脈以外で概念の道具を使用するプロセス）である。多くの研究は，転移が生じる場合と生じない場合があるという不思議な現象に焦点を当てているが[75]，最近の研究では，より生産的な転移のとらえ方として，転移はほとんど常に生じているが，いつでも教師が望むように生じているわけではないと考えられるようになっている。

　転移は，本質的に「新しい情報を理解するために心的リソースを活性化すること」とシンプルに概念化することができる[76]。これは，すでに理解していることを活用して，まだ理解していないことがわかるようになるという，自然な学習のプロセスである[77,78]。生徒が概念の道具を間違って適用したり，望ましいときに適用しなかったりした場合，それは生徒がつくり上げた意味が何らかの点で不完全または不正確であったことを示唆している。こうした場合，生徒は「転移に失敗」しているというより，単にその道具を適用できない方法で転移させていたり，適用できない文脈に転移させようとしたりしているのである。トレーニングを受けていないことがゼロから学ばなくともわかるというのは，まさにコンピュータにはできないことである。

　転移はどのように生じるのだろうか？　新しい問題や状況，情報に直面したとき，脳はまず，すでに学習したパターンと一致するパターンを見つけようとする。自分たちが道具をもっている抽象的なパターン，たとえば「算数の文章題」「割り算」「詩」などを見つけ，そのカテゴリーに適した道具を活性化する。これをハイロード（high road）の転移と呼ぶ。対照的に，ローロード（low road）の転移は，脳が新しい情報の表面的な特徴と過去の経験のそれとの間にパターンの一致を見いだした場合におきる転移を指す[79]。

　たとえば，生徒に次のような文章題を出したとしよう。「4人の子どもがいて，16のブロックがあります。先生は彼らにブロックを平等に分けるように頼みました。子ども1人がもらうブロックはいくつですか？」。この文章題を解決するために生徒はハイロードの転移を利用して，ブロックを均等に分けるため

には「割り算」を使わねばならないことに気づくだろう。一方で，生徒がロードの転移を使う場合には，問題の構造や語彙が過去に解決した他の問題と類似しており，同じ手順に従うことで問題を解決できることに気づくかもしれない。過去に同じような文章題を見たことがあるならば，どちらのタイプの転移でも正解（4 ブロック）が得られる。しかし，ハイロードの転移は，生徒がより深い意味に基づいて経験を構造化することを可能にし，最終的には，学校で学んだ知識を卒業後の問いや経験に転移させるのにより役立つのである。

　転移の可能性という点では，前のセクションで述べたように，コア概念はさまざまな文脈で個々に学習しなくとも，それらの状況に適用できるという点で，コストパフォーマンスが高いと言える。カリキュラムの目標が，生徒が転移可能な知識を構築できるようにすることであるならば，カリキュラムをつくる際には，コア概念が中心となるべきである。実際，コア概念は，転移を可能にするものとしてその意味を定義することもできる。

　学習がみな，母語を学ぶのと同じくらい楽なものだったらと考えたことがあるだろう。母語の学習プロセスは，子どもたちが世界と関わる中で自然に起こり，その結果，実に見事で複雑な知識ベースをもたらす。しかし，学校で他の言語を学ぶ際には，生徒を外国に送るという選択肢はないのが普通であるし，数学のような科目には，行きたいと思ったら行ける数学の国などはない。学校で外国語を学ぶには，文法の規則，動詞や名詞の活用などについて明示的にやりとりする必要がある。これは，転移を導く情報を示すことなく言語を身につけられると期待するのが，明らかに非効率だからである。外国語としてスペイン語を学ぶ授業では，「語尾が –ar の動詞」のような知識がコア概念になるかもしれない 。生徒が「–ar 動詞」を学ぶとき，彼らはその単語を学習しているだけでなく，まだ学んでいない特定の単語の扱い方や，自分の知識が転移可能な状況を知る方法を学習しているのである。

## 5.9　意味の領域

　フィリップ・フェニックスは 1964 年に出版された著書『意味の領域』（*Realms of Meaning*）[80] の中で，カリキュラムの設計は生徒が意味づけをする機会を重視すべきであり，そのため，学問は意味づけの方法（その典型的な方法論，学

習するアイデア，特徴的な構造）でグループ化されるべきだと主張している。たとえば，数学と語学は，ともに記号の体系と合意されたルールを使って意味をつくる学問である。この意味づけ法は成功したアプローチであり，このやり方で意味づけをすることがどういうことかを理解することは生徒にとって価値がある。新しい学問分野も，同じカテゴリーで分類できるだろう（たとえば，コンピュータ科学は記号の領域に属する）。

ここで言っているのは最も抽象的なレベルの意味であり，包括的な意味づけのアプローチである。たとえば，科学者は，実証的な意味づけの方法を身につけており，私生活における問題でも証拠を探したり，別の説明を考えたりすることが多いだろう。このように考えると，学際的な仕事がしばしば難しいのはよくわかる。価値観や探究方法が一致していなければ，出発点を共有したり，互いの立ち位置を確認するのが難しいからである。幼稚園から高校までの教育が基礎を提供するものであるならば，その基礎にはさまざまな意味づけの方法についての直観が含まれていなければならない。その「意味の領域」とは，次のようなものである。

- 記号的：社会的に受け入れられた構成および変形のルールからなる記号体系のシステム（たとえば，数学，言語学，コンピュータ科学など）。
- 実証的：根拠と検証に関する一定のルールに従い，一定の分析的抽象化のシステムを用いて推定される実証的事実（たとえば，物理学や生物学など）。
- 美学的：人間の精神生活のパターン（たとえば，視覚芸術，音楽，運動芸術，文学）。
- 個人的[81]：経験を通じて得られた自己および他者に関する知識（たとえば，心理学，哲学，文学，宗教などの実存的な側面）。
- 倫理的：自由で責任ある，熟慮による判断に基づく個人的行為（哲学，心理学）。
- 統合的[82]：一貫した全体像に複数の視点から統合されたもの（たとえば，哲学，歴史，宗教など）。

学問分野の中には複数の領域に合うものもあるが，それはその中に異なる伝

統があるからである。たとえば，心理学は，個人的な意味づけの方法であると同時に，倫理的な意味づけの方法でもあり，また，実験と分析を通して意味づけを行う厳密な実証的実践でもある。一つの領域内にきっちり収まると思われる分野であっても，他の領域として考えることがきわめて重要な場合もある。たとえば，数学者は，数学は記号の領域だけでなく，統合的な領域や，さらには美学的な領域にも属すると考えるだろう[83]。これらのカテゴリーは，学問の姿を厳密に描き出したものではなく，知識を生み出す方法の高次なパターンについて論じる視点を提供するものである。あるコミュニティの抽象的な価値観に従って問題を定式化したり意思決定したりするこの抽象的な考え方は，やはりコンピュータには訓練しても理解できないものである。

## 5.10　問題のある知識

　意味をともなわない学習がもたらすものや，問題のある知識を概念化したものには，さまざまなものがある。それはたとえば，脆弱な知識（fragile knowledge），丸暗記または単なるハウツーの知識（rote or recipe knowledge），不活性な知識（inert knowledge），そして誤概念（misconception）の蔓延などである。学習プロセスの中で意味づけに失敗するときのわずかな差によって，さまざまなタイプの問題のある知識が生まれてくる。

　脆弱な知識というのは，最も範囲の広いカテゴリーで，そのふるまいによりそう呼ばれている。脆弱な知識はよい基礎にはならず，何か負荷が加わればすぐに壊れて役に立たなくなってしまう。また，丸暗記や単なるハウツーの知識とは，次の図 1-5-6 に示すように，「できる」ことに重きを置きすぎていて，概念的な理解とのつながりが十分にない知識である。この場合，生徒が知識を必要とする活動がある程度できているように見えても，ハイロードな転移をもたらすような深い理解はもっていない。一方，不活性な知識はその反対で，質問されれば答えることはできるが，その情報を必要なときに使うことができないような知識である。そして，概念を抽象的に理解できておらず，かつ答えを実際に実行できない場合は，図の左下に示された，単に知識が欠如している状態であると言える。最後に，ある状況から別の状況へと知識を適切に転移するためには，深い理解とその理解を活用できる力が必要である。

036　Part One What Should Students Learn? The Impact of AI on Curriculum

第1部　生徒は何を学ぶべきか？——AI がカリキュラムに与える影響

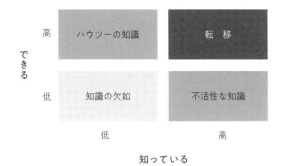

図 I-5-6 「知っている」と「できる」のどちらかが欠けていると，問題の
ある知識（ハウツーの知識や不活性な知識）になってしまう。出典：CCR

　学習指導法に関する有名な理論の多くはみな，構成主義（constructivism）[84]
を基本パラダイムとし，アクティブラーニングの体験をつくり出すことを基本
目標としている。カリキュラムを実施するうえでの重要な課題は，伝統的なトッ
プダウン形式の学習（生徒に明示的に意味が伝えられるが，それらが生徒の考
えていることや経験とうまく結びつかない場合がある）とこうした先進的なボ
トムアップ形式の指導法（意味は生徒によって構成されるが，あまり複雑なも
のにならないかもしれない）のバランスをとることである。もし，あるカリキュ
ラムがトップダウンの方向にあまりにも偏っていると，不活性の知識の形成に
終わってしまうだろうし，一方，ボトムアップの方向に過度に集中していると，
ハウツーの知識を生み出すだけになってしまうだろう。これらの2つのタイプ
の知識は，理由は違えど，どちらも新しい文脈に適切に転移されない。ここで
重要なのは，ボトムアップ型アプローチとトップダウン型アプローチの両方の
ニーズのバランスをとり，子どもたちに意味にあふれた有用な理解を生み出す
学習体験をつくり出すことである。
　最後の誤概念とは，正しく意味が構成されていない理解のことである[85]。生
徒が学ばなければならない概念の中には，日常的な感覚に反するものがしばし
ばある。そして，生徒たちが独自につくり出した世界の意味づけ方はとても強
固なので，学校で学んだばかりの弱々しく頭に残る複雑なとらえ方ではなく，
自分たち独自の意味づけ方をつい頼りにしてしまう。次の例から，なぜ生徒た

ちが説明の途中で「力」についての正確な理解から離れてしまったのかを考えてみよう。

> ……上昇中のボールについて考えるとき，生徒の心には「ある効果を維持するためにはそれに働きかけ続けなければならない」（押すのを止めると動きが止まる）という維持主体の概念が活性化されるだろう。維持主体というアイデアから生徒は，ボールを上に動かし続けるためには，上向きの「影響」がボールに作用し続けなければならないと考えるようになる。ここでボールに働く力について尋ねると，生徒は無意識に「影響」を「力」に対応させ，そこから「運動には常に力が働いている」という誤概念が導き出されてしまう。しかし，ボールを投げたときの軌跡の頂点では動きがない，ということに気づくと，生徒たちの直感的なバランス感覚が発揮され，上向きの何かと下向きの何かがバランスをとっている，という発想が生まれる。そこで力について再び質問されると，生徒は，その「何か」を力に対応づけて，力の均衡という答えを導き出す。[86]

　つまるところ，生徒が与えられた問題や状況をどのように解釈するかは，次の2点に依存する。一つは，さまざまな内容についてどのくらい強固な理解を彼らが構築していたかであり，もう一つは，問題に取り組むための道具であるこれらの理解を，文脈がどのように呼び出したか，あるいは呼び出せなかったかである。

## 5.11　最適化

　上で述べたことは，知識の忘却に関する古典的な発見であるエビングハウスの忘却曲線（forgetting curve）を説明するのにも役立つ。1880年にヘルマン・エビングハウス（Hermann Ebbinghaus）は忘却の速度についての論文（現在でもこの結果はちゃんと再現される[87]）を発表し，私たちの記憶は急速に失われ，その後安定することを示した。

　ここで注目したいのは，記憶されていた内容である。この研究では，学習材料のさまざまな特徴の違いが結果に予測不能な影響を与えると考え，一連の無

038　Part One What Should Students Learn? The Impact of AI on Curriculum

第1部　生徒は何を学ぶべきか？──AIがカリキュラムに与える影響

意味つづり（実際には存在しない偽単語）を用いて記憶の保持をテストしていた。もし，可能なかぎり最も脆弱な知識をもたらすように材料を設計することが目的であったならば，このような結果が得られたのは当然だろう。なぜなら，無意味な情報は脳が利用できる足場を提供しないからである。したがって，この古典的な研究は，学習のベースラインを測定したものとしては興味深いが，学習を代表するものとはとても言いがたい。

　これとは正反対の目的で，つまり，できるだけ多くの足場と転移のルートを提供するような学習材料を設計したとしたら，どのような結果になるだろうか。第2部で述べる適応型の知的学習支援システム（intelligent tutoring system）は，すべての生徒のために，あるいは生徒一人ひとりに向けて転移をもたらすよう最適化された材料の順序づけを支援してくれるだろう。

# 6. コア概念

　どのような情報も，他の情報を理解するための道具として使うことができる。では，カリキュラムを設計する際に，知識を道具として活用するという考えを活かすにはどうすればよいだろうか。鍵となるのは，最も強力な道具である「コア概念」を学問分野内，分野間で特定し，それに明確に焦点を当てることである。

## 6.1　最も重要なことは何か？

　カリキュラム設計の最も複雑な作業は，各分野内および分野間で，すべての生徒に教えるべき最も本質的な抽象概念を決定することである。

　これまで，それにより生徒が直観の力をもち，つながりをつくり，より統合された理解を生み出すことができる抽象概念に光を当てるさまざまな取り組みが行われてきた。構成や概念化の仕方は異なるが，そこで生み出された枠組みはいずれも，生徒たちに強固かつ柔軟な理解を促進できるカリキュラムの構築のために，概念を慎重に体系化する必要性を示している。

## 6.2 「知っている」と「できる」

　前のセクションで説明したように，転移とは，以前に学習した情報をリソースとして活用して理解する学びのプロセスである。したがって，「知っている」（knowing）と「できる」（doing）の区別がカリキュラム設計で注目されてきたのも不思議ではない。この２つを対比すると，「知っている」とは，必ずしも新しい文脈に転移したり，使ったりできるとは限らない知識をもつことと同じ意味であり，一方，「できる」とは，たとえそれが深く概念的なものではなく，表面的，手続き的なものであったとしても，知識を動員して何かを引き起こすことを言う。

　さまざまなリテラシー（literacy）[88]や流暢さ（fluency）[89]の取り組みが，その「言葉に関するもの」という意味を超えて人気を集めているのは偶然ではない。結局のところ，リテラシーとは，既存の知識（通常は言葉の知識）を使って新しい情報を（読みを通じて）理解する能力のことであり，言いかえれば，ある情報を「使って知る」（know with）ことである[90]。したがって，ここからは，専門的なアマチュアとなるために，そして将来の学習への準備のために努力するという考えが伝わってくる[91]。特定の学問分野のコア概念を習得することは，その学問分野のリテラシーをもつ，つまり「（その分野の実践者）のように考えること」と同じことである[92]。残念ながら，先に述べたように，これらの概念は思考のうえであまりにも基本的なものであるために，言葉で説明されることがなく，それらを列挙するのは難しい課題である。

## 6.3　重要な知識枠組み

　私たち CCR が考える枠組みは，それ以前に提案された知識の枠組みから多くの情報を得ている。その際には，車輪の再発明をするのではなく，できるだけシンプルさを保ちながら，包括的な枠組みをつくることを目指した。多くの概念ベースの枠組みを精査したが，次の表 1-6-1 に示したものが最終的なまとめに最も重要な役割を果たした枠組みであった。

　これらの枠組みのすべてに共通するのは，概念を第一に考えることで，コンテンツに関し「少ないことはより豊かなこと」（less is more）のアプローチをとっていることである。カリキュラムが扱うべき要素を一つひとつ追加する

**040**

Part One What Should Students Learn? The Impact of AI on Curriculum

第１部　生徒は何を学ぶべきか？——AI がカリキュラムに与える影響

表 I-6-I　知識を記述するために使用される用語タイプのまとめ。出典：CCR

| | 知っている | | できる | |
|---|---|---|---|---|
| | 大局的 | 局所的 | 大局的 | 局所的 |
| 学問的 | ビッグアイデア (Big Ideas) [a]<br>本質的な問い (Essential Questions) [a]<br>理論 (Theories) [b]<br>原理 (Principles) [b]<br>中心的アイデア (Central Ideas) [c]<br>学問的コアアイデア (Disciplinary Core Ideas) [d]<br>代表的アイデア (Representative Ideas) [e]<br>閾値概念 (Threshold Concept) [f]<br>永続的理解 (Enduring Understandings) [g] | 本質的な問い (Essential Questions) [a]<br>ミクロ概念 (Microconcepts) [b]<br>一般概念 (Generalizations) [b] | コアタスク (Core Tasks) [a]<br>プロセス (Processes) [b]<br>コアタスク (Core Tasks) [c]<br>プラクティス (Practices) [d] | 方略 (Strategies) [a]<br>スキル (Skills) [a] |
| 非学問的 | 探究の流れ (Lines of Inquiry) [c]<br>本質的な問い (Essential Questions) [a] | マクロ概念 (Macroconcepts) [b]<br>概念 (Concepts) [c]<br>分野横断的概念 (Cross-cutting Concepts) [d] | 学際的スキル (Transdisciplinary Skills) [c] | サブセットスキル (Subset Skills) [c] |

それぞれ以下の枠組みによる。a) Understanding by Design, b) Concept Based Education, c) International Baccalaureate, d) Next Generation Science Standards, e) Realms of Meaning, f) Meyer & Land, g) Rubicon

のではなく，効率的な構造化と転移の活用によってコンテンツを集約している [93]。前述したように，転移を促進するためには，「できる」と「知っている」のバランスをとる必要がある。「できる」の極端な形がもたらすものはハウツーの知識であり，そこではやり方はわかるが，その実，深い理解を活用しているのではなく，単に目標を達成するための中身のない行為の組み合わせを覚えているにすぎない。このため，これらの枠組みの多くは，有益な知識の核心に到達できるように，「知っている」と「できる」を組み合わせようとしている。また，学問の範囲を超えて思考できることは，必然的に新しい文脈への転移を必要とするため，やはり，これらの知識枠組みで扱われることが多い。表1-6-1は，知っている／できる，学問的／非学問的 [94] の2つの二分法の中で，それぞれの知識枠組みの関係性をまとめたものである。

　学問における大局的カテゴリーでは，その本質的な問いは，基礎をなすもの

を扱うことになるだろう。たとえばそれは，「時空には次元がいくつあるか？」など，ある分野における重要な考えや未解明の問題を示すものである。

一方，学問の局所的カテゴリーでは，本質的な問いの型は「光はどのようにして波のようにふるまうのだろうか」など，コンテンツを深く掘り下げるために必要なことを扱うものとなる。

また，非学問における大局的カテゴリーでは，本質的な問いは時代を超えたものであり，たとえば「正義とは何か？」など，議論の対象として興味深く，また答えが変わり続けていくものである。

なお，「知っている」と「できる」を分けることは，実際には，カリキュラムの構築においてあまり生産的ではないかもしれない。結局のところ，どちらか一つを無視することは脆弱な知識を生み出すことになってしまう。このため，私たちはカリキュラムの枠組みにこの区別を含めず，教えるべき概念とコンテンツを決めることや，それらをどのように編成するかを決定するプロセスの設計に焦点を当てている。実のところ，ある概念を学ぶことは，「知っている」と「できる」の両面を必然的にともなうものだからである。

## 6.4　ツールとしての概念指標

近年，各学問分野における深い概念を収集し，整理し，評価する試みも始められている。大学レベルでは，学生がある学問分野の主要な概念をどの程度学習できているかを評価するために，科学的知識の概念指標（concept inventories）を作成する取り組みがさまざまに行われてきた。概念指標は，ある学問分野の専門家や教育者からの意見をふまえて作成されたもので，よくある誤概念を不正解項目に用いた多肢選択式テストによって，学生がもつ概念構造を診断するものである。雰囲気をつかむために，以下に質問の例とそれに対応する解答選択肢を示す[95]。

自分が細菌細胞内の ADP 分子であるとイメージしてみよう。ATP 合成酵素を見つけて ATP 分子になるにはどうすればよいか。
この問題は，拡散が分子のランダムな運動によって引き起こされることを生徒が理解しているかどうかを調べるためのものである。

042　Part One What Should Students Learn? The Impact of AI on Curriculum

第1部　生徒は何を学ぶべきか？——AI がカリキュラムに与える影響

a. 水素イオンの流れを追う。

　　この答えを選んだ生徒たちは，ADP は水素イオンの勾配がどこにあるかを何らかの方法で特定できると考えている。

b. ATP 合成酵素が私を捕まえてくれる。

　　この答えを選んだ生徒たちは，ATP 合成酵素が ADP の存在を感知して能動的に捕捉すると考えている。

c. 私の電気陰性度が（最も重要な要因として）私に ATP 合成酵素を引きつける。

　　この答えを選んだ生徒たちは，電荷が ADP と ATP 合成酵素を引きつけ合うと考えている。

d. 私は適切な場所に能動的にポンプで送られる。

　　この答えを選んだ生徒たちは，ADP が何らかの形で ATP 合成酵素の近くの正しい場所に置かれると考えている。

e. ランダムな動きをすることで ATP 合成酵素にたどり着く。

　　これが正解である。言いかえれば，ADP は ADP 分子のランダムな動きによって ATP 合成酵素を見つける。


　学生へのインタビューと質問のつくりなおしを繰り返すことで，これらは所与のトピックに対し学生がどのような概念をもっているかの診断ツールとして発展してきた。最初の概念指標は，1992 年に作成された力学概念指標（Force Concept Inventory；FCI）[96] であり，その後，2008 年までに 23 の概念指標が自然科学の分野で作成され，高等教育において STEM 科目をどのように実践すべきかに関する議論を巻き起こした。

　私たちはこの取り組みは，以下の 3 つのやり方で拡張し，より効果的なものにしていく必要があると考えている。


1. それは単に診断ツールとしてではなく，カリキュラム設計ツールとして使われるべきである。
2. STEM 以外の科目も含めるべきである。
3. 幼稚園から高校までの生徒用に（必要に応じて）調整しなおすべきである。

この拡張版プロジェクトは，デジタル形式で実践することでその効果を最大化できるだろう。それにより，絶えず発展し続け，多くの人が参加でき，さらに組織間の連携なども可能となるためである[97]。

## 6.5　構造のレベル

概念に焦点を当てた知識の枠組みや概念指標がカリキュラム全体の土台として展開されるようになると，今度は概念の階層構造や，コンテンツと概念の組み合わせ方を検討する必要が生じてくる。私たちが参考にした枠組みの中には，さまざまなレベル（たとえば，学際分野，学問分野，下位分野，主題）のコンテンツそれぞれについて，そこに存在する概念を特定したものもある。生徒が，幼稚園から高校までのあらゆる分野内，分野間に存在するコア概念から最も効率的かつ効果的に意味づけを行うことができるように，こうしたコンテンツと概念の関係を明確にすることを提案したい。

## 6.6　概念によるコンテンツの体系化

概念指標がカリキュラム全体の土台となると，次にすべきは，それらをさまざまなレベルのコンテンツの間で体系化することである。あるコンテンツがカリキュラムのどの概念とも関連していない場合，そのコンテンツは生徒の心の中の概念と結びつかないため，有用で転移可能な知識とはならない。学校のコースは，ある学問分野の主要なコンテンツ領域を対象として，生徒がさまざまなトピックに触れることができるように設計されることが多いが，それを念頭に体系化を行うと，ほぼ確実に，断片化されたまとまりのないコンテンツになってしまう。

それでは，概念はどのようにして学問分野内，分野間で体系化したらよいだろうか？　代表的な概念指標である FCI は，運動学，インペタス，作用／反作用のペアなど，項目セットをカテゴリーに分類したものをタクソノミー（分類）と読んでいる[98]。他にも，概念クラスター[99]，サブテスト[100]，マクロおよびミクロレベルの概念[101]，といった呼び方をしているものもあれば，成熟（maturity）などの学際的概念を探ったものもある[102]。また，多くの枠組みでは，概念間の相互関係についても言及している。正確なとらえ方は各枠組みが

044

Part One What Should Students Learn? The Impact of AI on Curriculum

第1部　生徒は何を学ぶべきか？——AI がカリキュラムに与える影響

どのように体系化されているかに依存するが，概念は，一方の理解が他方の理解に影響し，影響される形で相互に関連しているというのが一般的な共通認識である。

　私たちは，コンテンツと概念を区別し，コンテンツ体系の各レベル（多くの学際的なつながりをもっている）に少数のコア概念を考えた構造を提案したい（図1-6-1参照）。その最小レベルは「トピック」であり，コンテンツそれ自体を含むものである。それは直接教えることができ，より上位のレベル内・レベル間にあるコア概念の事例を示し，それを探求し，適用するために使うべきものである。このアプローチの利点の一つは，特定のコンテンツ（例：細胞の各パーツ）が，より上位のレベルのコア概念（例：科学的な推論）や他の学問分野の概念（例：労働の役割分担）さえも継承できることである。この体系化は，カリキュラム設計者が学習目標とそのためのコンテンツの違いを忘れないようにすることを助け，そして，重要な概念を異なる視点から見なおす仕組みの促進にもつながるだろう[103]。

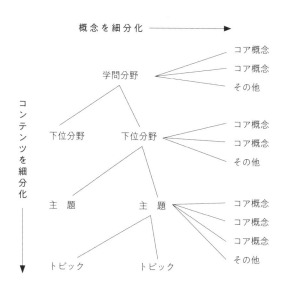

図1-6-1　コンテンツ体系の各レベルにあるコア概念の概略図（直接教えることができるのはトピックのみであるため，上位レベルのカテゴリーのコア概念を含んでいなければならない）。出典：CCR

## 6.7　コンテンツの構造

　意味を体系化する良いやり方は学問分野ごとにそれぞれあるかもしれないが，授業それ自体の再編成という運用上の課題に着手することはあまり重要ではない。むしろ，意味を与える鍵は，コンテンツ体系のさまざまなレベルにコア概念の形で組み込まれるだろう。多くの学校にとって大規模な再編は不可能であり，これをふまえ，私たちCCRの枠組みはできるかぎり簡単に実施できるように設計されている。

　私たちは，コンテンツのグループに対応した名前をそれぞれ以下のように設定した。各グループは，その下位にあるもので構成されている（たとえば，学問分野は下位分野で構成されている）。

- ・学問分野（disciplines）：数学，歴史，自然科学など。
- ・下位分野（branches）：代数学，西洋文明，生物学など。
- ・主題（subjects）：ゲーム理論，ロシア革命，生態学など。
- ・トピック（topics）：囚人のジレンマ，ロマノフ家の処刑，採食行動など。

　ただし，すべての用途に対して常に首尾一貫した分類法やオントロジーなどはないということを理解してほしい。たとえば，自然科学と生物学の両方を「学問分野」のレベルとして考え，「学問分野」に2つの階層をつくることも有益かもしれない。それぞれのレベルのカテゴリーは，特定のコンテンツのグループと定義的なコア概念のセットを示している。

　コンテンツのグループとしての生物学（下位分野に位置する）は，生命と生物の学問であり，そのコア概念は「構造と機能は相互に関連している」「自然現象は複雑系の様態をとる傾向がある」などである。これは，知識への科学的アプローチ，または自然科学（学問分野に位置する）の一部であり，それらもまた「自然科学的な解釈，理論，モデルは共有された集合的な証拠に基づいており，常にある程度の不確実性を含んでいる」「自然科学の応用は倫理的，社会的，経済的，政治的な意味をもつことが多い」「自然科学はすべての結果には一つまたは複数の原因があると仮定している」といった独自のコア概念をもつ。この実証的かつ積み重ねを重視した知識構築への焦点は，たとえば，芸術における

**046**　Part One What Should Students Learn? The Impact of AI on Curriculum

第1部　生徒は何を学ぶべきか？——AIがカリキュラムに与える影響

美への焦点や，人文科学における道徳や物語への焦点とは異なるものである。

　この体系で各レベルにコア概念を割り当てることで，よくある混乱を回避することができる。カリキュラムでは，これらのレベルのうちのいくつかだけを選択し，その中の関連するすべてのコア概念やビッグアイデアを網羅しようとすることが多いが，そうすると冗長で不完全なものになったり，レベル間の混同が生じたりする。たとえば，生理学のコア概念を決定するために大学教員の回答をまとめた，ある緻密な研究がある[104]。そのリストは，コア概念の規模に基づいて構成されたものではなかったので，表1-6-2に，私たちがその15

**表1-6-2　生理学のコア概念をコンテンツの抽象度が異なる3層に分類したもの。出典：Michael & Mcfarland をもとに CCR が作成**

| 自然科学（学問分野） | 生物学（下位分野） | 生理学（主題） |
|---|---|---|
| 因果性：［生物］とは，因果関係の記述によってその機能が説明可能な因果メカニズム（仕組み）のことをいう。 | 物理学・化学：生物の機能は，物理学と化学の法則を用いて説明できる。 | 細胞間コミュニケーション：有機体の機能は，その活動を調整するために細胞間の情報伝達を必要とする。これらのプロセスは内分泌および神経シグナル伝達により行われる。 |
| 科学的推論：［生理学は科学である］［体のはたらき］に関する理解は，科学的手法によってもたらされる。それゆえに，私たちの理解は常に暫定的なものである。 | エネルギー：有機体の生命活動は常にエネルギーの消費を必要とする。エネルギーの獲得，変換，輸送は体の重要な機能である。 | 細胞膜：原形質膜は，細胞に出入りする物質を複雑な構造である。細胞のシグナル伝達や輸送などの過程に重要な役割を果たす。 |
| 組織の階層：［生理機能］を理解するためには，その組織の，分子から社会にいたるあらゆる階層のふるまいを理解する必要がある。 | 進化：進化のメカニズムは多くの組織レベルで作用し，適応変化によって，現在存在する構造と機能の関係をつくり出した。 | 細胞説：有機体を構成する細胞はすべて同じ DNA をもっている。細胞は多くの共通の機能をもつと同時に，有機体が必要とするさまざまな特異的な機能ももっている。 |
| 物質収支：システム，またはシステムを構成する部分の内容は，そのシステムまたは部分への入力とそこからの出力によって決まる。 | ホメオスタシス：有機体の内部環境は，細胞，組織，器官による負のフィードバックシステムのはたらきによって能動的に一定に維持されている。 | タンパク質の遺伝子：あらゆる有機体の遺伝子（DNA）は，タンパク質（酵素を含む）の合成を符号化している。すべての細胞の機能は発現する遺伝子によって決定される。 |
|  | 相互依存：細胞，組織，器官，器官系は互いに相互作用して（互いの機能に依存する），生命を維持する。 | フローダウン勾配[105]：「材料」（イオン，分子，血液，空気）の輸送は，有機体のあらゆる組織レベルにおける中心的プロセスであり，単純なモデルで記述できる。 |
|  | 構造・機能：細胞，組織，器官の機能は，その形態によって決まる。構造と機能は本質的に関連している。 |  |

のアイデアを学問分野，下位分野，主題という３つのコンテンツベースのカテゴリーに体系化したもの示す。

上位レベルの概念は下位レベルの要素すべてに適用されるため，コア概念をレベルに沿って体系化することで，そこにおけるトピックの数を管理しやすくなる。この場合，主題は生理学であるが，規模によって体系化されているので，「科学的推論」と「フローダウン勾配」のどちらかを選択する必要はない。概念に焦点を当てた他の枠組みは，概念の分類に基づいて，それらをある程度に分けているだけである。次の表 1-6-3 は，CCR のアプローチと，それと同様に概念に焦点を当てた他の枠組みを比較してまとめた一覧表である。

表 1-6-3　概念を第一に考えたカリキュラムと CCR の枠組みの比較表。出典：CCR

| | 学際的 | 学問分野 | 下位分野 |
|---|---|---|---|
| Concept-Based Education | マクロ概念 | 理論<br>原理<br>一般概念<br>ミクロ概念 | |
| Big Ideas | 本質的な問い：中心的なコンテンツを学ぶうえできわめて重要なものや，コンテンツを深く掘り下げるもの（例：光はどのようにして波のようにふるまうのか？） | 本質的な問い：ある分野における重要な考えや未解明の問題を示す基礎となるもの（例：時空には次元がいくつあるか？） | 本質的な問い：重要で，時を超えて議論の対象となり，答えが変わり続けるもの（例：正義とは何か？） |
| 閾値概念 | 分野横断的な閾値概念（例：相転移）<br><br>閾値概念は，カリキュラムに縦にも横にも埋め込むことができる | 閾値概念は一般に学問分野内で定義される。それは，生徒にとって変革的で，統合的で，不可逆的で，境界があり，厄介なものになりうる概念である | 主題の閾値概念は，下位分野の閾値概念とやや違うものとして区別され，ミクロ閾値概念と総称される |
| 概念指標 | なし | 概念指標は学問分野内で作成されるが，テストされた概念は，分野全体に広く適用できる場合もあれば，そうでない場合もある | ほとんどの概念指標は，下位分野または主題のレベルである（例：電気工学の概念指標は，場，波，場と波の３つの下位評価からなる） |
| Inquiry Project | 概念は相互に関係している（例：数学は理科と密接に関係する）<br><br>いくかの重要な概念がある（例：認識論的概念はおのずと学際的である） | ラーニングプログレッションズは経験的に決められ，異なるスケールで体系的に概念をカバーする | |
| CCR | コア概念（テーマ） | コア概念（学問分野） | コア概念（下位分野） |

048
Part One What Should Students Learn? The Impact of AI on Curriculum

第１部　生徒は何を学ぶべきか？——AI がカリキュラムに与える影響

# 7. 必須のコンテンツ

　世界中の CCR 講演や CCR セミナーで，「授業を通じて生徒たちにもたせたいと思うものはなんですか？」という質問をしてきたが，参加者や教師たちが，何か特定のコンテンツのことを答えることはめったにない。現実世界では，どんなコンテンツの一部でも瞬時にインターネットで検索できる。このことから，「カリキュラムに入れるべき必須のコンテンツとは何だろうか？」という疑問が生まれてくる。これに答えるには，まずコンテンツを学ぶ目的について考えなければならないだろう。

## 7.1　何でも検索できるのなら，なぜ何でも学ぶのか？

　学習は特定の文脈で行われ，時間とともに一般化され抽象化されるが，オンライン上で見つけた情報は孤立しているため，その文脈を完全にとらえられないことが多い。ダニエル・ウィリンガム（Daniel Willingham）[106] は，これを語彙の勉強と比較している。生徒は新しい単語を学習するとき，それが文脈の中でどのように使われるかを学ぶため，定義だけでなく，文の中でそれを使ってみるように言われる。オンライン上で同義語を調べるだけならば，「彼は端で几帳面にバランスを取った（he meticulously balanced on the edge）」（「几帳面」を「注意深く」の意味で用いている）などと誤った使い方をするばかりだろう。ウィリンガムは，同じことがすべてのコンテンツ学習に当てはまると主張する。ある事柄を検索することしかできないならば，それを適切に用いたり，応用したりするには不十分だろう。

## 7.2　ダニング＝クルーガー効果を避ける

　知識の重要な使い道の一つは，自分が何を知らないかを知り，それによってさらに学ぶべきことへと導くことである。理解していることとしていないことの大まかな地図をつくるためには，それに最低限必要な知識の量がある。喜劇役者ジョン・クリーズ（John Cleese）は，ダニング＝クルーガー効果（Dunning-Kruger effect）[訳注][107] について，「自分がとてもとてもバカだとしたら，ど

うして自分がとてもとてもバカだということに気づけるだろうか？　自分がいかにバカであるかを理解するには，それなりに頭がよくなければならない」とユーモラスに説明する。ある主題について最低限のことを知らなければ，それによって陥る罠は無知だけではない（これはインターネット検索で解決できる），はるかに有害な「メタ無知」（meta-ignorance），すなわち無知についての無知[108]に陥る可能性が高いのである。

---

[訳注] ダニング＝クルーガー効果（Dunning–Kruger effect）：ある能力が低い人は，その能力の低さに気づくことが難しく，実際よりも高く自己評価してしまいがちであることを表す言葉。社会心理学者，デイビッド・ダニングとジャスティン・クルーガーが見いだした。

---

　たとえば，経済政策について考える際には，さまざまな経済の実態を暗黙のうちに見積り，それを理想と比較して，何を実現すべきかを考えることになる。ギャラップ社（Gallup）が2014年に実施した調査によると，犯罪率は20年前に比べ低いにもかかわらず，アメリカ人の63％が犯罪率は上昇していると考えている。そして，犯罪率が上昇していると考えている人は，銃規制の強化を支持する割合が8ポイント低かったのである[109,110]。

　このとき，自分の推測が現実を反映していないことを知らなければ，人は本当の数字を調べようとは考えないだろう。実際，この調査では，アメリカの主要政党のどちらを支持する参加者であっても，格差の実態を同じように誤って受け止めており，理想的な分配が行われていると回答した。したがって，事実に基づく情報は，批判的かつ創造的に考える能力に重要な役割を果たす。

　また実は，物事を検索する力は，ダニング＝クルーガー効果をさらに悪化させる可能性がある。ある研究[111]では，雑学的な質問に答えるときにGoogleを使うことを許された参加者は，Googleを使うことが許可されなかった参加者よりも，（たとえ問題の正答率を同じになるように操作しても）自分が賢いと考えていたという。

## 7.3　日常生活で使うスピード，流暢さ，自動性
　それぞれの学問分野には，日常生活に必要な修得すべき基本的レベルがあ

050　Part One What Should Students Learn? The Impact of AI on Curriculum

第1部　生徒は何を学ぶべきか？──AIがカリキュラムに与える影響

る。たとえば，体重，温度，お金といった構成概念を数的に流暢に使えるには，それに必要な理解のレベルがある[112]。発達障害のない小児では，このレベルは特別な努力なしに達成されるが，すべての生徒の生活に真に必要なのがカリキュラムのどの部分なのかを心に留めておくことは重要である。

## 7.4　社会的に共有された背景知識

　地元の人に道を教えることと観光客へのそれとの比較で考えてみよう。観光客に話すとき，私たちは相手と共有された情報や仮定に頼ることができず，当たり前のことを説明するのにいつもより苦労することに気づく[113]。同様に，ニュースやメディアは，細かな情報をすべて説明しているわけではなく，そこには，知っていることが前提となる多くの背景情報がある。エリック・ドナルド・ハーシュ（Eric Donald Hirsch）はその著作『文化リテラシー』（*Cultural Literacy*）[114] の中で，どのようなコンテンツがアメリカ人にとってこのカテゴリーに入るのかを明らかにしてきた（例：コレステロール，絶対零度）。このリストは，さまざまなサブコミュニティや他の国々の文化に合わせて調整する必要があるが，重要な研究であり，有益な出発点である。

## 7.5　より複雑な概念に必要である

　複雑な概念はどれも，より小さな情報で構成されており，複雑な理解に到達するためには，それらを自動的に処理できる必要がある。確かに，何でも検索することはできるが，すべてを検索にまかせるのならば，その後で行う学習や問題解決はとても時間のかかるものになってしまうだろう。たとえば，知らない単語は検索すればわかるが，このプロセスは読みから気をそらしてしまう。一般的に，語彙が多ければ多いほど読解力は高くなるものである[115]。この問題は，講義やグループワークなど，生徒が情報をリアルタイムで処理する必要があり，必要なときに自分のペースで検索できない状況ではさらに悪化する。

　こうした場合，下位レベルの構成要素に対する流暢さや自動性の欠如（正確さとスピードの組み合わせ）が，上位レベルの概念を学習する際のボトルネックとなってしまう[116]。より広い意味では，流暢さは「技能と知識の保持や維持，注意がそれることに対する耐性や抵抗，そしてトレーニングしたことの応用や

転移を高める」[117] ことが研究により示されている。

しかし，概念の学習は一般に，それを構成する小さな情報をただ集めるだけのプロセスではない。これは，ラーニングプログレッションズ（learing progressions；学びの軌跡）[訳注] に関する研究の背景にある考え方である。フリッツ・モッシャー（Fritz Mosher）の『リテラシー，ラーニングプログレッションズ，インストラクションについて考えるヒッチハイクガイド』（*A Hitchhiker's Guide to Thinking about Literacy, Learning Progressions, and Instruction*）は，「カリキュラムは，特定のコンテンツやトピックに関する経験を基礎に……生徒が触れる意味が次第に複雑なものとなっていくよう体系化した形で設計すべきだ」[118] と述べている。ある事柄について，どんな順序や道のりで学習してきたかによって，知識の表現や記憶のされ方は変わってくるし，将来のどの学習に対する備えとなるかも変わってくるだろう。したがって，ある知識がカリキュラムに含まれる理由には，それが効果的な「学びの軌跡」の一部をなすからということもあるのである。

［訳注］ ラーニングプログレッションズ（learing progressions；学びの軌跡）：適切な教授が行われた場合に生じる，個々の学習テーマについての比較的長期にわたる概念変化や思考発達の様子を研究等のエビデンスをもとにモデル化したもの。

## 7.6 コア概念の基質となるコンテンツ

教師が生徒たちにもたせたいものの多くが，新しい状況でも使える概念であるならば，やはり，どのコンテンツがその概念を最もよく表すかを決定して，生徒がそれを学び，その理解を転移できるようにする必要がある。概念がどのような文脈で学習されたかは，学習者の頭の中におけるその構造化に深く影響する[119]。

あるカリキュラムにおいてコンテンツを編成する場合，コンテンツは範囲と順序をもった一連の流れとして構築される。この順序に基づき，後の要素は前の理解を活用することができ，カリキュラムは時間とともに複雑さを増すよう効率的に内容を展開していくことができる。また，コンテンツの各要素は，どの要素とどの要素を結びつけるかという点から相対的な範囲をもつが，それは

Part One What Should Students Learn? The Impact of AI on Curriculum

第1部　生徒は何を学ぶべきか？──AI がカリキュラムに与える影響

カリキュラムの文脈によって決められる。モッシャーのヒッチハイクガイドは，「カリキュラムは，特定のコンテンツやトピックに関する経験を基礎に……生徒が触れる意味が次第に複雑なものとなっていくよう体系化した形で設計すべきだ」と述べている。そして同論文はまた，「決まった順序での指導は必要ないが，学校や学校システム全体（可能であればもっと広く）で合理的な順序を選ぶことが賢明であり，そのほうが個々の教師に選択をゆだねるよりも効果的である可能性が高い」とも述べている。

したがって，ある概念を最初に導入するときには，その概念を自然に表すコンテンツ，すなわち事例（examplar）[120] を通して導入し，生徒が直観を自分のものにできるようにすべきである。これは単なる例ではなく，典型例であり[121]，その概念に関する特徴を明白に表すものである。事例となるコンテンツは，安定しており，アクセス可能で，混乱を引き起こさないものである必要がある[122]。それぞれのトピックにはたくさんの情報が含まれており，ある概念にとって意味あるものは別の概念に対するノイズであったりする。このため，この段階では，理解を助けるさまざまな工夫をしたり，生徒の目を重要な特徴に向けたりすることがしばしば必要となる。そして，同じ概念を異なるコンテンツを通して見ることによって，より深い構造の一部をなす要素と，単に文脈に付随した要素とが明らかになっていく[123]。

しかしその後は，教師からの足場かけを少なくして，より複雑な文脈でその概念を探求すべきである。この段階では，特定のトピックが他の異なる概念の事例であったり，すでに導入された概念を例示したものであったりする。トピックは概念の例であるが，それは多くの概念の例でもあり，他のさまざまな特徴をもつ。すなわち，この場合，トピックはあくまで概念の「例」であり，事例ではない。

たとえば，赤の色が事例として「色相環」の文脈で扱われている場合，路上にある赤いものを指し示していくのは有効だろう。しかし，「あなたが路上にいる」というトピックは，「基本方位」を学ぶための事例であるかもしれない。このように概念が（カモフラージュされたり，覆い隠されたり，目立たなくされたり，また境界例のケースであったりして[124]）顕著になっていないことは，概念を一般化することの練習になり，また理解を調整することにもつながる。

この構造は学習科学の最も頑健な知見の一つをさらりと利用している。それは，最終的に統合されるべき情報を交互に配置（interleave；挟み込み）することで，自然なカテゴリーに沿って情報を学習するよりも，より長く続く学習成果を生み出すことができるというものである[125]。通常，これはコンテンツに適用されるが，この場合はコンテンツと概念を明示的に分離することで，必然的にコンテンツごとにグループ化されることになり，概念を交互に配置することにつながる[126]。

　最後に，概念は，概念的に離れたトピックへの適用もできる。ここで必要なことは，教師が概念の適用を明確に指示しないこと，現実生活をシミュレートしたシナリオを使うこと，および／または，その概念が文脈において顕著でないことである。赤の概念を教える例でたとえると，適用するトピックには赤いものが一切含まれていないかもしれないが，生徒はそのトピックに含まれるオレンジや紫から，赤がその一部をなすことを学ぶというものである。こうして異なる概念を示す文脈を複数織り交ぜることにより，複雑な概念を同時かつ体系的につくることが可能な概念理解の足場を構築することができ，それにより現実の文脈に転移する可能性も高くなる。これは，専門家が概念理解を達成するのと同じプロセスであり，そのため，生徒のカリキュラム設計のガイドラインとして明示的，体系的に使っていくことが望ましい。

　この考え方は，常に一度に複数の概念を教えるという文脈で，The Inquiry Project[訳注]が論じているものである。そこでは「常に（一部を前景にし，その他を背景にしながら）複数の概念の部分を考察し，それぞれ部分間の関係を含む連続した下位概念に取り組み，概念を再検討し，そして検討した下位概念と文脈についてさらに詳しく述べる」[127]という方法を説明している。

[訳注]　The Inquiry Project：ワシントンDCにある国立科学財団の資金提供を受け，NPO法人TERCおよびタフツ大学が協力して進めている科学教育に関するプロジェクト。https://inquiryproject.terc.edu/

## 7.7　コンピテンシーの基質となる知識

　本書ではコンピテンシーについては詳しく論じないが（詳しくは『21世紀の

054　Part One What Should Students Learn? The Impact of AI on Curriculum

第1部　生徒は何を学ぶべきか？——AIがカリキュラムに与える影響

学習者と教育の4つの次元』(*Four-Dimensional Education: The Competencies Learners Need To Succeed*) [128] を参照),知識をこれらと切り離して論じることはできない。現在,考え方や学び方,社会情動的スキルの使い方などを生徒に教えることが重要視されているが,これによって,そもそもどのコンテンツを教えるべきかという議論が脇に追いやられてしまうことも多い。しかし,学習は高度に状況に埋め込まれた活動であり,文脈に依存しているため,コンピテンシーも何らかの適切なコンテンツを基質,媒体として教えるのが一番よいことを認識すべきである [129]。また,コンテンツの中には,コンピテンシーの育成に使ううえでの適不適もあると考えられる [130]。

たとえば,数学の習得は非常に厳密さが求められるので,初心者が理解し,実践することが難しい。このため,(よく言われるように)数学が批判的思考を教えるのに適した手段であるかどうかは疑問である [131]。むしろ,社会科のようにより具体的な領域や,ディベートのようなより実践しやすい学習活動のほうが効果的かもしれない。このことから,認知的コンピテンシーの育成に各学問分野が果たす役割について明白または暗黙のうちに言われていることを検証(または反証)する研究が必要だと言える。

## 7.8 現代的な知識

カリキュラムに入れるコンテンツを選ぶ際には,それが時代遅れのものでないことを確認することが重要である。しかし,これはいろいろな理由で難易度が高い。

第1に,事実に関するコンセンサスは情報が増えるにつれ変化するものであり,総体で見ると,ある学問分野内で事実とされていることは予測可能な割合で衰退していくからである [132]。したがって,たとえ重要な事実をすべて学ぶことができたとしても,その中のもはや正しくない知識の割合は,年をとるにつれどんどん高くなるだろう。学習は決して終わらず,将来の学習の基礎を常につくり続けなければならない。

第2に,就くことができる仕事が変化していることがある。新しい職業の予測は常に難しい試みである。なぜならば,どうしても直線的に考えがちで,今起こりつつある不連続性,つまりニーズを予測できないからである。ある報告は,

自動化によって仕事がなくなり，労働力が根本的に変化しつつあると述べているが，別の報告は自動化によって置き換えられる仕事とほぼ同じ数の仕事がそれによって創造されると結論づけている。とはいえ，世界の労働者が現在就くことのできる仕事の姿も，20年前と異なっているのではないだろうか[133]。

　1995年から2015年までの労働者が就く仕事の変化を次の図1-7-1で見ると，仕事が二極化していることが明らかである。高度なスキルを必要とする仕事（管理職や専門職など）やあまりスキルを要しない仕事（サービス業や小売業）の数が増加している一方で，中程度のスキルを要する仕事（貿易業務，機械操作，組立作業）は消えつつある。こうした傾向をふまえると，生徒に，複雑なコンテンツを学ぶための強固な基礎をつくり上げ，生涯にわたってスキルアップが必要な世界に対応できるようにすることが，かつてないほどの急務となっていると言える。

　具体的には，定型的な肉体労働，データ処理，データ収集の仕事は，アメリカにおける全労働活動の約50％を占めているが[134]，これらは自動化の影響を

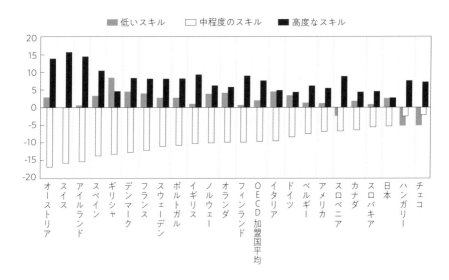

図1-7-1　国ごとに見た雇用の二極化：1995〜2015年での全雇用に占める割合の変化率を示す。どの国を見ても，中程度のスキルを要する仕事（白）が平均約10％減少している一方で，高度なスキルを要する仕事（黒）は平均約8％，低スキルの仕事（グレー）も約2％増加している。出典：OECD

**056**　Part One What Should Students Learn? The Impact of AI on Curriculum

第1部　生徒は何を学ぶべきか？――AIがカリキュラムに与える影響

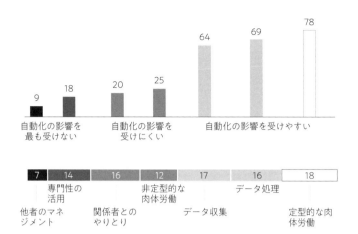

図I-7-2 　上図：現在のテクノロジーで自動化可能な活動に費やされる時間の割合。
下図：アメリカの全職業について，それらに費やされる時間の割合（%）。出典：マッキンゼー

最も受けやすい職種である。一方，自動化される可能性が最も低い仕事は，専門性を要する仕事や他の人とやりとりをする仕事，そして何よりマネージメントスキルを必要とする仕事である。これは直感的に理解できるだろう。アルゴリズムが最初に人から引き継ぐのは最も機械的なタスクである。そして，その後は，人間がやっていたときと同じように，コンピュータがそのタスクを行うのを誰かが管理する必要があるからである。

　第3に，より大きなトレンドが起きていることを考慮しなければならない。世界は，テクノロジー，環境，グローバル化，学問の進展など，さまざまな面で急速に変化しており，そのためにカリキュラムに含めるべきコンテンツも変える必要が生じている。こうした人間の進歩と，この労働力や社会，生活が急速に変化している世界に加わるために行われている準備の間にはギャップがあるが，理想的にはそれを教育改革が埋めてくれるはずである。このトレンドに関してはそれぞれ，時代遅れになったカリキュラムに新しいコンテンツ分野を加え，生徒に何をもたせるかに焦点を当てたさまざまなアップデートを行う必要がある。

　これらのトレンドは，次に示す大きな変化としてまとめることができる。こ

れらは，あらゆる「意味づけの方法」に対し，その中で何を重要と考えるかに
影響を与えるだろう。

1. テクノロジー：特に変革をもたらすと予測されるトレンドは次のとおりで
   ある[135]。
   a）スマートマシンやスマートシステムの登場（ロボット工学など）。
   b）大量のデータと新しいメディア（ビッグデータ，ソーシャルネットワー
   ク／ソーシャルメディアなど）。
   c）人間の拡張（人工知能，ロボット工学，ゲノム編集など）。
2. 環境：気候変動は新しく，そして大規模な課題であり，その重圧と求めら
   れることに対処しなければならない[136]。
3. グローバル化：人や組織はますます相互に結びつき，以前は予測できな
   かった未知のパターンを生み出す[137]。
4. 社会不安：格差，二極化，不信，大規模な変化が進む中，世界的な社会不
   安に対処する必要がある。
5. 学問の進歩：カリキュラムはすでに満杯であり，新しい知見を入れること
   ができないことが多いが，最近の重要な発見を含むようにアップデートす
   べきである。

　これらの変化について把握するための一つの方法は，p.035 で述べた 6 つの
「意味の領域」を用いることである。それぞれの領域は，一連の学問分野を大
まかに内包しているため，すべてのコンテンツが考慮されていることが簡単に
確認できる。上に述べた大きな変化と意味の領域の 2 つのカテゴリーを相互に
参照すると，強調すべき，または追加する必要があるトピックや学問分野を示
す表をつくることができる。次の表 1-7-1 の縦・横の交差に，それぞれの例を
示す。

058　Part One What Should Students Learn? The Impact of AI on Curriculum

第 1 部　生徒は何を学ぶべきか？──AI がカリキュラムに与える影響

**表 I-7-I**

| 意味の領域 ＼ 大きな変化 | テクノロジー | 環境 | グローバル化 | 社会不安 | 学問の進歩 |
|---|---|---|---|---|---|
| 記号的 | 統計学, ビッグデータ, プログラミング | データ分析, モデリング | 翻訳のための自然言語処理, 国際法, 国際経済 | 政治学, 社会的公正の理論, 哲学, 法律 | ゲーム理論, 論理学 |
| 実証的 | ロボット工学, エンジニアリング, 家庭電化製品 | 太陽電池パネル, 風力発電, 気候変動 | さまざまな言語に対する自然言語処理 | 社会科学に対する情報リテラシー | 量子物理学 |
| 美学的 | 私的自己イメージと公的自己イメージ | 自然の美の応用, 風景芸術 | 異なる文化を味わう力を育てる（食べ物, 美術, 音楽, 生き方など） | 自分と異なる人間の内面に触れる | ニューメディア, 新しい芸術の運動 |
| 個人的 | ソーシャルメディア, コミュニケーション, マーケティング | エコロジカル・フットプリントへの意識, シチズンシップや積極的行動 | 企業家精神, 文化的感受性 | 理解に基づく適切な議論の実践, コミュニティの形成 | ウェルネス |
| 倫理的 | 機械とともに暮らすことで生じる自律性と説明責任の問題, すなわち信用の分散 | 未来の世代のためにより良い地球を残すこと | 文化的感受性 | 民族を超えた明確な倫理の枠組み | 道徳心理学 |
| 統合的 | 情報源のトライアンギュレーション | 相互接続されたシステム（経済, 生態系, 心理など）が一緒になって, 今, 直面している大規模なトレンドをつくり出していること | 複眼的視点（例：知的発見の歴史について国際的な視点から考える） | 社会的な問題についてのさまざまな視点を統合する | ポストモダニズムとそれに対する反動 |

138

# 8. どのコンテンツを追加すべきか

　社会で起きている変化をカリキュラムに反映するためには，過去の慣習にとらわれすぎないようにしながら，現代的な学問分野，下位分野，主題，トピックを適宜追加することが大切である。現在，現代的学問分野は伝統的な分野によって締め出されているが，その有用性やカリキュラムに取り入れる価値はますます高まりつつある。以下は，現在広く利用され，その重要性も高まっていることから，カリキュラムに入れるべき現代的コンテンツ分野（の一部）のリストである。

## 8.1　テクノロジーとエンジニアリング

　コンピュータ科学，特にプログラミング，ロボット工学，人工知能が含まれる。また，特にゲノム編集や合成生物学といった生物工学や，CAD や 3D プリントなどの先進的な製造技術も含まれる。

## 8.2　メディア

　インターネットが社会にもたらす変化はまだ始まったばかりであるが，すでに変革をもたらしていると言えるだろう。誰もが常にメディアを消費したり，つくり出したりしており，それは社会から切り離せないものになっている。しかし，このメディアを正しく健全に使う方法は誰も教わっていない。この状況に遅れをとらないよう，カリキュラムは変わらなければならない。これには，今，始まったばかりの新しい形態のそれを含むジャーナリズムも含まれるし，映像や音楽に関する知識も必要である。もし誰もが何でも映像化できるとしたならば，それは世界との前向きな関わりに何を意味するだろうか？　どうすれば彼らの声を見つけることができるだろうか？

## 8.3　企業家精神とビジネス

　現在，必要なスキルのレベルによって仕事の二極化が進み，また労働力として求められるものも変わり続け，経済成長も続いている。そうした中で生徒た

**060**　Part One What Should Students Learn? The Impact of AI on Curriculum

第 1 部　生徒は何を学ぶべきか？——AI がカリキュラムに与える影響

ちは，生涯を通じ，自分を示すチャンスを活かすことができるようにならねばならないだろう。もはや大学を卒業して就職し，定年までそこで働くだけでは十分ではないことが多い。生徒たちは，自分のキャリアにビジネスの視点からアプローチできるようにならねばならないのである。

## 8.4　個人ファイナンス

　雇用が不安定になり，機会が多様化し，法律がより複雑になり，個人の負債が増え続けている。こうした中で，これから仕事に就く人は資産運用，資産管理の仕方についてもちゃんと知っておく必要がある。これは，生徒が学習するもので最も応用がきく知識だろうし，あらゆる生徒に有意義な学びである。

## 8.5　ウェルネス

　生徒たちには，問題が深刻化したときの対処方法よりもむしろ，自分たちの心，感情，身体をどのように事前にケアするかを教えるべきである。これは「ウェルネス」（wellness）として知られており，しばしば体育から保健教育まで複数の領域に及ぶ非常に幅広いカテゴリーである。抑うつ，不安，肥満，慢性的な腰痛などの問題を抱える社会では，生徒に自分の健康を保つための知識や力を与える必要がある。またたとえば，何が感情的・心理的虐待をもたらすのかや，どのように人間関係を築けばよいのかといった対人関係のウェルネスについても教えるべきであるし，感情への気づきの基礎を育てるトレーニングも必要である。

## 8.6　社会科学

　社会科学は人間をトピックとし，それを体系的な方法で研究する学問である。これには，社会学，人類学，心理学，政治学，未来学，公民などが含まれる。この分野は大きな進歩を遂げ，人を扱う多くの専門職できわめて大切な意味をもつようになってきただけでなく，社会を意味づける独自の重要な方法ももっている。生徒が備えるべき世界はますます人と人とが関係しあうものになってきているが，社会科学はこれらの問題に取り組む学問である。

進行中のトレンドにより，ますます重要性が増すと思われる学問分野，下位分野，主題，トピックの名前をあげることは，最初のステップにすぎない。その資料がまとめられたら，次にコア概念と，その効果的な範囲と順序を特定する必要がある。また，現代的な学問分野を追加する必要はあるが，だからといって，伝統的な分野を捨てねばならないわけではないことにも注意してほしい。現代的な学問分野を追加することは，統合の行為となる。というのは，それまで別々の主題で扱われていた重要な概念が，理解の力を強めたり，深めたりしながら，新しいものと古いものを統合するからである。

# 9. どのコンテンツを削除すべきか

ただし，この統合方法は一部のコンテンツの削除もともなう。前述したように，再設計されたカリキュラムは，少ないリソースでより多くの成果をより効率的に上げられるものでなくてはならない。カリキュラムはさまざまな面で，古くからきわめて停滞していた（補足1参照）。コンテンツを精査し，古くなったもの，冗長で有効な時間の使い方ではないものを取り除くことは，再設計プロセスの重要な点である。しかし，多くの場合，これは最も難しい作業でもある。なぜならば，多くのカリキュラムに長く存在する内容（そして，うまくやれば概念の例として役立つかもしれないもの）を取り除くのは危険だと感じられてしまうからである。デイヴィッド・パーキンスは言っている。「カリキュラムは『ぐちゃぐちゃガレージ効果』のようなものに悩まされている。一般的に，古い自転車を捨ててしまうよりは，手元に残しておくほうが安全だし，簡単だろう」と [139]。しかし，カリキュラムにとって大事なことは，できるだけ多くのコンテンツを網羅することではない。この削除のプロセスがなければ，変化は起こりえないのである。

## 9.1 学問分野によらない構造

カリキュラムの構造に関する議論は，これまで，実際の指導場面が示すよう

**062** Part One What Should Students Learn? The Impact of AI on Curriculum

第1部　生徒は何を学ぶべきか？──AIがカリキュラムに与える影響

に，学問分野が比較的，明確にわかれているという前提のもとで行われてきた。しかし，それは必ずしも正しいとは限らない。

　学問分野は，知識を体系化するための便利な方法であった。しかし，変化が起こり，深く有意義で転移可能な概念の学習が必要とされるようになると，むしろ，分野の違いにあまり焦点を当てないアプローチが求められる可能性が高い。結局のところ，知識に関して最も重要なことがその関係的な性質，すなわちアイデアの地図をつくり，リソースを活性化することであるとすれば，学問分野にまたがってより多くの関係性をもつことは，概念の心内モデルを強化する（そして，コンテンツを統合する）強力な方法となるだろう。たとえば，指数関数（数学）は，複利（金融）や金融バブル（歴史・社会学），そして細菌の増殖（生物学）や資源の枯渇（環境リテラシー）などとともに教えることができる。

　さらに，学際的アプローチでは，生徒が概念を多様な文脈，意味，そして応用の中で探求し，個人的に興味のもてる切り口を見つけることができる。このため，強力な動機づけのツールとなり，これにより評価や成績のような外発的動機づけではなく，内発的動機づけによって生徒を導くことができる。

　アメリカ科学アカデミーが発表したレポート[140]は，学際性を推進する4つのおもな要因を特定している。

1. 自然と社会が本来のものとしてもつ複雑さ。
2. 単一分野に限定されない問題や疑問を探求したいという願望。
3. 社会問題の解決の必要性。
4. 新しいテクノロジーの力。

　このため，1960年代から，学際性やそれに類するものへの関心が急速に高まっている。

　学際的研究は今や大きな研究領域であり，図1-9-1が示すように，それへの関心は高まり続けている。知識の全体像を把握し，学問分野が互いにどのように流動的に関連しているかを明確に理解するためには，本書の前半で論じた新しい分析と可視化ツールを利用することが有効かもしれない。

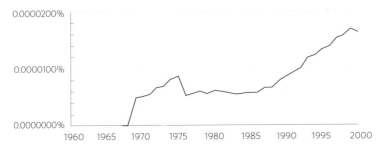

図 1-9-1　タイトルに「学際的」という用語を含む論文の動向（1990 〜 2007 年）。
出典：Jacobs, Jerry, & Frickel

## 9.2　カリキュラムの設計に学際的テーマを組み込む

　学問分野の間を貫くものは「分野横断的なテーマ」である。これらは，あらゆる分野のコンテンツで例の源として利用することができるし，また，特定の視点から特定の焦点で考える方法として，他のどんな知識体系にも適用できる。

　前述のとおり，それらはさまざまなタイプのリテラシーとして考えられていることが多く，情報を「使って知る」ことや将来の学習に備えるという考えを自然に伝えるものである。その意味で，これらは学問分野と同じ規模をもっているが，本質的に学際的なものである。学問分野と同様に，それぞれの学際分野には独自のコア概念があり，各テーマが構成する思考の習慣を内包している。CCR では，次にあげたものが有益なテーマであると考えている（それぞれの詳細については補足 1 を参照）。

- ・環境リテラシー（environmental literacy）
- ・グローバルリテラシー（global literacy）
- ・市民リテラシー（civic literacy）
- ・情報リテラシー（information literacy）
- ・デジタルリテラシー（degital literacy）
- ・システム思考（system thinking）
- ・デザイン思考（design thinking）
- ・計算論的思考（computational thinking）

**064**　Part One What Should Students Learn? The Impact of AI on Curriculum

第 1 部　生徒は何を学ぶべきか？——AI がカリキュラムに与える影響

これらは，学問分野を超えて役立つ知識を育てるカリキュラムを設計する際に考慮すべき重要なカテゴリーである。学問分野と同様に，それぞれの視座には，さまざまなソースによるコンテンツの学びを通じて生徒に身につけてほしい固有のコア概念がある。

## 9.3　学問分野の変化

　学問分野の間の厳密な関係や境界線は，ゆっくりとではあるが常に変化している。すなわち，時間とともに，ある学問分野が分かれて下位領域が生まれたり，あわさって学際的な領域となったりする。たとえば，次の図 1-9-2[141] では，神経科学が分子・細胞生物学，心理学，神経学の複合領域になっているのに対し，泌尿器学は腫瘍学から切り離された下位領域へと変わっている。

　時間の方向を無視すれば，学問分野はみな学際的と考えることができる。それは，どの分野も別の分野の基底として貢献していたり[142]，他の分野の複合体であったりするからである。とりわけ，新しい学問分野の場合には，何らかの形で古い学問分野を複合させたものであったり（たとえば，光遺伝学は光学，神経科学，および遺伝学からなる），既存の分野から分離して下位分野となっ

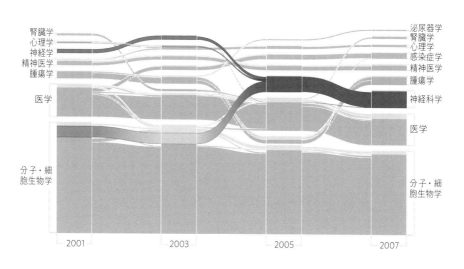

図 I-9-2　学問分野としての神経科学の出現。出典：Roswall, Martin, & Bergstrom

065

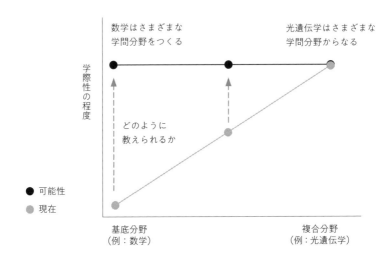

図 I-9-3　すべての学問分野，基底分野，複合分野がもつ学際性。出典：CCR

たものであることが多い（土木工学など）。

　カリキュラムは，（特に，基底分野のみを単独でテストする評価のようなプレッシャーがある場合は）基底となる学問分野に重点を置く傾向がある。したがって，目指すべきは，新しい学際的な主題についてより多く教えること，そして，基底となる学問分野がもつ学際性を強調することとなるだろう。

　カリキュラムが概念を中心に置き，コンテンツがそれらの抽象的な要素を伝えて，転移を達成するように設計されると，学際性はより現実的なものとなるだろう。そのような場合，意図的に例を選ぶことで，生徒が学際的に学習できるようになる。

# 10. 実際上の考慮事項

　カリキュラムにおける学問分野の扱いを再設計するには，3つの方法がある。

066　Part One What Should Students Learn? The Impact of AI on Curriculum

第1部　生徒は何を学ぶべきか？──AIがカリキュラムに与える影響

1. 従来型：学問分野は直接，学科として編成され，現代的な分野は単に関連する分野の単元または選択科目として追加される。
2. ハイブリッド：学問分野はそのままであるが，学科は新しい分類となる。これらは，前述の「テーマ」または「意味の領域」のいずれかである。
3. 再設計：学問分野はもはやカリキュラム編成のバックボーンではなく，授業は主に「システム思考」のようなハイブリッドなトピックが中心となる。これにより，新しい学問分野を自然に追加できるようになる。

各学校がどのルートを選ぶかは，その目標や能力，賛同が得られるか，他からの圧力などによって決まるだろう。伝統的な組織であっても，プロジェクトやコア概念の相互関係を通じて，学際的な教育に向かい，ゆっくりと進むことはできる。しかし，本当に重要なのは組織の構造ではなく，必須のコンテンツやコア概念を特定し，それを中心とした学習経験をつくり上げることで，基礎となるものを強固かつ柔軟に理解することを目指すことである。

## 10.1　意思決定

カリキュラムを編成するうえでのおもな悩みの一つは，さまざまな決定をどのレベルで下すかである。最も高いレベルは学問の専門家と政策立案者であり，次にカリキュラムの設計者，そして教員，最後に生徒の順である。すべての要素を完全に決めてしまうこともできるし，すべてを生徒にゆだねることもできる。もちろん，ほとんどの組織はその中間を選ぶだろう。具体的にどこが責任をもつかは，所与の自治体の制約や考えに依存する。しかし，それは明確にされるべきであるし[143]，適切な分業を行うための，そしてそれに対応した役割と意思疎通のためのガイドラインとして用いられるべきである。

# 11.　結論

各レベルのコア概念が確立されたら，個々のコンテンツについてそれを含め

るか除外するかを検討する必要がある**[144]**。概念と結びつかないコンテンツは
ない。ほとんどのコンテンツは，この世界の理解につながる特定の概念を例示
している。また，それらのコンテンツは，他で例示された概念の優れた実例ま
たは応用としても役立つはずである。

　概念を支えることに加え，初等中等教育のすべてのレベルのコンテンツは次
の要件を満たす必要がある。

1. 新しい学問分野の追加や，古い学問分野への新しいアプローチ（学際化を
　含む）によって現代化されていること。
2. その複雑さが系統的に増し，学習が進むにつれ，より抽象的な（かつ有
　意義な）概念とより多くの広いつながりをつくらねばならないようになっ
　ていること。
3. スキル，人間性，メタ学習からなるコンピテンシーを育むための基質と
　なっていること。

　すなわち目標は，時代遅れで意味のない情報をカリキュラムから取り除き，
それと同時にコンテンツを現代化し，それを体系的に配列して，コンピテンシー
につながるようにすることである。生徒たちは，さまざまな学問で培われた世
界の見方を学ぶとともに，学問分野内，分野間の特に重要なトピックや発見を
学ぶ必要がある。つまり，目指すべくは，カリキュラムにおける意味づけの可
能性を最大化することである。これは，学校をより楽しいと思える場にするた
めであるし，生徒の学習を卒業後の人生でより役立つものにするためでもある。
意味をつくることなしに理解の構造は構築されず，もとの文脈以外に適用可能
な形で学びが身につくこともない。

　このことは，楽器の演奏を学ぶことに例えて説明できる。音階の反復練習か
ら始めるのは悪いことではないが，それは，もっと意味のある学びがその後す
ぐに行われる場合だけである。些細な学びから離れられず，その意味に到達で
きないことは，他の分野でも同じように起こりうる。以下の『数学者の嘆き』(*A
Mathematician's Lament*)**[145]**からの引用では，数学のような教え方で音楽を
教えるディストピアについて説明している。

**068**　Part One What Should Students Learn? The Impact of AI on Curriculum

第1部　生徒は何を学ぶべきか？——AI がカリキュラムに与える影響

音楽家は楽譜の形で自分の考えを述べることが知られているので，この奇妙な黒い点と線は「音楽の言語」を構成するに違いない。ある程度の音楽的能力を身につけるためには，生徒がこの言語を流暢に話せるようになることが不可欠である。楽譜や理論の基礎を身につけずに，子どもが歌を歌ったり楽器を演奏したりできるなんて，ばかげた考えである。オリジナルの曲を作曲することはもちろん，音楽を演奏したり聴いたりすることは，非常に高度なトピックだと考えられており，一般的には大学，そしてより多くの場合，大学院まで待たねばならない。小中高等学校に関して言えば，教師の使命は生徒たちがこの言語を使えるように，すなわち一定の規則に従って記号を上下することができるように訓練することである。「音楽の授業では，譜面を取り出して，先生が黒板に音符を書き，私たちは，それを書き写したり，別のキーに移調したりします。私たちは音符記号や調号を正しく書かねばなりません。特に，私たちの先生は，私たちが4分休符をちゃんと書くかにとてもうるさいのです」。

　これと同じ間違いをしないためには，カリキュラムのそれぞれの要素が理由をもってそこにあり，意味から離れたものになっていないことが大切である。音階や記譜の練習は，独奏曲を演奏したり，オーケストラの一員として演奏したり，自分の曲を作曲したり，さらには即興演奏を学んだりしながらでも続けることができる。確かに，作曲や即興のような高次なプロセスをこなせるかどうかには，音階を自動的に操れることが重要であろうが，生徒が最終的に求められるものは，完璧な音階の演奏（または他教科における同等のもの）ではない。したがって，意味こそが関心の第一であり，他のすべてはそれに奉仕するものであることが重要である。なぜならば，効果的に身につけて，未来に向けて生徒たちを準備させるものは，何であれ，意味だからである。

# 原　註

**12** 転移とは，学習を行った文脈以外の文脈で知識を利用するプロセスである。

**13** Subirana, B., Bagiati, A., & Sarma, S. (2017). "On the forgetting of college academics: At 'Ebbinghaus Speed'?" *Center for Brains, Minds, and Machines Memo* (68): 1–12.

**14** UNESCO, http://www.unesco.org/new/en/education/themes/strengthening-education-systems/quality-framework/desired-outcomes/competencies

**15** Fadel, C., Bialik, M., and Trilling, B. (2015). *Four-Dimensional Education: The Competencies Learners Need to Succeed*. Center for Curriculum Redesign. （C. ファデル，M. ビアリック，B. トリリング（著）　関口貴裕・細川太輔（編訳）　東京学芸大学次世代教育推進機構（訳）(2016).『21世紀の学習者と教育の4つの次元：知識，スキル，人間性，そしてメタ学習』北大路書房）

**16** Bialik, M., & Fadel, C. (2015). "Skills for the 21st century: What should students learn?" Center for Curriculum Redesign.

**17** 他に，社会情動的スキル，非認知スキル，ソフトスキルなどとも呼ばれる。詳しくは次を参照してほしい，http://curriculumredesign.org/wp-content/uploads/CCR-Decision-matrix-for-Character-terminology-FINAL.pdf

**18** Bialik, M., Bogan, M. Fadel, C., Horvathova, M. (2015) "Character Education for the 21st Century: What Should Students Learn?" Center for Curriculum Redesign.

**19** Bialik, M., & Fadel, C. (2015) "Meta-Learning for the 21st century: What should students learn?" Center for Curriculum Redesign.

**20** https://curriculumredesign.org/framework-of-competencies-subcompetencies/

**21** 他の3つの次元については次を参照してほしい，http://www.curriculumredesign.org/our-work/papers

**22** Chen, X. (2013). *STEM Attrition: College Students' Paths into and out of STEM Fields. Statistical Analysis Report*. NCES 2014-001. National Center for Education Statistics.

**23** National Center for Education Statistics, https://nces.ed.gov/fastfacts/display.asp?id=51

**24** Bower, G. H., & Hilgard, E. R. (1981) *Theories of Learning*. Eaglewood Cliffs, NJ; Prentice-Hall. （G. H. バウアー，E. R. ヒルガード（著）　梅本尭夫（監訳）(1988).『学習の理論』培風館）

**25** Perkins, D. (2014). *Future Wise: Educating Our Children for A Changing World*. John Wiley & Sons.

**26** そのうえで考慮すべき重要なことの一つは，世界が急速に変化しており，世界と相互作用するために必要な知識もそれに応じて変化しているということである（詳しくは後述する）。

**27** Wiggins, G., & Mctighe, J. (2005). *Understanding by Design*, Expanded 2nd Ed. ASCD. （G. ウィギンズ，J. マクタイ（著）　西岡加名恵（訳）(2012).『理解をもたらすカリキュラム設計：「逆向き設計」の理論と方法』日本標準）

**28** Cooper, M. M, Posey, L. A, Underwood, S. M. (2017). "Core ideas and topics: Building up or drilling down?" *Journal of Chemical Education*.

**29** https://en.wikipedia.org/wiki/Curse_of_knowledge

**30** Subirana, B., Bagiati, A., & Sarma, S, "On the forgetting of college academics," 1–12.

**31** Arbesman, S. (2013). *The Half-Life of Facts: Why Everything We Know Has an Expiration Date*.

**070**

Part One What Should Students Learn? The Impact of AI on Curriculum

第 1 部　生徒は何を学ぶべきか？──AI がカリキュラムに与える影響

Penguin.

**32** Phenix, P. H. (1964). *Realms of Meaning a Philosophy of the Curriculum for General Education*. McGraw–Hill.

**33** 意味の領域は，関連しながらも互いに独立している。

**34** Frankl, V. E. (1985). *Man's Search for Meaning*. Simon and Schuster. （ヴィクトール　E. フランクル（著）　池田香代子（訳）(2002). 『夜と霧』みすず書房）

**35** 理解は学習者が能動的に関わらねば達成できないため，意味をつくることと事実上，同じである。

**36** Shernoff, D. J., Csikszentmihalyi, M., Schneider, B., & Shernoff, E. S. (2003). "Student engagement in high school classrooms from the perspective of flow theory." *School Psychology Quarterly*,18 (2): 158–176.

**37** Autor, D. and Price, B. (2013). "The changing task composition of the US labor market: An update of Autor, Levy, and Murnane." MIT Mimeograph.

**38** Frey and Osborne. (2013). *The Future of Employment: How Susceptible are Jobs to Computerization?* University of Oxford.

**39** Arntz, M., T. Gregory and U. Zierahn. (2016). *The Risk of Automation for Jobs in OECD Countries: A Comparative Analysis*. OECD Social, Employment and Migration Working Papers, No. 189, OECD Publishing.

**40** Berriman, R. and Hawksworth, J. (2017). *Will Robots Steal Our Jobs? The Potential Impact of Automation on The UK and Other Major Economies*. UK Economic Outlook. https://www.pwc.co.uk/economic-services/ukeo/pwcukeo-section-4-automation-march-2017-v2.pdf

**41** McKinsey Global. (2017). "Automation and the future of work—briefing note prepared for Necker Island meeting on education."

**42** 次を参照，Brooks, Rodney. (2017) "The seven deadly sins of AI predictions." *MIT Technology Review*. 以下も参照してほしい，Chui, Michael, Manyika, James, Miremadi, & Mehdi. (2015) "Four Fundamentals of Workplace Automation." *McKinsey Quarterly*. http://www.mckinsey.com/business-functions/digital-mckinsey/our-insights/four-fundamentals-of-workplace-automation，Hensel, A. (2017) "How robots will really take our jobs." *VentureBeat*，Jones, M. (2017) "Yes, the robots will steal our jobs. And that's fine." *The Washington Post*，Shewan, D. (2017) "Robots will destroy our jobs—and we're not ready for it." *The Guardian: Technology*，Surowiecki, J. (2017) "Robopocalypse Not" The Great Tech Panic of 2017. *Wired*.

**43** 歴史的に見て，テクノロジーの指数関数的な進歩をもたらすおもな要因は３つであり，うち約66％がハードウェアの速度，約20％が確かなデータセット，そして残る約10％はアルゴリズムそれ自体に関するものと推定されている。しかし現在では，基本的な学習アルゴリズムの発展が進歩のおもな原動力となっている。

**44** Anthes, G. (2017) "Artificial intelligence poised to ride a new wave." *Communications of the ACM* 60 (7): 19–21. https://cacm.acm.org/magazines/2017/7/218862-artificial-intelligence-poised-to-ride-a-new-wave/fulltext

**45** Krathwohl, D. R. (2002). "A revision of Bloom's taxonomy: An overview." *Theory into Practice* 41 (4): 212– 218.

**46** Krathwohl, D. R., Bloom, B. S., & Masia, B. B. (1964). *Taxonomy of Educational Objectives, Handbook II: Affective Domain*. David McKay Co.

**47** Simpson, E. (1971). "Educational objectives in the psychomotor domain. Behavioral objectives in curriculum development: Selected readings and bibliography." 60 (2). https://files.eric.ed.gov/fulltext/ED010368.pdf 次も参照してほしい，Hill, K., Fadel, C., & Bialik, M. (2018). *Psychomotor Skills for the 21st Century: What Should Students Learn?* Center for Curriculum Redesign. https://curriculumredesign.org/wp-content/uploads/Psychomotor-Skills-CCR-May2018.pdf

**48** https://en.wikipedia.org/wiki/AlphaGo　※日本語 URL：https://ja.wikipedia.org/wiki/AlphaGo

**49** Brynjolfsson, E., & McAfee, A. (2014). *The Second Machine Age: Work, Progress, and Prosperity in a Time of Brilliant Technologies*. WW Norton & Company.

**50** Kefik, M. (2017). "Half-human, half-computer? Meet the modern centaur." PARC Blog.

**51** ただし，人間はバイアスをもっており，それがアルゴリズムとデータセットに反映されて，情報の構造化と統合に意図しない結果をもたらすことがあることも考慮すべきである。

**52** 教育がすべてを解決するわけではなく，政治的，法的な議論も必要だが，ここでは教育に焦点を当てる。

**53** https://www.slideshare.net/spohrer/t-shaped-people-20130628-v5

**54** たとえば，Simonton, D. K. (2000). "Creative development as acquired expertise: Theoretical issues and an empirical test." *Developmental Review* 20 (2): 283–318.

**55** 熟達は，重視すべき重要なものと考えられてきたが，熟達と転移の両方を重視するのがバランスとしては理想的だろう。

**56** 「計画的，体系的，包括的，実証可能」は，CCR のスローガンの一つであり，さまざまな場所，タイミング，程度でこの言葉が出てくる。CCR の目的は「計画的，体系的，包括的，実証可能」なことを増やすことである。

**57** ここでは反転授業の言葉に合わせているが，実際には，授業のやり方ではなく，優先順位をおく価値の反転を意味している。

**58** https://en.wikipedia.org/wiki/Flipped_classroom

**59** これは大切なことであるが，それのみが教育の目的はないことも忘れないでほしい。

**60** https://en.wikipedia.org/wiki/Jenga

**61** 曲線の形は，学問分野ごとに微妙に違うだろう。

**62** もちろん，そんなことは無理である。

**63** Wieman, C. (2007). "The 'curse of knowledge,' or why intuition about teaching often fails." *APS News* 16 (10).

**64** たとえば，Gauthier, I., Skudlarski, P., Gore, J. C., & Anderson, A.W. (2000). "Expertise for cars and birds recruits brain areas involved in face recognition." *Nature Neuroscience* 3 (2):191–197.

**65** たとえば，Mack, A. and Rock, I. (1998). *Inattentional Blindness*. MIT Press.

**66** Loewenstein, G. (1994). "The Psychology of curiosity: A review and reinterpretation." *Psychological Bulletin* 116 (1), 75–98.

**67** McClelland, D. C., Atkinson, J. W., Clark, P. W., and Lowell, E. L. (1953) *The Achievement Motive*. Appleton— Century—Crofts.

**68** https://en.wikipedia.org/wiki/Ostrich_effect

**69** Golman, R., & Loewenstein, G. (2015). "Curiosity, information gaps, and the utility of knowledge." Available at SSRN: https://ssrn.com/abstract=2149362，http://dx.doi.org/10.2139/ssrn.2149362

**072** Part One What Should Students Learn? The Impact of AI on Curriculum

第 1 部　生徒は何を学ぶべきか？——AI がカリキュラムに与える影響

**70** Perkins, D. *Future Wise*.

**71** 自己管理学習（self-directed learning），体験学習（experiential learning），探検学習（expeditionary learning），体験による学習（learning-by-doing），探究学習（inquiry learning），実践学習（hands-on learning），プロジェクトベース学習（project based learning），問題解決学習（problem based learning），発見学習（discovery learning）など。

**72** Dewey, J. (1916). *Democracy and Education*. https://www.gutenberg.org/files/852/852-h/852-h.htm

**73** Bloom, B. S., Engelhart, M. D., Hill, H. H., Furst, E. J., & Krathwhol, D. R. (1956). *Taxonomy of Educational Objectives. The Classification of Educational Goals, Handbook I: Cognitive Domain*. David McKay Company. Inc, New York.

**74** Anderson, L. W., Krathwohl, D. R., and others. (2001). *A Taxonomy for Learning, Teaching, and Assessing: A Revision of Bloom's Taxonomy of Educational Objectives*. Pearson, Krathwohl, D. R. (2002). "A revision of bloom's taxonomy: An overview." *Theory into Practice* 41 (4): 212–218.

**75** たとえば，Barnett, S. M., & Ceci, S. J. (2002). "When and where do we apply what we learn? A taxonomy for far transfer." *Psychological Bulletin* 128 (4): 612–637.

**76** Bransford, J. D., & Schwartz, D. L. (1999). "Rethinking transfer: A simple proposal with multiple implications." *Review of Research in Education* 24: 61–100.

**77** Billett, S. (2013). "Recasting transfer as a socio-personal process of adaptable learning." *Educational Research Review* 8: 5–13.

**78** Wiser, M., Smith, C. L., Doubler, S., & Asbell-Clarke, J. (2009). *Learning Progressions as a Tool for Curriculum*. Paper presented at the Learning Progressions in Science (LeaPS) Conference, June 2009, Iowa City, IA.

**79** これがうまくいくこともあるが，特定の状況が複数のパターンと一致してしまうこともよくあることである。ある概念を生徒が一貫性なく適用する，教師にとって不可解な現象はこれにより説明できる。

**80** Phenix, P. H. (1964). *Realms of Meaning: A Philosophy of the Curriculum for General Education*. McGraw-Hill. （P. H. フェニックス（著）佐野安仁ほか（訳）(1980). 『意味の領域：一般教育の考察』晃洋書房）

**81** 「意味の領域」では「共覚的」（Synnoetic）と呼ばれている。

**82** 「意味の領域」では「総観的」（Synoptic）と呼ばれている。

**83** Lockhart, P. (2009). *A Mathematician's Lament: How School Cheats Us Out of Our Most Fascinating and Imaginative Art Form*. Bellevue Literary Press.

**84** 教えられたものをただ受け取るのではなく，生徒が能動的に理解を構築する，ジャン・ピアジェ（Jean Piaget）によって考案された，よく知られた学習指導パラダイム。

**85** 意味はもっているが，それが標準的なものと一致していないことを強調するために「代替概念」（alternate conceptions）と呼ばれることも多い。

**86** diSessa, A. (1993) as cited in Hammer, D., Elby, A., Scherr, R. E., & Redish, E. F. (2004) in J. P. Mestre (Ed.) *Transfer of Learning from a Modern Multidisciplinary Perspective*. IAP. 89–119.

**87** https://journals.plos.org/plosone/article?id=10.1371/journal.pone.0120644

**88** たとえば，金融リテラシー，メディアリテラシー，科学リテラシー，図表リテラシー，など。

**89** たとえば，数学的な流暢さ（math fluency）。

90 流暢に行えるためには，自動化できるくらいに習熟していなければならない。

91 科学者が何かを説明する際に，聞き手の一般人が少しイライラして言う決まり文句「英語でお願いします」からも明らかである。この言葉は，聞き手がその科学的トピックに流暢でなく，通じてもいないことを意味する。

92 Wineburg, S., Martin, D., & Monte-Sano, C. (2014). *Reading Like A Historian*: Teaching Literacy in Middle and High School History Classrooms—Aligned with Common Core State Standards. Teachers College Press.

93 推論や学習は，どれもある程度，転移（比喩，類推）であるという主張もある。

94 ここでは，各学問分野の外側の関係性に関する議論を避けるために，「学際的」「分野横断的」ではなく，「非学問分野」（non-disciplinary）という言葉を使う。それはごく一般的な意味で使用されている。

95 Garfield, J., & Ooms, A. (2006). *Assessment Resource Tools for Assessing Students' Statistical Literacy, Reasoning, and Thinking*. Proceedings of the National STEM Assessment Conference.

96 Hestenes, D., Wells, M., & Swackhamer, G. (1992). "Force concept inventory." *The Physics Teacher* 30: 141–158.

97 有望なプロジェクトの一つに Ed's Tools がある。これは，概念指標をすべての科目でつくるのを支援するコンピュータプログラムを提供するものである。https://edstools.colorado.edu/

98 Hestenes, D., Wells, M., & Swackhamer, G., "Force concept inventory," 141–158.

99 Steif, P. S. (2004). "An articulation of the concepts and skills which underlie engineering statics." In *Frontiers in Education*, 2004. FIE 2004. 34th Annual (pp. F1F-5). IEEE.

100 Evans, D. L., Gray, G. L., Krause, S., Martin, J., Midkiff, C., Notaros, B. M., & Streveler, R. (2003). "Progress on concept inventory assessment tools." In *Frontiers in Education*, 2003, Vol. 1. IEEE.

101 Kinchin, I. M. (2010). "Solving Cordelia's dilemma: Threshold concepts within a punctuated model of learning." *Journal of Biological Education* 44 (2): 53–57.

102 Peter, M., Harlow, A., Scott, J. B., McKie, D., Johnson, E. M., Moffat, K., & McKim, A. M. (2014). "Threshold concepts: Impacts on teaching and learning at tertiary level." *Teaching & Learning Research Initiative*.

103 これは，螺旋型カリキュラム（spiral curriculum），ストランド型カリキュラム（strand curriculum），カリキュラムマッピング（curriculum mapping）などで行うことができる。

104 Michael, J., & Mcfarland, J. (2011). "The core principles ('big ideas') of physiology: Results of faculty surveys." *Advanced Physiology Education* 35: 336–341.

105 「フローダウン勾配」は，「生理学」よりさらに下位のレベルに位置するコア概念かもしれない。

106 Willingham, D. (2017). "You still need your brain" *Gray Matter*. http://nyti.ms/2rKoSPt

107 Kruger, J., & Dunning, D. (1999). "Unskilled and unaware of it: How difficulties in recognizing one's own incompetence lead to inflated self-assessments." *Journal of Personality and Social Psychology* 77 (6): 1121–1134.

108 Poundstone, W. (2016). *Head in the Cloud: Why Knowing Things Still Matters When Facts are so Easy to Look Up*. Little, Brown.

109 興味深いことに，20年前の 1994 年には，犯罪率が増加していると考えていた人々は，銃規制法の強化を支持する割合が9ポイント高かった。ゆえに，事実をどのように伝えるか次第なところはある。

074

Part One What Should Students Learn? The Impact of AI on Curriculum

第 1 部　生徒は何を学ぶべきか？——AI がカリキュラムに与える影響

**110** Kohut, A. (2015). "Despite lower crime rates, support for gun rights increases." Pew Research Center. http://www.pewresearch.org/fact-tank/2015/04/17/despite-lower-crime-rates-support-for-gun-rights-increases/

**111** Wegner, D.M., & Ward, A. F. (2013). "The internet has become the external hard drive for our memories." *Scientific American* 309 (6): 58–61.

**112** Patton, J.R., Cronin, M.E., Bassett, D.S., & Koppel, A.E. (1997). "A life skills approach to mathematics instruction: Preparing students with learning disabilities for the real-life math demands of adulthood." *Journal of Learning Disabilities* 30: 178–187.

**113** Poundstone, W. *Head in the Cloud*.

**114** Hirsch Jr., E.D., Kett, J.F., & Trefil, J.S. (1988) *Cultural Literacy: What Every American Needs to Know*. Vintage.

**115** Schmitt, N., Xiangying J., & Grabe, W. (2011). "The percentage of words known in a text and reading comprehension." *The Modern Language Journal* 95 (1): 26–43.

**116** Binder, C. (1993). "Behavioural fluency: A new paradigm." *Educational Technology*.

**117** 前掲書

**118** Mosher, F. (2017). *A Hitchhiker's Guide to Thinking about Literacy, Learning Progressions, and Instruction*. Consortium for Policy Research in Education. http://www.cpre.org/hitchhikers-guide-thinking-about-literacy-learning-progressions-and-instruction

**119** https://en.wikipedia.org/wiki/Situated_cognition

**120** これは心理学の用語である。https://en.wikipedia.org/wiki/Exemplar_theory

**121** Elgin, C. Z. (2017). *True Enough*. MIT Press.

**122** 前掲書

**123** たとえば，Quilici, J.L., & Mayer, R.E. (1996). "Role of examples in how students learn to categorize statistics word problems." *Journal of Educational Psychology* 88 (1): 144–161. http://doi.org/10.1037//0022-0663.88.1.144，また，Tenenbaum, J.B., Kemp, C., Griffiths, T. L., & Goodman, N.D. (2011). "How to grow a mind: statistics, structure, and abstraction." *Science* 331 (6022): 1279–85. http://doi.org/10.1126/science.1192788

**124** 「カモフラージュ：トラは縞模様の例ではあるが，ジャングルに溶け込んだ状況では縞模様を例示できないだろう（しかし，緑のジャングルでは，縞模様がカモフラージュになることは例示するだろう）」「覆い隠す：ライオンの叫び声がもつ恐ろしい音色は，その音の高さの例示を妨げてしまう」「目立たなくする：帽子をかぶった禿げた男は，禿げ頭の例としては，ふさわしくない」「境界例：シャルトリューズ色（明るく淡い黄緑色）の消火栓は，緑を鮮やかに例示するが，その色は黄色に近すぎて良い例ではない」。Elgin, C. Z. (2017). *True Enough*. MIT Press, 1–91 より引用。

**125** Rohrer, D. (2012). Interleaving helps students distinguish among similar concepts. *Educational Psychology Review*, 24(3): 355-367.

**126** 螺旋型カリキュラムに関わったことがある人なら，この枠組みが概念の再訪（revisiting concepts）という考えとよく一致することに気づくだろう。しかし，これはこの基本構造を概念化する一つの方法にすぎない。

**127** Wiser, M., Smith, C.L., Doubler, S., & Asbell-Clarke, J. (2009). "Learning progressions as a tool for curriculum development: Lessons from the Inquiry Project." Paper presented at the Learning Progressions in Science (LeaPS) Conference, June 2009, Iowa City, IA

**128** Fadel, C., Bialik, M., & Trilling, B. (2015). *Four-Dimensional Education: The Competencies Learners Need to Succeed*. Center for Curriculum Redesign. （C. ファデル，M. ビアリック，B. トリリング（著）関口貴裕・細川太輔（編訳）東京学芸大学次世代教育推進機構（訳）(2016).『21 世紀の学習者と教育の４つの次元：知識，スキル，人間性，そしてメタ学習』北大路書房）

**129** Garner, R. (1990). "When children and adults do not use learning strategies: Toward a theory of settings." *Review of Educational Research* 60 (4): 517–529.

**130** Lehman, D.R., Lempert, R.O., & Nisbett, R.E. (1988). "The effects of graduate training on reasoning: Formal discipline and thinking about everyday-life events." *American Psychologist* 43 (6): 431–442.

**131** Bialik, M., & Kabbach, A. (2014). "Mathematics for the 21st Century: What should students learn? Paper 4: Does mathematics education enhance higher-order thinking skills?" *Center for Curriculum Redesign*.

**132** https://en.wikipedia.org/wiki/Half-life_of_knowledge, 特に Thierry Poynard の *Annals of Internal Medicine* 136: 888 の論文も参照してほしい。

**133** OECD. (2017). OECD Digital Economy Outlook 2017, OECD Publishing. http://dx.doi.org/10.1787/9789264276284-en

**134** Chui, M., Manyika, J., & Miremadi, M. (2016). "Where machines could replace humans—and where they can't (yet)." *McKinsey Quarterly*. https://www.mckinsey.com/business-functions/digital-mckinsey/our-insights/where-machines-could-replace-humans-and-where-they-cant-yet

**135** Davies, A., Fidler, D., Gorbis, M. (2011). "Future work skills 2020." *Institute for the Future*.

**136** 前掲書

**137** 前掲書

**138** Botsman, R. (2017). *Who Can You Trust: How Technology Brought Us Together and Why It Might Drive Us Apart*. Public Affairs.

**139** Perkins, D. N. (2014). *Future Wise: educating our children for a changing world*. Jossey-Bass.

**140** National Academy of Sciences (2004). *Facilitating Interdisciplinary Research*. Washington, DC: National Academies Press, 2, 40.

**141** Rosvall, M., & Bergstrom, C.T. (2010). "Mapping change in large networks." *PloS ONE 5.1*. https://journals.plos.org/plosone/article?id=10.1371/journal.pone.0008694

**142** Crease, R.P. (2010). "Physical Sciences." In *the Oxford Handbook of Interdisciplinarity*.

**143** Bialik, M., & Fadel, C. (2017). "Overcoming system inertia in education reform." Center for Curriculum Redesign. https://curriculumredesign.org/wp-content/uploads/Inertia-in-Education-CCR-Final.pdf

**144** 実際には，このプロセスは繰り返しを通じて発展するものとなるだろう。

**145** Lockhart, P., *A Mathematician's Lament*.

**076**

Part One What Should Students Learn? The Impact of AI on Curriculum

第１部 生徒は何を学ぶべきか？――AI がカリキュラムに与える影響

Part Two
The How:
Promises and
Implications of
AI for Teaching
and Learning

# 第2部

## どのように？

指導と学習に対する AI の可能性と影響

今の時代，ニュースやエンターテイメントメディアで AI について言及されない日はほとんどない。それは，AI プログラムが複雑な戦略ゲームで世界のトッププレイヤーを破ったことだったり，ロボットが世界を征服した未来のディストピアを描いたハリウッドの新作映画のことだったりする。あるいは，著名なテック起業家の 2 人が AI に関して対立する見解を公言していることかもしれない[146]。

　　超最先端の AI を見てきた私からすると，人々はもっと真剣に心配すべきだと思う。……AI の規制は，事後対応ではなく事前対応が必要な稀なケースだ。問題が起きてからそれを考えるのでは，もう手遅れだと思う。

　　　　　　　　　　　　　　　　　　　——イーロン・マスク（Elon Musk）

　　こうした終末論的なシナリオで盛り上げようとしている AI 否定派の人たちのことは……私にはまったく理解できない。それは実に後ろ向きだし，ある意味，とても無責任だと思う。

　　　　　　　　　　　　　　——マーク・ザッカーバーグ（Mark Zuckerberg）

　実際のところ，このマーク・ザッカーバーグ（Facebook）とイーロン・マスク（スペース X，テスラ）のやりとりが示唆するように，AI が私たちの未来にどのような影響を与えるかはきわめて不透明である（人工知能などは，テクノロジーの誇大広告にすぎないのではないか？[147]）。とはいえ，AI に対する投資と開発は指数関数的なペースで成長しており，AI は，Siri[148] から自動ジャーナリズム[149]，株価の動きの予測[150]，犯罪の予測[151]，顔認識[152]，医療診断[153] にいたるまで，目には見えないが，日常生活に欠かすことのできない，どこにでもある避けられない存在となっている。

　ここで特に興味深いのは，人工知能が静かに教室に足を踏み入れてきたことだ[154]。生徒，教師，保護者，そして政策立案者がそれを歓迎するか否かにかかわらず，いわゆる知的，適応的，パーソナライズ（個別最適化）された学習システムが世界中の学校や大学でどんどん導入されており[155]，大量の生徒のビッグデータを収集・分析して，生徒や教育者の生活に大きな影響を与えてい

る[156]。多くの人は教育における人工知能（artificial intelligence in education：AIED）のことをロボットが生徒を教えることと考えているが，現実の姿はもっと平凡である。しかし，それでもAIEDは教育を変革する可能性を秘めている。だが一方で，AIの教育への応用は広範囲にわたる問題も提起する。

> 教育から子どもたちに対する世話を取り除くとどうなるのかを問うべきだ。……教育プロセス全体を「知的学習支援システム」や「適応型学習システム」や，最新の何かに任せるようになったら，……考えることや書くことはどのようになるのだろうか？　私たちが生徒に伝えているものは何だろうか？
> ——オードリー・ウォーターズ（Audrey Watters）[157]

　実際，AI技術は約50年間，教育の文脈のもとで研究されてきた[158]。最近では，Amazon，Google，Facebookのような影響力のある企業が何百万ドルもかけて[159]AIED製品を開発し，ニュートン（Knewton）[160]やカーネギー・ラーニング（Carnegie Learning）[161]のような数百万ドル規模のAIED企業の仲間入りをしているし，グローバル・ラーニングXプライズ（Global Learning XPrize）[162]では，子どもたちが自分の学習をコントロールできるようにするソフトウェア（別名AIED）を賞金1,500万ドルで募集していたりする。一方で，AIはそれ自体がカリキュラムとして一部の普通学校に導入されたり[163]，オンライン教育の改善目的で開発されたり[164]，教員研修を強化する方法として研究されたりしている[165]。要するに，教育へのAIの応用は指数関数的に発展しており[166]，2024年までには60億ドル近くの市場になると予測されている[167]。

　人々は，メディアや日常生活を通じ，現在主流のAIについてある程度の知識や経験をもっているだろう。しかし，教育におけるAIの利用は多くの人にとって，まだ謎のままである。まだ答えのないたくさんの疑問が頭に浮かぶ。AIは具体的にどのようにして教室で働き，何を達成してくれるのだろうか。AIには大量のデータが必要だが，生徒のプライバシーはどのように保護されるのか？　AIは教師の役割に長期的にどのような影響を与えるだろうか。AIEDの提唱者たちは，実現できる以上のことを約束しているのではないだろうか？　生徒の主体性と学習成果に対するAIの影響は？　そして，AIEDは

社会や倫理に対しどのような結果をもたらすのだろうか？

　しかし本書では，まずは AIED とは実際どのようなものかという一見簡単そうな質問から，とりあえず回答を始めたい。


# 1. 教育における AI

　AIED に関する学会や学術雑誌を少し覗くとわかるが，AIED には，AI を使ったパーソナライズされたステップ・バイ・ステップの指導システム，対話型システムから，AI が支援する探索型学習，生徒の文章の分析，ゲームベース環境での知的エージェント，生徒を支援するチャットボット[訳注]，さらには生徒が自分で学習を管理するための AI による生徒と指導者のマッチングまで，あらゆるものが含まれている。また，生徒がコンピュータと一対一でやりとりをすることから，学校全体を単位としたアプローチ，学校外での携帯電話を使った生徒の学びなども含まれる。さらに，AIED は人間が行う学習や教育実践をより輝かせることもできる。

> [訳注] ｜ チャットボット：テキストや音声を通じて，ユーザーとの会話を自動的に行うプログラムのこと。

　AIED の分野は派生的かつ革新的である。それは，AI，認知科学，教育などの関連分野の理論や方法論を取り入れている一方で，知識の本質とは何であり，それはどのように表現されているのか？　個々の生徒の学習をどのように支援できるか？　どのような指導のやりとりが効果的で，それらはどのような場合に使うべきか？　学習者はどのような誤概念をもっているか？[168]，といった，独自のより大きな研究課題や疑問も生み出している。

　AIED ツールは必然的にロバート・ミルズ・ガニェ（Robert. M. Gagné）のインストラクショニズム（instructionalism）[訳注][169]やレフ・ヴィゴツキー（Lev Vygotsky）の「発達の最近接領域」（zone of proximal development）[訳注][170]など，特定の学習理論を具体化するが，AIED の研究者の中には，これらの理

論の背景にある仮定に疑問をもち，AI とデータ分析技術を応用して「学習の
ブラックボックス」を開こうする者もいる[171]。言いかえれば，AIED は補い
合う 2 つの要素を含むことで効果をあげている。すなわち，学習を支援するた
めの AI ベースのツールを開発することと，学習についての理解（学習がどの
ように行われるかという問いをはじめ，学習科学で長い間研究されてきた問題，
AI の有無にかかわらず教室で応用される問い）を助けるためにこれらのツー
ルを使用することである。たとえば，生徒がどのように算数の問題を解くかを
モデル化したり，これまで教育者に知られていなかった誤概念を特定したりす
ることによって，研究者と教師は，学習のプロセス自体についてより多くのこ
とを理解することができる。そして，それはその後，主流の教育実践に応用さ
れていくだろう。

> ［訳注］　インストラクショニズム（instructionalism）：知識や技能を「教える」ことを重視し，
> 教育場面におけるその効果的な伝え方を検討する立場。「インストラクショニスト・ア
> プローチ」も同様。

> ［訳注］　発達の最近接領域（zone of proximal development）：子どもの知的発達には，自分一人
> で達成できる水準と，自力ではできないが他者の助けがあれば達成できる水準があり，
> その間の範囲を「発達の最近接領域」という。ヴィゴツキーは，教育はこの領域に向
> けて行われるべきであり，またその拡大を目指すべきだと主張した。

　実際のところ，新旧の問題に対処する新しい AIED の応用例やアプローチ
が常に研究され，公表されているが，AIED がどのようなものであり，何がで
きるのかは，いまだ明確でない。したがって，本書では違うアプローチをとり
たい。すなわち，AIED を定義しようとするのではなく，比較的特定しやすい
幅広い領域から，すでにある AIED ツールや近い将来に利用可能になるだろ
う AIED ツールなどの多様な例を論じていく。
　なお本書では，授業の時間割作成，職員のスケジュール管理，施設管理，財
務，サイバーセキュリティ，安全性とセキュリティといった，学校や大学の運
営支援に AI を利用することについては，教育に大きな影響を与えるだろうが，
扱わないこととする。本書が焦点を当てるのは，あくまで学習の支援に AI を
活用すること，すなわち，AIED のアカデミック機能（または生徒向けの AI）
と呼ばれるものである。

しかし，その前に，AI そのものについて少なくともその基礎を理解しておくことが有益だろう[172]。本書では，次のセクションでその説明を行い，そのうえで，AI が教育の文脈でどのように働くかを詳しく見ていく。そして最後に結論として，AIED の研究者や開発者，教育者，生徒，資金提供者，政策立案者の観点から，さまざまな実用上の課題や倫理的な問題を考察する。

# 2. AI の背景

　AI は，現代の暮らしの中で，大半の人がある程度の認識はもっているが，詳しいことはよくわからないという存在である[173]。実際，多くの人にとってAI はヒューマノイドロボットと同義語である[174]。これは，AI に関するニュースがほぼ常にロボットやデジタル脳の写真を使って示されていることが原因だと思われる。しかし，確かにロボット工学（身体をもち，動き，物理的に相互作用することができる AI）は AI 研究の中核的な領域であるが，AI はもっと多くの異なる方法，異なる文脈で活用されている。一方で，未来ロボットがもつディストピア的なイメージは，SF の世界にしっかりと残っている（だから，本書ではロボット工学のことはほとんど触れない）。以下では，人工知能の背景を簡単に説明する。興味のある読者は，補足 2 で AI の起源と発展，そしてさまざまな技術についてより多くの情報を得ることができる。

　しかし，まずは「人工知能」（artificial intelligence）という名前自体が適当でないと思われていることを知るべきだ。一部の研究者はむしろ，人間の脳を知性の源と考え，コンピュータやそのプログラムをあくまで人間が知的能力を高めたり増強したりするための洗練されたツールとして位置づける「拡張知能」（augmented intelligence）という言葉を好む。このアプローチでは，コンピュータは，人間が困難と感じること（大量のデータの中からパターンを見つけるなど）を行うために使われるものとなる。拡張（augmented）知能か人工（artificial）知能かという議論は必然的に続いているが，たとえ「拡張知能」のほうがより正確で有用であったとしても，少なくとも一般的な使い方としては「人工知能」

のほうが多いだろう。したがって，以降は究極の割り切り方として，ただ「AI」とのみ表記して，AIのAが何を表すかは読者にゆだねることとする。

　米アイビーリーグのダートマス大学で開かれた1956年のワークショップは，AIの基礎となったイベントとして広く知られている[175]。ここで最初のAIプログラムと考えられているLogic Theoristが発表され，議論された。その後の数十年間で，AIは，「AIの冬」として知られる信用と資金がほとんど失われた時期をはさみながら，断続的に起こる急速な進歩の中で発展を遂げている（たとえば，ルールベースのエキスパートシステム[訳注]など）。

[訳注] ┃ エキスパートシステム：補足2，p.194を参照。

　ここ数十年，3つの重要な発展（コンピュータプロセッサの高速化，大量のビッグデータが利用になったこと，計算手法の進歩）のおかげで，AIはルネサンス期に入った。AIは今や，目には見えないが，日常生活に欠かすことのできない，どこにでもある避けられない存在となっている。実際，AIが組み込まれれば組み込まれるほど，逆説的なことに人々はそれをAIと考えなくなる。

　　多くの最先端のAIが一般的なアプリケーションに組み込まれているが，それらがAIと呼ばれることはほとんどない。なぜなら，十分に有用で一般的なものになると，もはやAIとは呼ばれなくなるからである。[176]

　AIは，高度なコンピュータプログラム（電子メールのスパムフィルタリング[177]など）や，パーソナルアシスタント（Cortana[178]など），レコメンデーションシステム（Netflix[179]など），言語学習アプリ（Duolingo[180]など）の形で知られていることが多い。一方で，Google Home[181]やAmazon Echo[182]など，音声で操作する最近のスマートスピーカーは，AIの存在をリビングルームでより目に見えやすいものにしてくれている。AIにおける最近の発展の多くは，いずれも画期的なものであり，多くの点で変革をもたらすものである。そして，機械学習（machine learning；教師あり，教師なし，強化学習），ニューラルネットワーク（neural network；深層学習〈deep learning〉を含む），進化的アル

ゴリズム（evolutionary algorithm）など，比較的最近の AI 計算アプローチを使ったさまざまな応用例が生まれてきている（興味のある読者は，補足 2 でこれらの技術についてより多くの情報を得ることができる）。

　たとえば，顔認識の最近の進歩（スマートフォンのカメラで常に顔にピントを合わせることや，電子パスポートのゲートで旅行者を特定すること）は，ニューラルネットワークと機械学習の応用のおかげである。Google の研究者たちは，YouTube から無作為に抽出した 1,000 万個の動画のサムネイルを，脳にヒントを得た AI ニューラルネットワークに提示した[183]。この機械学習システムは，特に何かを認識する方法を教えられていないにもかかわらず，深層学習の技術を使い，写真の中の人間の顔を検出する方法をすぐに学習した。その 2 年後，Facebook は 9 層の深層 AI ニューラルネットワークを導入し，1億 2,000 万以上のパラメータを用いてタイムライン上の写真の顔を（単なる検出ではなく）識別した[184]。これはあらかじめ人間によってラベルづけされた 400 万枚の顔のデータセット（数年に及び写真をアップロードし，友だちの顔に楽しそうにラベルづけを行っていた Facebook ユーザーによるもの）で訓練を行ったことによる。

　近年 AI の開発が盛んに行われているもう一つの分野は，自動運転であり，ニューラルネットワークを用いて，自動車，トラック，タクシーを人間の介在なしに運転できるようにしようとしている。自動運転では，カメラとセンサーからなる複雑な装置が大量のリアルタイムデータ（道路の端と路面標示，道路標識と信号，他の車や自転車，その他の障害物，歩行者）を照合し，膨大な演算能力を利用したニューラルネットワーク駆動の知的エージェントが車のステアリング，加速，ブレーキを制御する。また，あまり知られていない AI の利用法として，ジャーナリズムがある。世界中の報道機関が，ニュース収集や報道を支援する AI 技術を開発している。たとえば，AI エージェントは，世界中の報道機関を絶えず監視し，意味解析を使用して，ジャーナリストが記事を書くための重要な情報を自動的に抽出する[185]。さらに一歩進んで，自動的に記事を書く AI 技術もある[186]。

　AI のさらなる応用例は法務であり，弁護士は，民事訴訟や刑事訴訟で証拠として検討する必要のある膨大な文書を処理するために電子情報開示ツール

(e-Discovery tool) を利用している[187]。ある技術ではまず，専門家によってレビューされ，ラベルづけされた文書サンプルの機械学習分析を行う。その結果として，AI は残りの文書のうち，どの文書を優先して詳しくレビューすべきかを特定することができる。最後の簡単な例は，医療診断における AI の使用である。たとえば，AI 技術は放射線科医が医療画像における異常をより迅速により少ないミスで特定することを助けてくれる[188]。あるシステムは X 線画像のおかしな点を探し，たとえば，肺の画像上に結節が見つかった場合は，さらなる検査のため，肺を専門とする放射線科医にそれを送信してくれる。

# 3. AI の技術と用語

　前のセクションで概説した AI の応用例が何をしているのかを理解するのは比較的簡単だが，それらがどのようにして行われているのかを理解するには，ある程度の高度な専門知識が必要になる。これは一つの応用例が複数の異なる AI 技術をもとにしていたりするため，さらに難しくなる。AI に関わる多くの人が数学や物理学の修士号，博士号を取得している理由の一つは，これである（ただし，AI はそれ自体，ますますサービス〈AI as a service〉[訳注] として提供されるようになっている。たとえば，Amazon ウェブサービス〈AWS〉[189] の Amazon Machine Learning や Google の TensorFlow[190]，IBM の Watson[191]，Microsoft の Azure[192] など）。とはいうものの，AI 技術についてはすでに文中で繰り返し言及されているし，それらは AIED で重要な役割を果たしているため，この後でも触れられることになる。そこで，互いに関連したいくつかの重要な AI 技術および用語について以下に紹介していくこととする[193]。（私たちの最善の努力にもかかわらず）ここでの議論は少し専門的になることがあるため，読者は次のセクションの，教育への AI の応用に関する議論に直接進んでもよい（結局のところ，私たちが本書を書いたのはそのためなので）。

[訳注] ┃ サービスとしての AI（AI as a service）：ユーザーや企業等に対し，AI の機能をネットワークを通じて必要に応じて提供する仕組みのこと。

## 3.1 アルゴリズム

アルゴリズム（algorithm）は AI の中核をなすものであり，AI の歴史は，ますます洗練された，ますます効率的な（またはエレガントな）アルゴリズムの開発の歴史と考えることができるだろう。おそらく最近の最も有名なアルゴリズムは PageRank[194] で，これは Google の創設者たちがスタンフォード大学の学生だった 1996 年に開発したものである。PageRank は，Web サイトのページへの外部リンクの数を数えることで，その Web サイトの相対的な重要度のランクづけを行い，それによって Google 検索のどこに表示するかを決定する。実際，コンピュータプログラムはすべてアルゴリズムである。それらは数千ではないにしても数百行のコードで構成され，問題（数値計算を行う，文章の文法をチェックする，画像を処理する，自然界に見られるパターンを説明するなど）を解決するためにコンピュータが実行する一連の数学的命令を表している[195]。AI アルゴリズムが他のコンピュータプログラムと異なるのは，いくつかの特定のアプローチを必要とすることと，すでに述べたように，視覚認識，音声認識，意思決定，学習など，本質的に人間的と考えられる分野に適用されるところである。

## 3.2 機械学習

初期のルールベースの AI では，タスクを完了するためにコンピュータが実行する手順，すなわち従うべきルールを事前に記述する必要があった。一方，機械学習（machine learning）とは，事前にすべての手順を与えずにコンピュータを動作させるものである。何をすべきかをアルゴリズムに正確にプログラムするのではなく，大まかに言えば，何をすべきかをアルゴリズムが学習する能力をもっている。これは，機械学習が大量のプログラミング作業を必要としないということではない。むしろ機械学習では，出力に直接つながる命令の代わりに，新しい結果を予測するための大量の入力データが必要となる。

機械学習アルゴリズムはデータを解析してパターンを特定し，モデルを構築して，将来の値を予測する（たとえば，過去の株式データのパターンを特定することによって将来の株式の動きを予測する。人の名前のついた写真のパターンを特定することで他の写真に写っている人が誰かを推測する。医学的症状の

Part Two The How: Promises and Implications of AI for Teaching and Learning

第 2 部　どのように？──指導と学習に対する AI の可能性と影響

パターンを特定することにより診断を下す，など）。すなわち，機械学習は 3
段階のプロセス（データの解析，モデルの構築，アクションの実行）からなる
と見なすことができ，それが継続的に繰り返される（アクションの結果により
新しいデータが生成され，それがモデルを修正し，新しいアクションを引き起
こす）。その意味で機械は学習している。

　最近の AI の応用例の多く（自然言語処理，自動運転車，世界ナンバーワン
の囲碁棋士を破った Google ディープマインド社〈DeepMind〉の AlphaGo プ
ログラムなど）[196] は，すべて機械学習によって可能になったものである。実際，
今日では機械学習は非常に広く普及しており，一部の評論家にとっては，機械
学習と AI は同義語となっている（機械学習は AI の一分野と見なすほうが適
切である）。実のところ，過去 10 年間における AI のルネサンスと指数関数的
な成長をもたらしたものは，（前述した，高速なコンピュータプロセッサ，大
量のビッグデータ，および新しい計算手法による）機械学習の大幅な進歩であっ
たと言える[197]。

　機械学習には，主に 3 つのカテゴリーがある。教師あり学習，教師なし学習，
強化学習である。以下，それぞれを説明する。

### 3.3　教師あり学習

　ほとんどの実用的な機械学習には，教師あり学習（supervised learning）が
含まれている。AI にはまず，出力が既知である大量のデータ，すなわち，す
でにラベルづけされたデータが提供される。たとえば，AI に，事前に人間に
よって識別され，ラベルづけされた多数の物体（自転車，道路標識，歩行者な
ど）が写った何千もの道路の写真を与えたりする。教師あり学習のアルゴリズ
ムの目的は，データをラベルにリンクする関数を特定し，そこから新しい類
似データに適用できるモデルを構築することである。これは大まかに言って，
前述した Facebook が写真の中の人物を特定するために使ったアプローチであ
る。Facebook は，ユーザーが投稿してラベルをつけた何百万枚もの写真を使っ
て，新しい写真の中の人物を識別し，さらにそれらに自動でラベルづけを行っ
ている。

## 3.4　教師なし学習

　教師なし学習（unsupervised learning）[198] では，AI はより大量のデータを供給されるが，今度は分類もカテゴリー分けもされていないデータ，すなわちラベルづけされていないデータが与えられる。このラベルのないデータを解析することにより，教師なし学習のアルゴリズムは，データの基本構造の中に隠れたパターンや，新しいデータを分類することに利用可能なデータのクラスターを明らかにすることを目指す（これは広い意味で，前述した，写真の中の顔を検出するために Google が用いた手法である）。教師なし学習の応用例としては，オンラインの買い物客をグループに分け，対象を絞った広告を提供できるようにすることや [199]，手書きのサンプルからさまざまな文字と数字を識別すること，合法的な金融取引と詐欺的な金融取引を区別すること，などがあげられる。

## 3.5　強化学習

　ある意味では，強化学習（reinforcement learning）は機械学習のカテゴリーの中で最も強力なものである。教師あり学習でも教師なし学習でも，データから得られるモデルは固定されており，もしデータが変化した場合には，解析を再び行わなければならない（言いかえると，アルゴリズムがもう一度実行される）。しかし，強化学習では，フィードバックに基づいてモデルが継続的に改善される。すわなち，これは学習が継続するという意味の機械学習である。AI には，モデルを導出するための初期データがいくつか提供されており，そのモデルの結果が正しいか間違っているかが評価され，それに応じて報酬（reward）か罰（punishment）が与えられる（コンピュータゲームの比喩でいうと，スコアが増えたり，減らされたりする）。AI はこの正または負の強化を利用してモデルを更新し，再び試行することで，時間とともに繰り返し発展（学習，進化）していく。たとえば，自動運転車が衝突を回避した場合，回避を可能にしたモデルに報酬が与えられ（正の強化），将来の衝突回避能力が向上するのである。

## 3.6 人工ニューラルネットワーク

人工ニューラルネットワーク（artificial neural networks）は生物の神経ネットワーク（たとえば，動物の脳）の構造と機能に基づいた AI アルゴリズムであり，高度な教師あり学習，教師なし学習，強化学習に適用できるものである。私たちの脳は何十億というニューロン（神経細胞）から構成されていて，それぞれが 1,000 にものぼる他のニューロンとつながって，何兆という結合を形成している。記憶は脳内のこうした結合の複雑な組み合わせから生じ，学習はこれらの結合が強くなることによると考えられている。

人工ニューラルネットワークはいくつかの驚くべきこと（たとえば，移動する群衆の中から顔を特定するなど）を行うように訓練されてきたが，高次な動物の脳と比べると依然として原始的である。たとえば，人間の脳に何十億ものニューロンがあるのに対し，それらは通常，わずか数千（例外的なケースでも数百万）の人工ニューロンしか含まない。

図 2-3-1 に示すように，人工ニューラルネットワークはそれぞれ 3 つのタイプの層から構成されている。環境からの刺激を受ける入力層は，何百万ものデータポイントの形でデータを受け取る。たとえば，それは画像からのピクセル情報であるかもしれない。隠れ層（hidden layer；中間層）は，少なくとも 1 層，多くはもっとたくさんの層からなり，それらが一緒になって計算を行う。最後

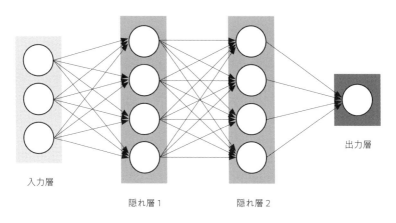

入力層　　隠れ層1　　隠れ層2　　出力層

図 2-3-1　隠れ層を 2 つもつ単純な人工ニューラルネットワークの例

の出力層は，結果を出力する層である。機械学習のプロセスでは，それぞれの結合に与えられた重み（weight）が強化学習の過程で調整され，人工ニューラルネットワークが新しい刺激に対する出力を計算することを可能にする。

隠れ層は人工ニューラルネットワークの力の鍵であるが，重要な問題ももたらす。それは，人工ニューラルネットワークがどのようにしてその答えを思いついたのか（たとえば，どのようにして写真の中から特定の人物を見つけたのか）を問いただすことが不可能である（少なくとも簡単ではない）ということだ。言いかえれば，人工ニューラルネットワークは答えを出すことができるが，その論理的根拠は隠されていて理解できないし，検証不能であり，場合によっては不当なものである可能性[200]もあるということである。これは，多くの研究の対象となっている重要な問題である[201]。

最後に，ニューラルネットワークやその他の機械学習技術の素晴らしい成果は，私たちをだまそうとするものではないことを述べておきたい。

> 今日のニューラルネットワークは，過去の線形回帰と同様に，世界について「学習」したり，「理由づけ」したりしているわけではない。それは単に統計を通じてパターンを誘発しているだけだ。これらのパターンは，過去のアプローチによるものよりも曖昧で，介在するものが多く，自動的なものであり，より複雑な統計的現象を表現することができるだろう。しかし，その結果がどんなに素晴らしいものであっても，それらは依然として単なる数学的化身であり，知的な実体ではない。[202]

# 4. AI は教育でどのように働くか

AI についての基礎的な理解を確立したので，ここでは，AI が教育の文脈でどのように働くかについて，その歴史の概略から詳しく見ていくことにする。なお，ここでは，教育に大きな影響を与えうる学校の運営を支援する AI（授業の時間割作成，職員のスケジュール管理，施設管理，財務，サイバーセキュ

リティ，安全性とセキュリティといったことに対処するシステム向けの AI）については触れない [203]。私たちの焦点は，あくまで学習を支援するための AI（生徒・教師向けの AI）の活用である。

## 4.1 教育における AI の歴史

　教育に AI を活用することの先駆けは，1920 年代にオハイオ州立大学の教授であった心理学者シドニー・プレッシー（Sidney Pressey）と，1948 年から 1974 年の引退までハーバード大学の教授を務め，行動主義（behaviorism）の父として知られるバラス・フレデリック・スキナー（Burrhus Frederick Skinner）の研究に見ることができる。プレッシーの課題は，多肢選択式テストの力を活用して生徒の学習を確固たるものにし，またそれを評価することであった。エドワード・ソーンダイク（Edward Thorndike）の効果の法則（law of effect）[訳注] [204] をふまえ，彼は，学習を支援するテストには即時のフィードバックが不可欠であると主張した。そして，そのような即時のフィードバックはテストを手作業で採点する場合には不可能であるが，機械によるアプローチでは，学習機会を逃さないようにすることができると述べた。

> [訳注] 効果の法則（law of effect）：試行錯誤による学習で，好ましい結果をもたらす行動はその場面との結合が強められて起こりやすくなり，そうでない行動は起こりにくくなるという法則。

　生徒に答えの正誤をすぐ伝え，正しい答えに導くマシンは，明らかにテスト以上のことができる。そのマシンは彼らに教えることができるのである。[205]

　プレッシーは，さまざまなバージョンのティーチングマシンを開発したが（そして，そのアイデアを商業化しようとしたが失敗に終わった），最も洗練されていたのは機械式タイプライターをもとにしたものであった。このマシンの中には，回転するドラムがあり，その周囲に正解を示す穴とともに問題の一覧が印刷されたカード（自動演奏ピアノで使われる穴あきロールのようなもの）が巻きつけられていた。一方，ケースには，現在の問題の番号を示す小さな窓と，選択肢ごとに一つずつ，計 5 つのタイプライターのキーがついていた。生徒は

問題と選択肢が印刷されたプリントに取り組み，このマシンのキーの一つを押して，各問題に対する解答を選択する。マシンは，生徒の選択が正しかったかがすぐにわかるようにつくられており，正しい選択をするまで次の問題に移ることができなかった。

　興味深いことにプレッシーは，ティーチングマシンは，学習を支援するだけでなく，教師の最もそそられない仕事（テストの採点）を軽減し，生徒との関わりにより多くの時間を割けるようにすることで，その生活をより気楽で充実したものにすることができると主張した最初の一人でもあった。

> （教師の）肩からこの重荷をできるだけ取り除いて，おそらくは本当の役割である，感動を与えたり，思考を刺激したりする活動のために彼女たち（原文のまま）を解放しよう。[206]

　このプレッシーのアプローチは，のちにスキナーによって拡張された。スキナーは，彼がネズミやハトの訓練のために開発した技術（現在では，「スキナー箱」として知られているオペラント条件づけ[訳注]のための実験箱）は，人に教えることにも向いていると主張した。1958年にスキナーが考案したティーチングマシンは，フタつき窓のある木箱だった。紙のディスクに書かれた問題が一つの窓に表示され，生徒は別の窓からロール紙上に解答を書く（後に教師に採点される）。次に，生徒が解答を修正できないようにマシンが自動的に窓にフタをしてしまい，それと同時に正解が示される。このようにして，スキナーのティーチングマシンは，自動的かつ即時的に強化（reinforcement）を行うことができた。スキナーは，単純な再認テストよりも答えの再生のほうが学習を促進することを見いだしたため，生徒は（プレッシーの多肢選択式問題のように）限られた選択肢から解答を選ぶのではなく，自分で答えを考えるようになっていた。また，このアプローチは，生徒に模範解答と自分の解答を比較する機会を与えており，このこともまた，教師が適切に設計し，生徒が積極的に取り組むならば，学習に貢献する要素であった。

スキナーは，彼のティーチングマシンは実際に家庭教師のようにふるまうと主張している。これは後述する AIED である「知的学習支援システム」の先駆けと言える。

> もちろん，このマシン自体が教えるわけではない……しかし，生徒一人ひとりへの効果は，家庭教師の場合と驚くほど似ている……。 i ）プログラムと生徒との間に常にやりとりがある……。 ii ）良い家庭教師のように，このマシンは，生徒が次に進む前に……所定のポイントを徹底的に理解するよう要求する……。iii ）良い家庭教師のように，このマシンは，生徒がすでに準備状態にある教材を提供する……。iv ）熟練した家庭教師のように，このマシンは生徒が正しい答えを見つけ出すのを助ける……。 v ）最後に，もちろんこのマシンは家庭教師のように，即時のフィードバックを利用して正しい解答を強化することで，……最も効果的に生徒の行動を形成する。[207]

スキナーのティーチングマシンは，自動化された指導を，独立した構成要素に分けており（スキナーの事例では，あらかじめマシンにプログラムされた学習内容と，解答の正誤による生徒の成績），後の教育 AI 研究者が行ったことの先駆けとも見なすことができる。しかし，スキナーのティーチングマシンは，ある意味では個々の生徒に応じたものではあったが，適応的（adaptive）であったとは見なせない。すなわち，問題やその提示順序を，個々の生徒の達成度や必要性に応じて調整するものではなかったのである。彼のマシンでは，問題が提示される順序は事前に用意されていた。生徒は自分のペースで進めることはできたが，すべての生徒が同じ問題を同じ順序で解いていたのである。

## 4.2　適応学習

1950 年代には，心理学よりコミュニケーションに関心があったノーマン・

クラウダー（Norman Crowder）が，初期のティーチングマシンに代わる，組み込み型または分岐型プログラム学習（intrinsic or branching programmed instruction）として知られる紙ベースの手法を考案した[208]。クラウダーのシステム（電子機器の不具合を見つけるアメリカ空軍エンジニアのために開発された）では，利用者に数ページの情報を提示し，その後に続く多肢選択式問題の解答に応じて，新しいページへとさらに誘導していく。答えが正解であった場合，誘導されたページには正しい理解に基づいた新しい情報が提示される。一方，答えが誤りであった場合，誘導されたページには選択した答えに応じて，誤りの原因の理解に役立つフィードバックが提示される。またシステムは，学習者をメインページに戻す前に，1，2ページの補助学習用教材に分岐させることもある。つまり，クラウダーのシステムは，学習者一人ひとりの知識の発達に応じて学習教材の経路を調整し，学習者ごとにまったく異なるページセットを提示できるようにしたのである。

　しかし，初めての真に適応型と呼べるティーチングマシンは，イギリスの数学者ゴードン・パスク（Gordon Pask）が1950年代初頭に開発したものだろう。SAKI（the self-adaptive keyboard instructor）として知られるこのマシンは，データ処理カード（パンチカード）の穴開け装置の使用方法を学ぶキーボードオペレーターの研修生向けに設計された[209]。SAKIが他の初期ティーチングマシンと異なる点は，学習者に提示される課題が学習者個人のパフォーマンスに適応していることであり，それは，絶えず変化する確率的な学習者モデル（後述）として表現されていた。

　学習者はシステムの操作を通じて，画面に提示される数字をどのキーが表しているかを学習する。

　　マシンは反応時間を測定し，あなたの学習プロセスの独自の確率モデルを構築する。たとえば，「7」が提示されたら，あなたはすぐに反応できるとしよう。しかし，どういうわけか「3」は，いつもわからないようだ。マシンはそれを検出し，その事実を確率モデルに組み込んでいく。そしてすぐに，その結果があなたにフィードバックされる。ランダムな数字が提示される中で，難しいと感じている数字の提示頻度は増していき，また「は

い，ごゆっくり」と言うかのようにゆっくりと画面に表れてくる。それと反対に，あなたが簡単だと思う数字はより速く画面に表れる。それぞれの数字が表示される速さは，あなたの学習の状態の関数になる。[210]

## 4.3　コンピュータ支援教育

SAKI は多くの試行錯誤をへて，またコンピュータとマイクロプロセッサの発展の恩恵を受けて最初に商品化された適応型システムの一つであった。しかし，その後の数年間，SAKI の改良を除いて，適応学習はほとんど進歩せず，焦点はコンピュータ支援教育（computer-aided instruction：CAI）システムとして知られるものに移った。1960 年代から 70 年代には多数の CAI システムが構築されており，中でも初期に大きな影響を与えたのは，イリノイ大学で開発された PLATO（programmed logic for automatic teaching operations）であった。PLATO は，大型汎用コンピュータ上にある標準教材（インタラクティブなものもある）に遠隔端末を介してアクセスするものであり，最大で同時に1,000 人もの生徒が学習することができた。

このシステムは，ユーザーフォーラム，電子メール，インスタントメッセージング，リモート画面共有，マルチプレーヤーゲームなど，今日でも一般的な多くのツールやアプローチを教育テクノロジーに初めて導入したことでも注目された。また，同時期にスタンフォード大学と IBM は，地方のいくつかの小学校から遠隔端末を介して利用することができる CAI システムを開発した。このシステムは，算数と言語科目の教材を直線的に提示するものであり，ドリルと演習も含んでいた。第 3 の有名な例は，ブリガムヤング大学によって開発された TICCIT（time-shared interactive computer-controlled information television）であり，新入生レベルの数学，化学，物理学，英語およびさまざまな言語のコースを教えるために活用された。各科目の内容は，トピックと学習目標で分けられ，それらが次々に画面上の情報として提示された。TICCITは事前に決められたシーケンスで学習教材を提供したが，学生は自分にわかりやすいように，キーボードで好きなように画面順序を操作することもできた。

他の面では成功していたが，1960 年代から 70 年代では，主にホストとなる

汎用コンピュータのコストと利用しにくさの問題から，これらの CAI システムで広く採用されたのはごくわずかであった。しかし，1980 年代にパーソナルコンピュータが登場したことですべてが変わり，CAI プログラムは急速に増え，すぐに学習のあらゆる面に対応した CAI プログラムが学校，大学，家庭で広く活用されるようになった。しかしながら，本書の目的に関して言うと，これらのシステムのほとんどすべては一つの重大な欠陥を抱えていた。それは，適応的でなかったことである。トピックの順序や提供される情報，生徒の反応に対するシステムの挙動は事前に定義されたものであり，どの生徒でも同じであった。これらのシステムは，一人ひとりの生徒の達成や理解の誤り，興味を無視しているため，学習の可能性を制限してしまっていたのである。

## 4.4　AI と CAI

　主流の CAI が開発されていたのとほぼ同時期に，ジョン・セルフ（John Self）[211] やウィリアム・クランシー（William Clancey）[212] といった他の研究者たちは，どうしたら生徒一人ひとりのニーズに対し CAI を適応的にできるのかを模索し，それには AI の技術を応用することが役に立つのではないかと考えていた。CAI に初めて AI 技術を活用したのは，一般に，1970 年の博士論文で SCHOLAR というシステムを発表したハイミー・カーボネル（Jaime Carbonell）の功績によるものだとされている。この新しいシステムは，生徒が簡単な英語のやりとりを用いて，南アメリカの地理の知識を復習することができるようにつくられていた。SCHOLAR は標準的な CAI と性質が異なり，当時としては珍しいことに，生徒の発言に対する反応を意味ネットワーク（semantic network；意味的関係に応じた概念のリンクによる知識〈この場合，地理の知識〉の表現方法）から生成することができた。

　　従来の CAI では，データベースは教師が事前に入力したテキスト，問題，予想される回答といった多くの「フレーム」で構成されていた。それと対照的に，SCHOLAR は事実，概念，手順に関する情報ネットワーク[訳注]の利用を基本としており，文章や質問，応答を生成することができる。また，SCHOLAR は，情報ネットワークを使って，生徒が出した質問に答

えることもできるため，生徒とコンピュータの双方で質疑応答を行うことができる。[213]

[訳注] ▎ 情報ネットワーク：上で述べた意味ネットワークのこと。

SCHOLAR[214] とのやりとりは次のようになる。

SCHOLAR：以下の質問に対する答えを「スクレ語」「フランス語」「アルゼンチン語」「スペイン語」のいずれかから選んでください。チリの言語は何ですか？
SCHOLAR：なかなか答えが出ませんね……
生徒：スパイン語（Spanich）
SCHOLAR：「スペイン語（Spanish）」と書くべきですが，正解です。

今の基準では，やりとり（特に学習指導法）は古くさいものに見えるが，一般的に SCHOLAR は，次に取り組む知的学習支援システム（intelligent tutorning system）として知られるものの最初の例であると考えられている。

## —— 教育における AI の活用 ——

# 5. 知的学習支援システム

最良の学習条件，すなわち個人指導で教えられた場合，平均的な生徒は，一斉指導で教えられた統制群における平均的な生徒よりも２シグマ（標準偏差）分，成績が上になる。このことは，ほとんどの生徒がこの高い学習レベルに到達する可能性をもっていることを示している。研究や学習指導上の大きな課題は，一対一の個人指導は多くの社会にとって実施にコストがかかりすぎるため，より実践的で現実的な条件のもとでこれを達成する

方法を模索することである。これが 2 シグマ問題である。[215]

　いわゆる知的学習支援システム（intelligent tutoring systems；ITS）は，教育に対する AI の最も一般的な応用例の一つである（また，おそらく最も長い歴史をもつものでもある）。一般に ITS は，数学や物理学のような明確に定義され，構造化された科目におけるトピックの学習について，各生徒に個別化されたステップ・バイ・ステップの指導を提供する[216]。このシステムは，教科内容や教育方法に関する専門家の知識を活用し，また，個々の生徒の達成理解の誤りに応じて，学習教材や学習活動をステップ・バイ・ステップで提示する最適な経路を決定する。生徒が学習を進めると，システムが自動的に学習の難易度を調整し，ヒントや助言を提供する。これらはすべて，与えられた課題を生徒が効果的に学習できるようにすることを目的としている。

　ITS にはさまざまな形があるが，典型的にはここで取り上げるようないくつかの AI モデルが含まれていれる。AI 技術についての説明ですでに触れたように，この AI モデルは，現実世界に関する特定の知識の，非常に単純化されたコンピュータ表現である（実際の車を単純化して表現した模型自動車のようなもの。SCHOLAR で使われた意味ネットワークやオントロジー[217]，ナレッジグラフ[218]など）。ITS が使用するモデルは，指導と学習に関する知識を表す。典型的には，学習トピックに関する知識は領域モデル（domain model）とよばれるもので表され，効果的な指導アプローチの知識は指導モデル（pedagogy model）で表される。そして，生徒に関する知識は学習者モデル（learner model）で表される[219]。ITS のアルゴリズムはこれら 3 つのモデルを利用して，学習活動のシーケンスを個々の生徒に適応させる。なお，いくつかの ITS には第 4 のモデルであるオープン学習者モデル（open learner model）が見られるが，これについては後述する。

## 5.1　領域モデル

　領域モデルは，ITS が学習を助けることを目指す主題に関する知識を表す（教育用途以外の標準的なエキスパートシステムにおける主題知識によく似ている）。たとえばそれは，数学の手続きだったり，遺伝の知識や第 1 次世界大戦

勃発の原因に関する知識などであったりするだろう。実際，小・中・高等学校の算数・数学は，長きにわたり ITS を支配してきた。算数・数学は，物理学やコンピュータ科学とともに，少なくとも基礎レベルでは十分に構造化され，明確に定義されているため，AIED にとって扱いやすい分野なのである。

## 5.2　指導モデル

　ITS の指導モデルは，教育専門家や学習科学の研究から導き出された指導と学習への効果的なアプローチに関する知識を表すものである（ITS の開発者には，学習指導法について詳しいとうぬぼれている者もいることは認めざるをえないが）[220]。多くの ITS が表現する学習指導法に関する知識には，インストラクショニスト・アプローチ[221]，発達の最近接領域[222]，挟み込み学習（interleaved practice）[訳注][223]，認知負荷（cognitive load）[訳注][224]，形成的フィードバック（formative feedback）[訳注][225] などがある。たとえば，ヴィゴツキーの「発達の最近接領域」を実装する指導モデルは，システムが生徒に提供する活動が，簡単すぎず難しすぎないものになるようにする。また，個別化された形成的フィードバックを実装するモデルは，フィードバックが生徒の学習をサポートしうるときはいつでもそれが提供されるようにする。

[訳注]　挟み込み学習（interleaved practice）：同じことの学習を集中的に行うのではなく，関連があるものや違うものを織り交ぜて学習することで記憶の定着を図る学習法。インターリーブ学習法とも呼ばれる。

[訳注]　認知負荷（cognitive load）：脳が一度に処理できる情報の量には限りがあるという前提にたって，脳の負荷をできるだけ下げる工夫をして学習することを勧める考え。

[訳注]　形成的フィードバック（formative feedback）：学習者が自分の達成状況を知り，その後の学習を調整する目的で，学習の途中で与えられるフィードバックのこと。

## 5.3　学習者モデル

　これまで見てきたように，いくつかの CAI（通常は別の名前であるが）は，ある種の領域モデルと指導モデル，すなわち，何を学ぶかとそれをどのように教えるか（たとえば，直線的にプログラムされた指示で学ぶか，枝分かれの指

示で学ぶか）をともに実装している。これに対し，AI を使った ITS を特徴づけるものは，パスクの SAKI を先駆けとして，学習者モデル，すなわち「生徒の仮説的な知識状態の表現」[226] ももっていることである。実際，多くの ITS は，生徒のやりとり，生徒にとって難しい教材，理解の誤り，そしてシステムを使用している間の感情状態など，生徒に関する幅広い知識を組み込んでおり，これらの知識のすべてを使用して，何をどのように教わっているか，また，どのようなサポートをいつ提供する必要があるかの情報を得ることができる。実際，多くの ITS はさらに進んでいる。個々の生徒についての知識は，これまでにシステムを使用したすべての生徒の知識により増幅され，システムはそこから，ある学習段階にある生徒にはどの指導法アプローチが適切か，またどの分野の知識が適切であるかを予測するための機械学習をする。ITS を適応的にするのは学習者モデルであり，この適応性を特に強力にするのが機械学習である。

## 5.4　典型的な ITS のアーキテクチャ

　次の図 2-5-1 は，領域モデル，指導モデル，学習者モデルが典型的な ITS でどのように組み合わされているかを示している。

　この事例のアーキテクチャでは，ITS のアルゴリズムは領域，指導および学習者モデルを利用して，どの適応学習活動（adaptive learning activity）を個々

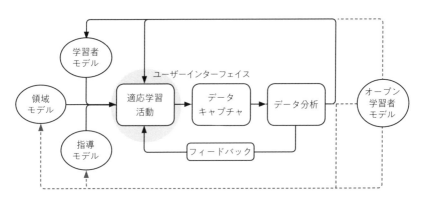

**図 2-5-1　領域モデル，指導モデル，学習者モデル，オープン学習者モデルをもった典型的な ITS のアーキテクチャ**

の生徒に提示すべきか，そしてそれをどのようにその生徒のニーズと能力に適応させるべきかを決定する。たとえば，数学 ITS では，領域モデルは二次方程式に関する内容知識を含み，指導モデルは二次方程式の効果的な指導方法に関する知識を含む。そして学習者モデルはこの ITS で二次方程式を学習したときの生徒の経験に関する知識（たとえば，その生徒が示した理解の誤りや，このトピックがある種の不安を引き起こしたという事実）を含む。学習者モデルはまた，二次方程式の学習にこの ITS を使用した過去すべての生徒に関する知識も含む。

　これらすべてを総合して，ITS のアルゴリズムは，ユーザーインターフェースにおいてどの適応学習活動を生徒に提示するかを決定する。すなわち，二次方程式のどの側面を伝えるか（因数分解を使う，正方形を完成させるなど），および二次方程式のそれらの側面を学習するにはどのアプローチが最善か（説明文，画像やビデオの使用，挟み込み学習のための活動など）を決定する。また，これらのすべては学習者モデルにも依存する（この ITS において二次方程式を学習した個人およびすべての生徒の経験に関する知識）。

　生徒がシステムによって選択された適応学習活動に取り組んでいる間，データキャプチャは，システムとの個々のやりとり（画面上の何をクリックしたか，何を入力したか，場合によっては，画面上でのマウスの移動速度）を表す何千ものデータポイントを，生徒の達成具合（どの課題に正答したか，どの課題は一部だけか）や彼らが見せたあらゆる理解の誤りとともにシステムに記録する。また，いくつかの先進的 ITS は，生徒の発話や生理的反応，生徒の感情状態の推定値といったデータまで記録する。

　次のステップはデータ分析である。データ分析では，機械学習（または，補足２で紹介する AI 技術であるベイジアンネットワーク〈Baysian network〉）を使用して，記録したデータのすべてが自動的に解析され，個々のニーズに応じた学習支援のために個別化された形成的フィードバックを提供するとともに，学習者モデルを更新し，それにより次に提供すべき適応学習活動がシステムに通知される。また，すべての生徒のモデルにも情報提供を行う。場合によっては，この分析によって指導モデルが更新されたり（特定の状況における学習支援の最善または最悪のアプローチが特定される），領域モデルが修正された

りすることもある（生徒のやりとりから明らかになった未知の誤概念の特定などによって）。

　時間の中で，このITSサイクル――（a）領域，指導，学習者モデルの利用，（b）適応学習活動の提供，（c）データキャプチャ，（d）データ分析，（e）モデルの更新――を通じて，それぞれの生徒は一人ひとりにパーソナライズされた学習の経路を経験していくことになる。もしシステムと彼らのやりとりが，因数分解を難しく感じていることを示すなら，それに関連したさまざまな学習活動により多くの時間が費やされることになるだろう。一方，もし彼らのやりとりがそうでないことを示唆しているならば（すなわち，これまでの誤りが少ないならば），このトピックについての活動は減らされ，彼らのニーズにより適していると思われる別の課題に早く移るだろう。

　最後に，図2-5-1にも示されているように，いくつかのITSは，オープン学習者モデル[227]として知られる第4のモデルをその特徴として有している。オープン学習者モデルの目的は，システムで行われた指導と学習，およびシステムが行った決定を生徒と教師がチェックするために，それらを可視化または顕在化することである。オープン学習者モデルは，生徒に彼らの達成と自分の課題をモニターできるようにすることでメタ認知（meta cognition）を支援したり，教師がクラス全体の文脈において生徒一人ひとりの学び（彼らのアプローチや理解の誤り，学習曲線）をよりよく理解することを可能にしたりする。さらには教師の専門性向上のための方法を示す可能性もある。

## 5.5　ITS の効果を評価する

　ITSは長年にわたって無数に開発され，それらの多くは学校や大学の中でその効果が評価されている。通常，これらの評価は，一つまたは複数のITSを，教室での一斉指導や人間による一対一教育のような従来の教育方法，またはCAIシステムと比較して，どのくらいの学習利得（learning gain）があるかに焦点を当てている。そして，ベネディクト・デュ・ブーレイ（Benedict du Boulay）らが詳述しているように，現在ではいくつかのメタレビュー（複数の個別評価の結果を組み合わせた分析を行うことで，一般的な結論を導き出すことを目指したレビュー論文）も行われている[228]。たとえば，あるメタ分析

によると，「ITS の開発者たちは，CAI の成果をさらに伸ばし，人間による指導に並ぶことを目指してきたが，分析の結果は，ITS 開発者がすでにこれらの目標を両方とも果たしていることを示唆した」[229] という。しかしながら，いくつかのメタ分析の結果をまとめると，一対一教育との比較では効果量（effect size）がややマイナスの値（-0.19）を示しており，ITS はまだ一対一教育と同等に達していないことが示唆されている[230]。一方，教室での一斉指導教育とITS の比較では，メタ分析の結果は非常に良好であった。この研究では，0.47の加重平均効果量が示されているが[231]，教育介入研究では 0.4 を超える効果量は「価値がある」と考えられている[232]。

　本セクションの冒頭で述べたように，ITS は，数学や物理学のような明確に定義された領域に焦点を合わせる傾向がある。しかし，近年では，明確に定義できない問題（法的議論，異文化間スキルの獲得，論争の解決など）に対するITS も探求されるようになってきており，注目に値する[233]。一方，明確に定義できない領域に対する ITS への関心が低い理由の一つは，不明確な問題では生徒に複雑な認知スキルが必要となることが多く，また文脈が不確実で動的であることに由来する。これらはすべて，伝統的な ITS でモデル化することが難しいだろう。構造が比較的欠如していることはまた，人工的な制約なしに学習経路の効果的な足場かけをすることを難しくし，適切なフィードバックの提供や，実際にどのような学習が起こっているかを評価することも困難にする。明確に定義できない領域に対する ITS は，ソクラテス式問答法（non-didactic Socratic dialogue）や協働活動，探索型学習のようなさらなる指導法アプローチを必要とするが，これらについては後で詳しく述べる。

　すでに述べたように，AIED がどのようなものであり，どのようなことができるのかはまだ明らかでないため，本章では幅広い AIED の例を紹介する。私たちのリストは決して決定的なものではないが，それは AIED 研究の広さを示し，また，教室での AI 技術の応用がもたらす多くの可能性と課題を浮き彫りにするだろう。このセクションでは ITS について説明する。まず，現在ある著名な ITS の例をいくつか紹介する。そのほとんどは数学のような構造化された領域に焦点を当てている。それらは，カーネギー・ラーニングのMathia，ウースター工科大学の Assistments，そしてニュートンの alta である。

## 5.6　Mathia

　カーネギーメロン大学の研究をもとに構築されたMathia[234]（以前は Cognitive Tutorとして知られていた）は，AIで動作するパーソナライズされた算数・数学の授業を，幼稚園から高校までの児童・生徒に提供する。生徒たちが入念に構成された数学の課題に取り組むとき，このシステムは個人指導のコーチとして働き，生徒の進歩（彼らの達成と理解の誤り）をモニターしながら，個別化された学習経路に沿って指導する。また，なぜ生徒が間違ったのかだけでなく，どのようにしてそれを正すことができるのかを説明する自動フィードバックも提供する。興味深いことに，カーネギー・ラーニング社は，印刷物とデジタルリソースの両方を用いたり，グループでの協働的な学習と個人学習を取り混ぜたりするブレンド型学習アプローチ（blended learning approach）の一部として使われる場合にMathiaは最も効果的であると主張している（すなわち，彼らはこれ単体では不十分であることを認めている）。

## 5.7　Assistments

　現在の教育用ITSの2つ目の例は，ウースター工科大学で開発されたAssistments[235]である。Assistmentsは，全体的にMathiaと同様のアプローチを用いているが，一方でまた，ITSにとっての重要な課題に取り組むことを目的としている。ITSでは，その定義上，生徒の学習が異なる速度で進むことになり，どの教室でも生徒の達成度のばらつきが広がっていくことになる（教師の仕事は楽になるのではなく，むしろ大変になる可能性がある）。そのため，Assistmentsは，自宅で1人で課題に取り組むことで生徒が追いつくのを支援するように設計されており，教室で全員の進捗がほぼ一致するようになっている。なお，Mathia[236]もAssistments[237]も，決定的ではないが[238]，その学習効果の有効性を示す強力なエビデンスをもっている。

## 5.8　alta

　ITSの第3の例はニュートン社のaltaである[239]。これは，高等教育の学生向けに設計されており，また，数学，経済，化学，および統計学を含む幅広い科目に焦点を当てているという点で，二重に珍しい。とはいえ，ほとんどの

ITS と同様に，alta は一対一の指導者のように機能することを目指しており，学生が課題に取り組む際に，パーソナライズされたステップ・バイ・ステップの指導，評価，フィードバック，適切なタイミングでの修正指導を行うことができる。alta のアプローチは，前述の典型的な ITS アーキテクチャに明確に対応している。各科目についての領域モデルはオープン教育リソース（open educational resources：OER）[240] を使用しており，内部には選択可能な学習目標と，内容と目標の関係に関する意味ネットワーク（またはナレッジグラフ〈knowledge graph〉[訳注] [241]）をもっている。また，領域モデルには，関連する質問のデータベースと，それらの質問の難易度に関するデータも含まれている（それ以前の学生がどのように答えたかに基づいたもの）。alta の指導モデルは項目応答理論（item response theory）[訳注] [242] に基づいている（個々の質問レベルについて，問題の難しさと根底にある概念の代表性の両方を考慮する）。また，習熟度別アプローチを採用しており，始めの学習目標を達成するまで，学生は新しい学習目標に移行できない。その際，このモデルは，学生が領域モデルのナレッジグラフにおいて関連する 2 つの学習目標のうちの一つを達成すれば，もう一つも達成している可能性が高いと考える。最後に，alta の学習者モデルは，学習目標に関する任意の時点での学生の習熟度を表現している。これは，各質問に対する回答の正誤を含む，個々の学生ならびにすべての学生のやりとりの履歴に基づいており，個々の学生の最新の解答により重きを置いている。

[訳注] ナレッジグラフ（knowledge graph）：さまざまな「知識」の意味的な関係をグラフ構造（点と線からなるネットワークのような構造）で表した構造化されたデータベースの一種。

[訳注] 項目応答理論（item response theory）：テスト等における評価項目群への解答（応答）から，受験者の能力・特性や評価項目の難易度・識別力を数理モデルに基づき測定するテスト理論のこと。

## 5.9　さらなる例

これら 3 つの例の他に，ITS には多くの例がある。一方で，何度も述べているように，常時，新しいものが現れているので，どんなリストも常に不完全で

ある。このことを念頭に置いて，あまり知られていないが広く利用されている
ITSの例をあと4つだけ簡単に紹介して，議論を締めくくりたい（これらは，
それぞれアプローチがわずかに異なるために選ばれた）。それは，エリア9ラ
イシーアム社（Area9 Lyceum）のRhapsode，そして，Dreambox，Toppr，
Yixueである。その他にも，まだまだリストは続き，ALEKS[243]，Bjyu[244]，
Century[245]，CogBooks[246]，iReady[247]，RealizeIt[248]，Smart Sparrow[249]，
Summit Learning[250] などを選ぶこともできる。

　エリア9ライシーアム社[251] は際立っている。この会社は，各教育機関の既
存の教材を，彼らのプラットフォーム上で提供される適応的なコンテンツに発
展させている。すべてのITSと同様，彼らのアプローチは，学習内容と学習
経路を個々の学習者のニーズとスキルレベルに合わせることを目的としてい
るが，そのプラットフォームはまた，彼らが「継続的自己評価」（continuous
self-assessment）と呼ぶアプローチも採用している。これは，学習者が各質問
および課題に対する自分の解答にどれだけ自信があるかを自己評価し，それを
使用して彼らの学習経験にさらに適応させるものである（たとえ質問に正解し
ても，その答えに自信がない場合は関連する学習サポートを追加で受けること
になる）。図2-5-2は，その適応学習によって，学習に費やす時間が多くの生
徒でそろって短縮される一方で，学習速度の遅い生徒は自分のペースで習得で

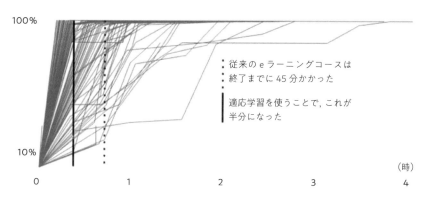

図2-5-2　従来のデジタルリソースの代わりに適応学習を使用することによる学習時間の短縮
出典：Area9 Lyceum，私信

きていることを示している。

2番目の例であるDreambox[252]は，K-8（幼稚園から中学2年生まで）の算数・数学で，児童・生徒にパーソナライズした学習経路を提供することを目的としている。「適切な難易度，適切なタイミングで，次のレッスンを適切に」ということである。彼らのAIテクノロジーは，典型的なITSアプローチを採用したもので，生徒がシステムに関わっている間，毎時48,000以上のデータポイントを収集する。そして，それを使って生徒が問題を解決するために用いた方略を評価し，レッスンの難易度を調整したり，レッスンを順序づけたり，ヒントを提供したりする。Dreamboxは，商用ITSとしてはかなり珍しいことに，独立した機関による外部評価を奨励している。ハーバード大学が最近行った研究では，「Dreamboxが生徒の成績に及ぼす影響についてのデータは有望であるが，結果はまちまちでもある」[253]と述べている。

一方，トッパー社（Toppr）[254]はインドを拠点とする会社で，幅広い年齢層と科目（歴史から会計学まで）にわたってパーソナライズされた学習用ITSモバイルアプリを提供している。このアプリは，生徒の過去のふるまいから機械学習により強みと弱みを割り出し，それにより質問をパーソナライズしたり，教材の提示速度を調整したりして，学習体験を個に最適なものにする。このITS予測システムは，彼らの言う「疑問を解消する」（to solve doubts）ために設計された新しいAIテクノロジーでさらに補完されている。生徒は，自分がよくわからないトピックの画像をアップロードすることができ，それを他のアップロードされた疑問や解決策のデータベースと自動的に照合することができるのである。

最後のITSの例，Yixue[255]は，自称，中国初の知的適応型教育システムである。やはり，典型的なITSとしてYixueは教師をシミュレートすることを目指しており，生徒にパーソナライズした学習プランと一対一の個別指導を提供している。Yixueは，標準的な教科書を使って各科目を約1万のナレッジポイントに分割し，それを使って各受講者の理解度や能力を評価することで，どの教材や経路が最も効果的かをシステムが予測できるようにしている。

# 6. 対話型学習支援システム

私たちはハイミー・カーボネルのSCHOLAR[256]からITSの議論を始めたが、SCHOLARはこれまで探求してきた多くのITSとは少なくとも一つの意味で異なっている。それは、（ITSでよく見られるような）個別化された一連の指導用教材や学習活動を提示するのではなく、SCHOLARは学習トピックに関する対話に生徒を参加させる点である。ここから、対話型学習支援システム（dialogue-based tutoring systems；DBTS）と呼ばれるITSの一形態が生まれた。しかし、ITSの場合と同様に、DBTSを構成するものも境界が曖昧である。そこで、ここではやはり有名な例のみを紹介することとする。それらは、CIRCSIM、AutoTutor、そしてWatson Tutorである。

## 6.1 CIRCSIM

初期のDBTSの一つにCIRCSIM[257]がある。これはイリノイ工科大学がラッシュ医科大学と共同で1980年代に開発したもので、血圧の圧受容器反射制御についての学習を支援する目的で、医学部1年生のためにつくられた。CIRCSIMは、自然言語処理と自然言語生成による一対一の個別指導対話（tutorial dialogue）を使用している。これは、何かを実際に理解するには、そのことについて語れる必要があるという前提に基づいている。また、ルールベースのエキスパートシステム・アプローチを使用し、次のような条件分岐ルールも実装している。

——もし学習者の回答が正しければ、次に進め。
——もし学習者の回答が部分的に正しい場合は、承認を与えて、次に進め。
——もし学習者の回答が「あと少し」の場合、入れ子化されたメソッドを導入しろ。
——もし学習者の回答が「わからない」の場合は、答えを示して、次に進め。[258]

興味深いことに、CIRCSIMは学生にあるトピックを説明するようには設計

されていない。そうではなく，学生には本や講義を通じて事前に事実や概念を把握しておくことを求めており，システムとの対話は，学生がそれを深く探求し，すでに学んだことをより良く理解し統合するためのものとなっている。この目的のために，学生はキーボード入力による対話を繰り返しながら問題を解決するよう求められる。彼らはまず必修として，ガイドつきの仮想実験から始める。プログラムでは，8つの手順を順番にステップ・バイ・ステップで実行しながら，提供されたデータに基づき結果を予測させ，圧受容器反射による恒常性システムの簡単なモデルをつくるよう指導する。全体を通して，因果推論をつなげながら，この問題やそれと似た問題を解決することに重きが置かれている。

## 6.2　AutoTutor

　2つ目の例，AutoTutor[259]は，20年以上にわたって幅広く研究されており，おそらく最も影響力のあるDBTSである。メンフィス大学で開発されたこのツールは，人間の家庭教師が生徒と一緒にステップ・バイ・ステップで学習を進める際の対話をオンライン課題上でシミュレートする（コンピュータ科学のトピックが多いが，物理学や生理学，批判的思考の課題も使用される）。その目的は，ステップ・バイ・ステップ指導をするITSでよく見られる短い解答と浅い知識ではなく，詳細な解答と深い理解を生徒に促すことである。

　AutoTutorは，潜在意味解析(latent semantic analysis：LSA)と呼ばれる統計手法を用いて，学習者が書いた発話と，関連する教科書の膨大なコーパス[訳注]から引き出された概念の多次元マトリックスとを比較する[260]。この概念マトリックスとカリキュラムスクリプト（例題，問題，図表，宣言的な知識，良い反応と悪い反応からなる）が，AutoTutorの領域モデルを構成している。

[訳注]┃ コーパス：テキストや発話を大規模に集めてデータベース化した言語資料。

　一方，AutoTutorにおける指導モデルは，ソクラテス式問答法の指導原理（説明を与えるのではなく，質問で考えさせる）と，教室ベースの指導実践（100時間以上にわたる人間の対面指導における対話を分析した結果に基づく）から構成される。その適応学習活動では，生徒を個別指導対話に参加させ，現在の

問題に対する正しい解決策を自分自身で発見するように導いていく。

　AutoTutor による個別指導対話は，通常，次の 5 つのステップで構成される [261]。1) AutoTutor（アニメキャラクターで表されることもある）が質問や問題を提示し，2) 生徒はシステムに回答をタイプして答えを出そうとする（音声で回答するバージョンもある）。3) AutoTutor は，生徒が目標の概念を理解しているかどうかを，生徒の入力が教科書コーパスに表現された概念とどれくらい近いかで判断する（LSA アプローチでは，特定の表現が一致している必要はなく，基礎となる概念のみが一致していればよい）。4) AutoTutor が，生徒がその概念を十分に理解していないと判断した場合，フィードバック（修正意見，質問，プロンプト，ヒント，要約のどれか）を提供し，誤解を正すか，生徒に答えを深めるよう促す。5) ステップ 2 ～ 4 を繰り返して，生徒が答えを改善するのを助ける。最後に，AutoTutor の学習者モデルは，対話における生徒の発言と，生徒が入力した回答の適合度（教科書コーパスと生徒の回答の近さ）から構成される [262]。AutoTutor との対話は，次のようなものである [263]。

AutoTutor〈おもな質問〉：ある少年が自由落下するエレベーターに乗っており，鍵を自分の前で動かさずに持っていて，それを離したとします。鍵はどうなりますか？　理由を説明してください。

生徒：鍵は移動せず，最初からあった場所に浮いていると思います。

AutoTutor〈情報を求める〉：もう少し説明できるでしょうか？

生徒：重力のために，鍵の速度が同じです。

AutoTutor〈ヒント〉：中の物体の加速度はどうですか？

生徒：加速度とは何ですか？

AutoTutor〈回答〉：質問にお答えします。加速度は，速度が速くなったり遅くなったりするような，時間経過の中での速度の変化率です。加速度はベクトル量なので，方向が必要です。

AutoTutor〈ヒント〉：もう一度考えてみましょう。では，中の物体の加速度は？

生徒：エレベーターの中の物体の加速度は，地球の重力加速度であるエレベーターの加速度と同じです。

Part Two The How: Promises and Implications of AI for Teaching and Learning

第 2 部　どのように？——指導と学習に対する AI の可能性と影響

AutoTutor〈短いフィードバック〉：よくできました！

AutoTutor〈プロンプト〉：これも考えてみましょう。中の物体はどの方向に進んでいますか。物体は落下しています〈キャラクターは，生徒に何かを表現させる合図として下向きの手のジェスチャーを与える〉。

生徒：下向き。

AutoTutor〈短いフィードバック〉：そうです。

AutoTutor〈プロンプト完了〉：中の物体は下方向に落下しています。

この20年間でAutoTutorは 複数の研究でその効果が評価されている[264]。まとめると，学習利得の平均効果量として約0.8を達成し，特に浅い学習（事実の記憶）よりも深い学習（概念の理解）に対して高い学習利得があることが示されている。これは，非専門家による人間の個別指導よりも効果的であり，ある状況では，専門家による典型的な個別指導と同じくらいの効果が（少なくとも学習利得については）あることを示唆している[265]。

## 6.3 Watson Tutor

より最近のDBTSとしては，ともに世界的な企業であるIBMとピアソン社（Pearson）が共同で開発中のWatson Tutor[266]がある。これは，この記事の執筆時点では商用製品としての発売前評価が行われている段階であるが，ピアソン社の高等教育向けコースウェア製品であるREVELに組み込まれている。Watson Tutorは自然言語を使った対話型学習支援システムで，学生は確認セッションを通して導かれていく。すなわち，Watson Tutorは，AutoTutorやCIRCSIMと同様，新しい知識を紹介するのではなく，学生が既存の知識をより深く理解することを目的としている[267]。学生が学習に取り組むと，Watson Tutorは学習支援コンテンツ（テキスト，画像，ビデオなど）を提示し，学生の進行状況を追跡しながら，その解答の分類と習熟度の評価に基づき会話を調整する。

Watson Tutorは，AutoTutorの研究者が開発したアプローチに重点を置いているが，その領域モデル，すなわち学習すべき知識とスキルを形にしたものは，既存の教科書一冊をもとにしている。これは，一連の学習目標とその下位

目標（メインの学習目標をサポートするサブ学習目標），そして以下の要素間のナレッジグラフで構成される：学習目標，おもな質問とおもな解答，学生の説明（おもな解答の知識要素），説明を引き出すためのヒント質問（おもな質問とヒント質問は600あり，ほぼ一冊の教科書から得られたものである），穴埋め問題（学生の説明に基づく）。これらはすべて，選択した教科書から，IBM Watson ツールセット（p.085で述べた，自然言語理解と分類ツールを含む「サービスとしてのAI」）の自動分析によって引き出したものである。こうした領域モデルのアプローチは，少なくとも理論的には，どのような学術分野や教科書にもそのまま適用可能であると言える（初期の実装では，発達心理学，生理心理学，異常心理学，社会学，コミュニケーション学，および政治学が対象となった）。

　Watson Tutor の指導モデルにはやはり問答法アプローチが採用され，学生にいつ，どの応答を送るかを制御する対話マネージャーとして実装されている。Watson Tutor はある学習目標から始め，学生におもな質問を提示し，おもな解答を引き出すことを目指す。学生の解答は IBM Watson システムによって分類され，適切なフィードバックまたはヒントとなる質問を返しながら，学生が望ましい解答に向けて学習を進めることを支援する。分類器は，学生の答えとおもな解答のすべての知識要素とを，一問につき35個の得点化された答えに基づく教師あり機械学習アプローチを使用して照合する。もし学生がある学習目標で苦労する場合，Watson Tutor はその下位目標に移り，対話のアプローチを繰り返していく。

　Watson Tutor の学習者モデルでは，対話過程における各学生の習熟度が学習目標と下位目標の両方の観点から評価される。学生の推定された習熟度と成績の向上は，個々の学生やその教師から詳しく確認できるようになっており，オープン学習者モデルとしても機能する。

　Watson Tutor との対話は次のような感じである[268]。

Watson Tutor〈学習目標のおもな質問〉：このトピックを確認しましょう。この質問に答えてみてください。「家族」の定義にはどのようなものがありますか？

学生：家族とは同居している人のことです。

Watson Tutor〈生徒の説明に対するフィードバック〉：いいですね。親族システムは，生物学と社会慣習によって定義される社会的なつながりとその境界で構成され，誰と誰が関係あるかを規定します。もう少し詳しく考えてみましょう。

Watson Tutor〈学習目標のヒントの質問〉：社会学者は「家族」をどのように定義していますか？

学生：社会学者は家族を「一緒に住む関係者のグループ」と定義します。

Watson Tutor〈生徒の説明に対するフィードバック〉：部分的には正しいと思いますが，正解にはもう少しです。一緒に考えましょう。

Watson Tutor〈穴埋めヒント〉：足りない言葉を埋めてもらえますか？　社会学者は，一般的に家族を「同一世帯で一緒に暮らし，＿＿＿＿＿および／または＿＿＿＿＿縁を共有している人々のグループ」と定義します。

# 7. 探索型学習環境

　ステップ・バイ・ステップでの指導や対話学習を行う ITS，DBTS の他に，探索型学習環境（exploratory learning environments；ELE）として知られる第 3 の AIED がある。ELE は構成主義（constructivism）のアプローチを採用しており，生徒に応じて生成されるステップ・バイ・ステップの学習シーケンスに従うのではなく，学習環境の要素を探索し，操作することにより，生徒が自分自身で知識を能動的に構築するよう促される。

　探索型学習や発見学習は長い歴史をもつが[269]，まだまだ議論の余地がある学習指導法である[270]。これに批判的な人々は，探索型学習では明確な説明が与えられず，学習者が自分自身でその領域の原理を発見しなければならないので，認知的なオーバーロードが生じ，よい学習成果につながらないと主張している。そこで，AI が登場する。最近の多くの ELE では，AI が自動的に助言とフィードバックを行い，誤った理解への対処や代替アプローチの提案などを通じて探索中の学習者を支援するようになっている。

これまで見てきたように，AI が効果的なサポートを提供するには，学習者モデルが必要となる。しかし，ELE のような構造化されていない環境に向けて学習者モデルを構築するのは難しい場合が多い。「やりとりに制約がないという性質や正しい反応を簡単に定義できないという特徴があるため，どのような行動が学習に役立つかを先験的に知ることが難しいのである」[271]。それでもやはり，学習者モデルは ELE の重要な構成要素であるのが普通である。

　ここでも 4 つの例を取り上げる[272]。それぞれの例には学習者モデルが含まれており，必要なサポートを提供するために，AI を用いた異なるアプローチが使用されている。それらは，学習者の感情状態に応じた自動フィードバックを提供する Fractions Lab，エージェント[訳注]を教えることで学ぶ Betty's Brain，ゲームベースのアプローチを使用した Crystal Island，そして，自閉症の子どもたちを支援するためにつくられた ECHOES である。

[訳注]　エージェント：ユーザーのために特定の作業を自律して行ってくれるプログラムのことを指すが，ここでは主に，CG キャラクターなどで擬人化され，ユーザーと音声やテキストでやりとりしながら何らかの働きをしてくれるものを指している。

## 7.1　Fractions Lab

　Fractions Lab は EU の資金援助による研究プロジェクト[273]で開発されたもので，生徒が分数（fraction）の概念知識や基礎となる原理を生み出すのを支援するように設計されている。この ELE では，生徒は何らかの分数表現を選んで操作することができ（たとえば，特定の分数を表す長方形，水差し，または数直線を選び，分

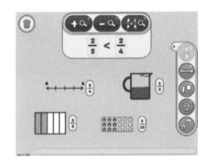

図 2-7-1

子と分母を変更することで分数を作成できる），それにより，与えられた分数問題（たとえば，「Fractions Lab tools を使って，3 分の 2 と 6 分の 2 を足し合わせなさい」）を解くことを目指す。課題に取り組む間の認知的オーバーロー

ドを避けるために，Fractions Lab は AI 技術を使用して生徒に適応的なサポート，すなわち，取り組んでいる箇所に応じたフィードバックや助言を提供する（たとえば，「2つの分数を足し合わせるには，まずそれらを同じにする必要があります。分母をどのように変えたらいいですか？」）。また，この文脈特異的な助言の提供に加えて，生徒の感情状態を良くすること，すなわち，生徒をネガティブな気持ち（不満や退屈など）からポジティブな気持ち（一般に学習の助けになると考えられている）に変えることを目指すフィードバックもある。

　これらは，教室学習からのデータで訓練したベイジアンネットワーク[訳注]が，その生徒に最も適した形成的フィードバックを決めることで行われる。たとえば，ベイジアンネットワークは，生徒が混乱している場合に「よくできたね。本当に頑張っているよ！」と気持ちを上げるのが良いと判断することもあれば，特定の指示的フィードバック（「比較ボックスを使用して分数を比較します」など）のほうが効果的と判断することもする。

---

　[訳注]┃ ベイジアンネットワーク：補足2，p.207 を参照。

---

　この他，システムが提供するフィードバックには，問答法的フィードバック（たとえば，「分数を完成するには，今，何をする必要がありますか？」），省察的プロンプト（たとえば，「2つの分数について気づいたことはありますか？」），肯定プロンプト（たとえば，「あなたがそれを解決した方法は素晴らしかったです」），シーケンス・プロンプト（たとえば，「課題を完全に終えましたか？もう一度，課題の説明を読んでください」）がある。

　Fractions Lab の指導モデルと領域モデルは，構成主義的アプローチと，形成的フィードバックの内容を決定するための情報の2つで構成される。一方，学習者モデルは，推定された生徒の感情状態，現在の課題の進捗状況，学習環境とのやりとり（ある分数表現が作成，選択，操作されたかどうか），彼らが受け取ったフィードバックのタイプ，特定のメッセージ，そして生徒がフィードバックに従ったかに関するデータを含んでいる。生徒は課題に答えるために分数表現を操作するが，学習者モデルはそうしたやりとりと，生徒に与えられたフィードバックの両方に関する情報で絶えず更新されていく。

Fractions Lab は，さらに大規模なプロジェクト[274]の一環として，ドイツとイギリスの学校で評価が行われ，ITS と組み合わせて使うことの有効性が調べられている。これらのツールは短時間しか使用されなかったが，結果は，ELE と ITS の組み合わせによる学習が効果量にして 0.7 の学習利得（ITS 単独との比較）を達成することを示しており，AI ベースの ELE が学習への有効なアプローチとなることが示唆された。

## 7.2　Betty's Brain

Betty's Brain[275] はキャラクターによる ELE で，教えることが可能な AI エージェントを用いている。これは，河川生態系を事例に，科学的概念の理解を促進するために開発されたものである。Betty's Brain の特徴は，システムを使う間，生徒が仲間の学習者である「ベティ」と呼ばれる仮想エージェントに教えるよう促されることである。このアプローチ（これがシステムの指導モデルの基礎となっている）が採用されたのは，誰かに教えることによる学びが効果的であること，すなわちどのような学習内容であっても，それを体系化し，省察し，より深く理解できるようになることが明らかとなっているためである[276]。

　ある物語（ベティが科学クラブの活動に参加するのを助ける）を背景に，生徒たちはベティに教えることを支援される。そしてベティに質問してその理解度を確認し，最後にベティにシステムが自動的に生成した質問（多くは生徒たちが考えていなかったような質問）を出して，どれだけよく理解したかを確認する。

　ベティに教えるためのメカニズムの軸は，生徒が教えた内容を表す概念地図（concept map）エディタである。生徒は，用意された一連の文章教材と編集ツールを使用して，川の生態系の概念地図（河川の植物，動物，微生物，化学成分，物理的特性の関係性）を，ノード（節点；特定の知識要素の表現）をエッジ（枝；さまざまな要素間の因果関係やその他の関係を表す線）でつないで作成していく。実際には，生徒が自分たち独自の意味ネットワークを構築することになり，それがシステムの学習者モデルとなる（つまり，生徒の現在の知識と理解を表す）。学習者モデルには，学習者とシステムのやりとりの記録も含まれている。興味深いことに，概念地図は視覚的であり，生徒と教師が確認できるため，オー

プン学習者モデルとしても機能する。

　ベティに教えた後，生徒は彼女に，たとえば「大型無脊椎動物が増えると，細菌はどうなりますか？」のように質問することができる。これに対してベティは概念地図を使って答えを生成する（たとえば，「大型無脊椎動物の増加は細菌に何の変化も引き起こさないわ」）。生徒はベティに説明を求めることもでき，ベティは概念地図の因果関係を表すパスを強調表示したりしながら説明を行う。

　また，このシステムでは，生徒がつくった概念地図とシステムの領域モデルを使って，仮想教師「デイビス先生」が質問を生成してくれる。質問に対するベティの解答は概念地図から直接導き出される。一方，デイビス先生は領域モデルを使いフィードバックを与えるが，これはベティがより高いスコアを達成できるように（つまり，ベティのミスを正したり，理解の誤りに気づかせたりして）生徒がどのくらい適切に概念地図を作成したかを示すことになる。デイビス先生はまた，メタ認知レベルでも提案をし，たとえば，文章教材をより有効に活用することについて，生徒が優れたメタ学習方略（学習スキル）を身につける手助けをしてくれる。

　Betty's Brain は複数の研究でその効果が評価されているが[277]，当初の構成では，生徒の成績は，本システムにより大きく進歩を遂げた人と，悪戦苦闘した人とでほぼ半々に分かれていた。研究者たちはさらに新しいバージョンを開発し，さまざまな学習行動プロファイルを調査しているところである[278]。

## 7.3　Crystal Island

　Crystal Island[279] は，ノースカロライナ州立大学の研究から生まれた ELE である。これは没入型，一人称視点のコンピュータゲームを用いたアプローチ[280]であり，生徒たちは，離島で発生した謎の病気を調べる刑事役を演じる。このゲームベースの学習アプローチが Crystal Island の指導モデルとして機能する。この謎を解く中で，生徒は専門的な科学的探究法（証拠の収集，仮説の検証，データ分析など）の経験を重ねたり，自らのリテラシーを発揮し，それを高めていったりする（これらすべてが Crystal Island の領域モデルを構成する）。一方，発展中の知識や感情状態，スキルは，ELE の学習者モデルとして自動的にモデル化され，生徒はそれをもとに自動化された支援的フィードバックを

受ける。また，ゲームプレイの間，生徒は，コンピュータゲームで長年にわたって開発されてきた AI 技術に基づく自律型ノンプレーヤーキャラクター[281]（コンパニオンエージェント）とやりとりもする。

## 7.4 ECHOES

　4 番目の ELE の例である ECHOES[282] は，自閉症スペクトラム（autism spectrum）の子どもの支援を目的としたものであり，やはりゲームベースのアプローチを含んでいる。ECHOES は魔法の庭を模した仮想環境であり，子どもは「アンディ」と呼ばれる子ども型知的エージェントと対話する。教師（AI ではない）は，アンディがリードする 12 の学習活動の一つを選び，子どもの共同注意（joint attention）を高め，社会的コミュニケーション能力の発達を助けることを目的とした活動を行わせる。

　魔法の庭は大きなタッチスクリーンモニターに表示されており，子どもはアンディとやりとりをしたり，庭にあるものを操作したりすることができる。たとえば，庭の物体に触れると奇妙な形に変形したり，花の花びらを軽く叩くと浮き上がる泡や弾むボールに変わったりする。システムには視線追跡カメラも搭載されており，アンディは子どもが見ている場所を知ることができる。

　アンディは，仲間としても家庭教師としてもふるまえる，AI による社会的パートナーとして設計されている。その実装は，FAtiMA[283] と呼ばれる定評ある AI エージェント・アーキテクチャに基づいていて，自律的，積極的，反応的，社会情動的に有能にふるまうことができる。具体的には，アンディは前向きで支持的な性格をもつようにデザインされていて，たとえば，いつも子どもの名前を呼んで迎えてくれるし，子どもが交流に参加したときには肯定的なフィードバックを与えてくれ，気が散っているように見えるときには再び活動に参加させようとしたりもする。アンディはまた，気持ちを表すために表情やジェスチャーを使う。たとえば，子どもが活動を始めると，彼は微笑んで親指を立ててくれる。

　ECHOES には指導モデルも含まれており，これは子どもとアンディの相互作用の変化をモニターして，学習目標の達成を助けるものであった。また，学習者モデルもあり，アンディがリアルタイムのフィードバックを適切に与える

第 2 部　どのように？——指導と学習に対する AI の可能性と影響

ことができるように子どもの認知と感情の状態をモニターしていた。

## 7.5 まとめ

ここまで見てきたように，ELE は構造化されておらず，自由に探究できるオープンエンドの学習環境であるため，正しい行動の明確な定義がなく，生徒をモデル化して必要な助言を提供したりすることが難しい。このことを念頭に，クリスティナ・コナーティ（Cristina Conati）らは，数年をかけて学習者モデルの多層的なフレームワークを研究開発し[284]，CCK と呼ばれる ELE に実装した。これは他の ELE にも適用可能性がある。このフレームワークでは，ログに記録された複数の生徒のアクションを使用して，どの行動が修正指導のきっかけとなり，また，どの行動がどのような結果（達成度が高い，または低い）をもたらすのかを学習する。これは，ログに記録されたデータと学習結果に基づいた教師なし機械学習によって，同じように学習する生徒をクラスター化することで行われる。ログに記録されたデータには，使用されたコンポーネント（たとえば，電球），生徒のアクション（ソケットに接続），およびシミュレーション結果（光の明るさの変化）が含まれている。そして，生徒クラスターのモデルを用いて新しい生徒を分類し，より高い学習成果をあげることができるように，ログから予想される行動に基づき，リアルタイムで適応的な支援を提供していく。


# 8. 自動ライティング評価

これまで見てきた AIED の応用例，つまりステップ・バイ・ステップの指導や対話に基づくシステム，そして探索型学習環境はすべて，生徒にコンピュータ（時に，モバイル機器[285]）上で作業をさせ，即時の適応的支援を行いつつ，個別化された学習経路をたどらせるものであった。一方，別のタイプの AIED である自動ライティング評価（automatic writing evaluation；AWE）は，自然言語処理[訳注]と意味処理を用いて，システムに提出された生徒の文章に自

動フィードバックを与えるものである[286]。

［訳注］ 自然言語処理：人間が日常的に使っている自然言語をコンピュータに処理させる技術のこと。補足2，p.198，p.209も参照。

　AWEのアプローチには，大きく分けて2種類ある。それは形成的なもの（評価を受ける前に文章を改善できるよう生徒を支援すること）[287]と総括的なもの（自動採点）[288]である。しかしながら，多肢選択式テストや穴埋めテストの自動採点の伝統と同様，研究開発の関心はフィードバックよりも採点のほうに向けられることが多い。また，AWEの研究が推進されてきた背景には，教師による小規模環境での利用（ローステークスなクラスルームアセスメント[訳注]）にしろ，試験機関による大規模環境（全国規模のハイステークスなアセスメント[訳注]）での利用にしろ，総括的な評価のコストや信頼性，外的妥当性を改善したいという願いがあることも多い。

［訳注］ ローステークス／ハイステークスなアセスメント：ローステークスなアセスメントとは，たとえば，授業等の学習活動内で行われる小テストやポートフォリオ評価などの小規模なアセスメントであり，ハイステークスなアセスメントとは，たとえば，入試や検定試験のような大規模なアセスメントである。

　自動読み取り機が優れているのは効率である。教育試験サービス（Educational Testing Service；ETS）によると，e-Raterは約20秒で16,000のエッセイを採点することができるという。並の教師であれば，土日すべてを使っても150のエッセイしか採点できないだろう。そして，その効率こそが，多くの教育会社が自動システムを構築しようとする原動力となっている。[289]

　こうしたことから，エッセイ（essay）[訳注]のフィードバックと採点の自動化は，おそらくAIED研究で最も資金提供される分野となっており，多くの商業システムが生み出されている[290]。現在，非常に多くのAWEシステムが利用可能であり[291]，それぞれ異なるアプローチと限界をもっているため，ここでもいくつかの著名な例を紹介するにとどめる。

## 8.1 PEG

AWE の始まりは，1966 年，デューク大学のエリス・ペイジ（Ellis Page）による Project Essay Grade（PEG としても知られる）の開発に遡ることができる。PEG のオリジナル版は，提出されたエッセイを，教師によってすでに採点された最大 400 本のエッセイの訓練用セットと相関分析で比較するものであった。このアプローチは，人間の採点に匹敵する予測スコアを達成できることがさまざまな研究で示されている。しかし，PEG は，文の意味や書き方，論の展開よりも，間接的なライティングスキルの指標（文の数，句読点の使用，文法といった表面的な特徴）に焦点を当てていると批判された（言いかえると，エッセイの内容よりも形式を重視していると批判された）。このため，PEG は，エッセイの（表面的ではなく）学術的な質を高めるような意味のある形成的フィードバックを生徒に提供することができず，総括的な点数を示すことしかできなかった。また，このシステムの有効性はどのような訓練用エッセイを選ぶかにかかっており，それによる評価の質もそのセットに対する人間の採点に依存した。しかし近年，PEG は，計算言語学，機械学習，および自然言語処理の技術を使う形で再設計され，ヒューレット財団（Hewlett Foundation）が主催する Automated Student Assessment Prize コンテストにも参加している [292]。

## 8.2 Intelligent Essay Assessor

もう一つの初期の AWE アプローチである Intelligent Essay Assessor（IEA）は，対話型学習支援システム AutoTutor の説明で紹介した統計手法である潜在意味解析（LSA）を用いている。これにより IEA は，単語や文の意味を文脈をふまえて推測し，訓練用コーパスと分析対象の文章の意味的な関連性を計算することが可能となっている。「LSA の基本的な考えは，一節の文章の意味はそこで使用される単語にかなり依存しており，一つの単語を変えるだけで，意味の違いをもたらすことができるというものである。一方，異なる単語を含む 2 つの文章がよく似た意味をもつ場合もある」[293]。

IEA は，事前に採点された多数の生徒のエッセイ，専門家のモデルエッセイ，および知識源となる資料（教科書や学術論文など）などの訓練用テキストと比較することで，提出されたエッセイの類似性スコアを計算し，その平均をとることでエッセイの点数を決める。一方で，このシステムは，分野を代表する重要な文章との比較により，6つの観点（アイデアと内容，構成，文の流暢さ，単語の選択，慣用表現，意見）から診断的，評価的な形成的フィードバックを提供することもできる。また，IEA は剽窃（たとえば，知識源となる資料のテキストをコピーした一節）や共謀行為（仲間内の複数のエッセイに似た一節が現れること）を検出することもできるが，これはどちらも人による採点で行うことは困難だろう（規模の問題ではあるが）。なお，IEA も Automated Student Assessment Prize コンテストに参加している[294]。

## 8.3 WriteToLearn

　近年，IEA のアプローチは国際的な教育企業であるピアソン社によってさらに発展させられ，彼らの製品である WriteToLearn[295] に組み込まれている。現在のシステムは，綿密な形成的フィードバックと総括的な採点の両方を提供するために，幅広い AI 技術を活用している。具体的には，人間によって採点された約 300 の代表的なエッセイを訓練用セットとした教師あり機械学習アプローチにより，一つないしは複数のルーブリック[訳注]を用いてエッセイを評価する。ルーブリックには，焦点，アイデアの広がり，構成，文体，意見，文の正確さ，文の流暢さなどの特徴が含まれる。また，このシステムは，提出されたエッセイのさまざまな誤りを検出することができ，これにより，物語文，解説文，説明文，および説得文の観点からそれぞれに固有の一連のプロンプトを提供することができる。これらはすべて生徒の執筆活動に対する足場かけであり，生徒が次の原稿を改善できるように設計されている。さらに，このシステムは，アイデアや構成，慣用表現，文の流暢さ，単語の選択，意見から質の高い文章の特徴を表すルーブリックを用いて文章を評価し，それに点数をつけることもできる。そのうえ，ソフトウェアの追加的な構成要素として，所与の文章を生徒に要約させ，それを評価したり，フィードバックを与えたりすることもでき，これにより生徒の読解力を向上させることができることが示されている。

ルーブリック：成功の度合いを示す数段階程度の尺度と，それぞれの尺度に見られる
パフォーマンスの特徴を示した記述語からなる評価基準表のこと。

WriteToLearn は 多くの研究でその効果が評価されている。ある2万人以上の生徒と7万の課題を用いた州単位の研究[296] では，生徒は平均して4度，修正した原稿を提出しており（従来の教室における一般的な回数よりも多い），全体のスコアは最高6点のうち約1点分改善していた（効果量は示されていない）。その結果，基本的な文章力と，アイデアや意見などの高度な能力の両方が向上していることがわかった。

## 8.4  e-Rater

第3の AWE アプローチである e-Rater は，教育試験サービス（ETS）によって開発されたシステムであり，GMAT（Graduate Management Admission Test）[訳注] や，より最近のバージョンでは各州共通基礎スタンダード（Common Core Standard）[訳注] などで，広く使われている[297]。ここまでのシステムのように，e-Rater は，自然言語処理によってエッセイから自動的に抽出されるたくさんの言語的特徴（構文の多様性，トピックの内容，語彙および構文の手がかり）を分析する。アルゴリズムは次に，エッセイのすべての特徴に対して，線形回帰と専門家が採点した訓練用セットとの比較により得点を割り当て，最終スコアを計算する。ETS は，文化や第2言語の違いを考慮しても，e-Rater のスコアは広範なテーマにわたって心理統計学的に妥当であると主張している。

［訳注］ GMAT（Graduate Management Admission Test）：ビジネススクール（経営大学院）の入試などで使われる，ビジネスを学ぶために必要な分析的思考力，言語能力，数学的能力を測るための試験のこと。

［訳注］ 各州共通基礎スタンダード（Common Core Standard）：2010年に策定されたアメリカにおける全国統一の学習基準のこと。それ以前に比べ，書く力や説明する力の育成が重視されている。

## 8.5  Revision Assistant

AWE の最後の例として，Revision Assistant，OpenEssayist，AI grading

の3つを簡単に紹介する。ターンイットイン社（Turnitin）は，おそらく，生徒が執筆したものを数十億件ものインターネット文書や論文と自動的に照合する剽窃対策ソフトウェアで一番有名であるが，現在，Revision Assistant も提供している。このシステムは，教師あり学習（少なくとも2人の教師によって採点された訓練用エッセイによる）と教師なし学習（すでに教室で本システムを使用した生徒たちから集められた，何千もの未採点のエッセイによる）の両方を活用することによって，幅広いジャンルの生徒のエッセイ（200語〜700語程度）を評価し，形成的フィードバックを提供するように設計されている。

ターンイットインの分析は，提出されたエッセイを多数の単純なテキストの特徴（単語Nグラム[訳注]やエッセイの長さなど）で表し，複数の方法を用いて予測スコアを計算するものである。たとえば，主要な分析方法の一つは，提出されたエッセイから1文を削除し，その改編が予測スコアにどのように影響するかを判断することである。もし，予測スコアが増加するなら，システムは評価される特定の特性に対してその文が強いと推測する。これによりシステムは，生徒が提出した原稿それぞれに対して，コンテンツの専門家が作成した1,000以上のフィードバックコメントから抽出したルーブリックで，文レベルの形成的フィードバックを自動的に提供することができる。

[訳注] ▎ Nグラム：連続する n 個の単語や文字のまとまりのこと。

教室での観察（本書の執筆時点では，有効性に関する研究は発表されていない）は，システムが自動的にフィードバックを生成することが生徒に好評であり，スコアの向上にもつながっていることを示唆している。ターンイットインは，自動エッセイフィードバックシステムにより，生徒はより頻繁に形成的フィードバックを受けられ，さらに「教師は，時に敵対的になりがちな赤ペン作業から一歩離れて，生徒のそばでフィードバックの解釈の模範を示しながら，指導者や読者としてクラスと関わることができる」と主張している。

## 8.6　OpenEssayist

イギリスのオープン大学とオックスフォード大学が開発したOpenEssayist[298]

は、やや違うアプローチをとっており、やはり自然言語処理を用いるが、フィードバックを生徒にどのような形で提示するのがよりわかりやすいかに焦点を当てている。システムの言語分析エンジンは、教師なし学習のアルゴリズムを用いて生徒のエッセイからキーワード、フレーズ、文を分類し、その外的表現をさまざまな形で生成する。たとえば、キーワードとフレーズはワードクラウド（word cloud）[訳注]で可視化され、それを検討したりグループに整理したりできる。また、生徒にエッセイの内容のふり返りを促すために、自動生成されたアニメーションを提示したり、インタラクティブな演習を行ったりする。これは、生徒が文章を改善するのを支援すると同時に、より高次の学習プロセス、つまり自己調整学習、自己認識、メタ認知を高めることを目的としている。

[訳注] ┃ ワードクラウド（word cloud）：個々の単語を頻度に応じて大きさや色などを変えて表示する手法。

## 8.7　AIによる採点

　最後の例は名前がないが、MOOC（massive open online course；大規模公開オンライン講座）のプラットフォームであるEdX[299]において、何千人もの受講者のエッセイを採点しなければならないという問題に対処するために開発されたシステムである。このシステムは、教師が採点した何百ものエッセイで訓練され、教師がつくったルーブリックで構成された革新的な機械学習アルゴリズムを用いている[300]。ただし、このEdXシステムは現在使えないようで詳しいことがわからないため、ここでは簡単に言及することしかできない。にもかかわらず、ここで取り上げたのには2つの理由がある。一つは、指導と学習に対するMOOCアプローチがさらに発展するには、これまでにない規模で生徒の投稿を評価する方法が欠かせないからであり、もう一つは、このシステムが、エッセイの自動採点のプロジェクト全体に対する批判的な反応を引き起こしたことである。「ハイステークスなアセスメントにおける生徒のエッセイの機械採点に反対する専門家の会」（Professionals Against Machine Scoring Of Student Essays In High-Stakes Assessment）のウェブサイトには、その批判が簡潔かつ包括的に述べられている。

調査によると，コンピュータ化されたエッセイの採点はその性質上，些細なものであり（単語のサイズ，トピックの語彙，論文の長さなどの表面的な特徴のみでエッセイを採点する），単純化されていて（小学校レベルの作文のみを取り扱う），不正確であり（生徒が書いたものから多くのミスを見逃し，ミスのない場所でミスを見つける），診断不能であり（その後の執筆パフォーマンスとほとんど相関がない），不公平であり（少数民族および非母語の書き手を差別する），秘密主義的なものである（テスト会社が自社製品に対する独立した調査を妨げる）。[301]

　最後に，ここまでとは逆の問題を提起する必要があるだろう。質の高いエッセイを自動的に執筆（生成）することができる AI 技術を生徒が利用できるようになったらどうなるだろうか？（必然的に，自動執筆と自動評価の間でどっちが上かを競う軍拡競争が始まるのか？[302]）　現時点ではまだ理論上の話であるが，その状態がそう長く続かないことはほぼ確実である。

# 9. 他にどのような AIED があるのか？

　ITS の議論で見たように，新しい AIED 技術を用いた新しい応用例が毎日発表されているので，教育における AI の応用に関する調査は，常に完全ではない。これは，AI に対する一般の関心が高まっていることによるものであり，また，より高速なコンピュータプロセッサ，大量の教育用ビッグデータ，および新しい計算手法が可能にした最近のさまざまな進歩を背景としている。実際，教育は多くの AI 開発者にとって重要な焦点となっており（最初に述べたように，AIED の市場は 2024 年までに 60 億ドル規模になると予測されている），Google でちょっと検索をするだけで，生徒を支援し学習成果を向上させると主張する AI 製品が何百も見つかるだろう。EdTech 分野のコンサルタント会社であるゲッティングスマート社（GettingSmart）は 最近，そうした「機械学習を活用してより良い教育をサポートする（あるいはその予定の）商用アプリ

表 2-9-1

| 次　元 | 例 |
|---|---|
| 学習者のタイプ | 幼少期。幼稚園から高等学校まで（K-12）。<br>高等教育。インフォーマル学習。専門家。<br>特別な支援を要する生徒 |
| 学習領域 | 数学や物理学から語学や音楽，その他まで |
| 学習アプローチ | ステップ・バイ・ステップの指導による適応学習<br>対話型適応学習<br>探索型学習<br>ライティング分析 |
| 学習サポート | 学習診断。個別指導。評価。ネットワークづくり。<br>チャットボット |
| 指導サポート | 学習者の自動プロファイリング。スマート採点簿 |

ケーション」の検索結果を 32 種類にまとめ，リストとして公開している[303]。

　実際，表 2-9-1 にまとめたように，既存の AIED の応用例のほとんどは，5 つの相補的な次元から分類できるだろう。1）AIED が対象とする学習者のタイプ，2）AIED がカバーする学習領域，3）AIED が促す学習アプローチ，4）AIED が提供する学習サポート，5）AIED が提供する指導サポート。AI はまた組織のレベル（学習の外）でも，学習管理システム（MOOC 等）と学校管理プラットフォーム（授業の時間割作成，職員のスケジュール管理，施設管理，財務，サイバーセキュリティ，安全性とセキュリティ，電子認証の処理など）の形で応用されている（ただし，教育における AI の管理運営面での利用については，本書の範囲を超えている）。また，AIED テクノロジーの重要な区別に，生徒を直接サポートするように設計されたものか（前述の ITS，DBTS，ELE，AWE システムなどの生徒向けツール），生徒をサポートする教師を支援するように設計されたものか（教師向けツール）の違いがあるが，これについてはまた後で述べたい。

　ここでは，教育への AI の応用について，さらに 6 つのツールや技術を紹介して結論としたい。そのうちのいくつかは，すでに述べた AIED アプローチをもとに構築されており，一方，他のいくつかはまた違う AI 技術を採用している。まず，ITS プラス（ITS+）と呼ぶべきものから始め，次に AI が

サポートする言語学習，チャットボット（chatbot），拡張現実（augumented reality；AR）と仮想現実（virtual reality；VR），そして学習ネットワーク編成器（learning network orchestrators）について紹介する。

## 9.1　ITS プラス：ALT School，ALP，Lumilo

　ITS プラスとは，標準的な ITS（知的学習支援システム）の機能を強化，拡張するアプローチのことであり，ITS の適用範囲を拡大したり，別の機能を追加したりすることを意味する。最初の例は，元 Google 幹部が設立し，慈善団体チャン・ザッカーバーグ・イニシアチブ（Chan Zuckerberg Initiative）が出資するシリコンバレーのベンチャー，ALT School[304] である。ALT School が従来の学校と異なるのは，ビッグデータによる ITS アプローチを利用して，学校全体で生徒に個別の学習を提供していることである。言いかえれば，これは事実上，全校的 ITS である。ALT School のすべての生徒には，各生徒向けに自動生成された，習熟度向上のための活動のプレイリストが毎週提供される。これらの活動に参加している間，彼らのやりとりに関する幅広いデータが記録され，分析される。そして，各生徒の長所，短所，進捗を含む活動の結果が教師に提供される。また，教室の壁に取りつけられたカメラが撮影した生徒の様子のビデオ映像も，生徒の集中度の指標を示すために AI 技術で分析される。興味深いことに，ALT School は最近，ビジネスモデルを転換したようである[訳注]。おそらくは次の例に触発されたのだろうが，彼らは今では自分たちで学校を運営するのではなく，その技術を他の学校に提供するようになっている。

> [訳注] ┃ ALT School：2019 年から Altitude Learning 社となっている。

　2 つ目の ITS プラスは，キダプティブ社（Kidaptive）[305] の ALP（adaptive learning platform）である。これは AI を利用できない教育テクノロジーの開発者に「サービスとしての AIED エンジン」を提供するものであり，言いかえれば，標準的な EdTech にバックエンド[訳注]として ITS 機能を提供するものである。パートナー企業は，クライアントまたはサーバ側のソフトウェア開発キット（SDK）を使用して自社の EdTech 製品を ALP に接続し，リアルタ

イムでユーザーデータを分析する。ALP は，さまざまな学習文脈からのデータストリームを集約して，個々の生徒のやりとり，好み，達成度に関する詳細な心理統計学的プロファイル（学習者モデル）を作成する。次に項目応答理論を使用して，その生徒に最適な次の課題，教材，または活動を決定し，その結果をパートナー企業の EdTech 製品によって生徒に配信する。ALP はまた，教師と保護者に，個々の学習者を支援する最善の方法についてのパーソナライズされた意見や提案を提供する。

> ［訳注］ バックエンド：ソフトウェアやシステムの構成要素のうち，利用者から見えないところで処理を行う要素のこと。

　最後に，最も興味深い ITS プラスを紹介しよう。Lumilo[306] である。今のところ研究プロジェクトにすぎないが，Lumilo では，複合現実（mixed reality）を使ったスマートメガネを使用して，教師が生徒を見るだけで生徒のリアルタイムな ITS データにアクセスできるようにする。言いかえれば，教師は Lumilo を使うことで，コンピュータがないときと同じように生徒たちと関わりながら，ITS による適応学習と分析を活用することができる。

　このツールは，ITS を利用している教師たちが「生徒が行き詰まったことが（その生徒が手を挙げていなくても）即座にわかるようになってほしいし，生徒が課題をさぼっているか，あるいは操作を間違っているかをすぐに検出できるようになってほしい。また，生徒が考えを一つずつ進める様子がリアルタイムでわかるようになってほしい」と思っていることを示す研究[307] から生まれた。典型的な ITS はこの情報の多くを提供するかもしれないが，経験豊富な教師がいつも拾い上げて利用している生徒が示す微妙な手がかりを登録したり，強調したりすることはできない。

　そこで，Lumilo の透明なスマートグラスは，教師から見た教室の景色の上に，生徒の行動や学習状況に関するリアルタイムな指標を重ね合わせて表示する（つまり，拡張現実システムとして機能する。詳細は後述）。生徒が ITS に取り組む様子[308] を見ながら，教師が教室を見回すと，生徒の頭の上に要約的な情報が浮かんでくる。また，ある生徒を見て，手持ちのクリッカーをクリックするか，特定の手振りをすると，その生徒の画面のライブ映像やより詳細な情

報（生徒が犯した間違いの数や要求したヒントの数など）が表示される。ITS
データと教師の観察という2種類のデータを組み合わせることで，Lumiloの
研究者らは，教師が，その意思に応じて生徒に適切に介入できるようにするこ
とを目指している。

## 9.2　言語学習：Babbel と Duolingo

　最近，著しい成長を見せている教育AIの応用例は，言語学習である。ちょっ
とわき道にそれるが，おそらく近年における自然言語処理の最も革新的な応
用例は，2017年のGoogle Pixel Buds[309]の導入だろう。これは前に述べた自
然言語処理における統計的アプローチの研究から発展したものである。Pixel
Buds のアルゴリズムは，2つの話し言葉を（完璧とはほど遠いが）リアルタ
イムで翻訳することができ，言語を共有していない2人の話し手が適切な会話
をすることを可能にする。「スタートレック」（*Star Trek*）の万能翻訳機[310]や，
「銀河ヒッチハイクガイド」（*The Hitchhiker's Guide to the Galaxy*）のバベ
ルフィッシュ[311]を思い出してほしい。ついに待望のSFガジェットが実現し
たのである。

　とはいえ，他の言語を学ぶことには今でも十分な理由がある[312]。AIを使っ
た商用の言語学習製品で最も有名なものは，公教育の現場で広く使われている
かはわからないが，Babbel と Duolingo の2つである（他に似たようなものと
して，Memrise[313]，Rosetta Stone[314]，Mondly[315]を選ぶこともできる）。

　最初の例は，Babbel[316]である。Babbel は約10年前から AI による音声認識
（および一般的な ITS パーソナライズアルゴリズム）を使って言語学習を支援
してきた。そのアプローチは，生徒が話した言葉とネイティブスピーカーの
コース担当者による音声サンプルを比較し，生徒が発音を改善するのに役立つ
フィードバックを即座に提供するというものである。それを行うには主に2つ
のステップ，すなわち，単語の認識と発音の評価があり，どちらも難しい課題
である。単語を認識するためには，まずユーザーがいつ話し始め，いつ止めた
のかをシステムが検出しなければならない。これは，典型的な環境では，周囲
の雑音（後ろで話している人の声や頭上を飛ぶ飛行機の音など）を除去しなけ
ればならないことを意味する。次に，音声サンプルのデータベースと比較しな

がら単語を認識し，その発音をチェックするが，それには異なる人々（男性／女性，若年／高齢）がまったく異なる音声を有すること（彼らは異なった周波数とテンポで話す）を考慮しなければならない。

Duolingo[317]も音声認識を使用しているが，ここでは，そのITSスタイルのパーソナライゼーションの利用に焦点を当てる。Duolingoのアプローチは，学習科学で確立された2つの原則，すなわち分散効果[318]（spacing effect；集中練習や詰め込み学習よりも，間隔をあけた練習や短い学習を散りばめたほうがより効果的に覚えられる）とラグ効果[319]（lag effect；練習の間隔を徐々に長くすることで，よりよく学ぶことができる[320]）に基づいている。そのためDuolingoでは，ライトナーの学習箱法[321]（Leitner Box method；誤って解答されたフラッシュカードを，すぐまた現れるよう収容ボックスの前のほうに残し，一方，正しく解答されたカードはボックスの後ろに送って，再び現れるまでに時間がかかるようにするカード学習法）に基づくアルゴリズムが，生徒に練習用単語を示す最善の時間を予測する。それは，生徒がある単語を正確に思い出せる確率を，その単語を最後に練習したときからの経過時間と単語記憶の半減期（学習者の長期記憶における単語の強さ）の関数として推論して行われる。この予測は，生徒の過去の学習経験を追跡したデータ（その単語を見た回数，正しく想起された回数，正しく想起されなかった回数）を組み込んだ学習者モデルに基づいている。2012年の独立した研究によると，Duolingoを使った生徒は，大学における標準的な語学クラス1学期分の学びと同程度の効果でスペイン語の能力が向上したという（しかし，この研究ではDuolingoを標準的な語学クラスや類似の製品と直接比較しておらず，効果量も示していない）。

## 9.3　チャットボット：Ada と Freudbot

AIチャットボットの前身である，自然言語で会話できるように見える最初のコンピュータプログラムは，ELIZA（補足2で説明する）であった。その後50年の開発の後，今やチャットボットが主流になり[322]，5大IT企業からデジタルアシスタントとして世に送り出されている。すなわち，AmazonのAlexa，AppleのSiri，FacebookのMessenger[323]，GoogleのAssistant，そしてMicrosoftのCortanaである。ただし，必ずしも順調に進歩しているわけで

はなく（Microsoft のチャットボット Tay が人種差別的な暴言をツイートした
ことを覚えているだろうか？[324]），チャットボットがチューリングテスト[325]
（Turing test；人間が，あるコンピュータのふるまいから人間かコンピュータ
かを決めることができない場合，そのコンピュータはチューリングテストに
合格したと言われる）を誰もが納得いく形で通過した例もまだ存在しない。そ
うは言っても，最近，Google Duplex のチャットボットは，レストランの予約
や美容師にアポを入れることに成功している（しかし，デモは明らかに周到
に準備されたもので，少なからず物議を醸した[326]）。チャットボットにはまだ
課題はあるものの，ある「サービスとしてのチャットボット」（chatbots as a
service）提供企業[327]は，すでに 30 万以上のボットが自分たちのツールセッ
トでつくられていると主張している。しかも，これは数あるプラットフォーム
の一つにすぎないのである[328]。

　一般に，チャットボットは，あらかじめプログラムされた応答選択のルール
やキーワードを使ったり（ELIZA や現在の単純なボットの場合），ユニークな
応答を生成する適応的な機械学習アルゴリズムを使ったりして（Siri, Duplex,
Tay などのより洗練されたボットの場合），メッセージ（SMS テキスト，ウェ
ブサイトのチャット，ソーシャルメッセージの投稿，音声）に自動的に応答す
るよう設計されている。チャットボットはあらゆる場面で急速に普及しており，
フライトの予約[329]から，食べ物の注文[330]，医者[331]や金融アドバイザー[332]
の役割，採用[333]，会計[334]，買い物の手伝い[335]，パーソナルコンパニオン[336]，
そして不安に苦しむ若者のサポート[337]などのために使われ始めている。

　チャットボットはまた，教育場面でもさまざまな用途で使われるようになっ
てきている。たとえば，自分の専攻課程について初めて質問をする学生は，欲
しい情報を教えてくれるロボットと会話していることに気づくだろう[338]。ま
た，一部のシステムでは[339]，チャットボットが教育サービス，宿泊，設備，試験，
IT，健康などに関し，継続的に学生をサポートし助言を与えてくれたりもす
る[340]。さらに，状況によっては，チャットボットは学習を直接サポートする
ことにも使用される。実際，前述した DBTS（AutoTutor や Watson Tutor など）
は，教育的チャットボットの特殊なケースと考えられる。たとえば，チャット
ボットは生徒の省察と自己効力感をサポートするためのフィードバックを提供

するだろうし[341]，また，すでにいくつかの言語学習アプリは，現実をシミュレートした世界でチャットボットを利用することで，学習者が恥ずかしがらずに話すことができるように工夫している[342]。

　しかし これは，チャットボットが教育の特効薬であることを意味するものではない。たとえば，生徒の「外国語で意思疎通しようとする意欲は，……人間の学習パートナーの場合と比べて，パートナー役を務めるチャットボットへの生徒の関心が薄れるにつれ急速に減少していくようだ。これは，単なる目新しさの効果なのかもしれないし，人間のアシスタントに比べてチャットボットの価値が低いことが原因で起こるのかもしれない」[343]。

　典型的な教育チャットボット（前述の DBTS に加えて）は Ada と Freudbot である。Ada[344] はイギリスのコミュニティカレッジが開発したもので，IBM の Watson Conversation のプラットフォームを利用している。Ada は，限られたリソースと「サービスとしての AI」技術を使うことで，教育チャットボットをどのように実現できるかを示している。コンピュータの先駆者であるエイダ・ラブレス（Ada Lovelace）にちなんで名づけられた Ada は，複数のデバイス（デスクトップ，モバイル，およびインターネットキオスク[訳注]）で利用可能であり，学生の幅広い質問に答えることができる。より具体的には，学生のコース，進捗状況，目標，個々の達成目標などのデータを利用しながら，文脈に適した回答をその人に合わせて提供することができる。Ada はすでに，図書館，学生サービス，金融，宿泊施設，交通機関，キャリア，試験についての質問に答えることができ，あらゆるやりとりを通じてより多くのことを学んでいく。たとえば，ある学生はその日の午前中の講義について聞くかもしれないし，明日の試験がどこで行われるのかや，最近の課題でどのような成績が得られたのかなどを Ada に尋ねるかもしれない。一方，教師は最近参加した専門性向上のためのワークショップのリストや特定の学生の学業成績について尋ねたりすることができる。

[訳注]｜インターネットキオスク：公衆の場に設置されているインターネット接続のための情報端末。

　初期のチャットボット（実際には初期の DBTS）である Freudbot[345] は，（Ada

のように，大学や授業に関する情報を学生に提供するように設計されているのではなく）学問的な会話に学生を参加させるものであった。Freudbot は精神分析家のジークムント・フロイト（Sigmund Freud）の役割と人格を受け継ぎ，彼の理論や人生について入門的な心理学を学ぶ学生たちと一人称でチャットしたのである。Freudbot は，簡単に使える機械学習技術ができる前に開発されたので，オープンソースの伝記と大学のリソースとしてあるフロイト派の用語や概念の解説を利用して，あらかじめプログラムされた回答をルールとキーワードから選択するものであった。そして，学生の質問や回答がそのルールの範囲外であった場合，Freudbot は明確化を求めたり，議論のための新しい話題を提案したりといった安全策をとるようになっており，常に，ユーザーをフロイトに関する熱い議論に戻そうとした。

## 9.4 拡張現実と仮想現実

　仮想現実（virtual reality；VR）と拡張現実（augumented reality；AR）は，多くの人が教育に応用しようとしてきた 2 大イノベーションである[346]（たとえば Google は，教育目的で用いるための 1,000 を超える VR・AR 探索ツアーを開発した[347]）。VR は，物理的な世界を遮断した没入体験を提供し，VR ゴーグルを着用しているユーザーを国際宇宙ステーションや手術室[348]，ホグワーツ城[349] など，さまざまな世界に連れて行ってくれる。一方，AR は先に Lumilo で見たように，スマートフォンなどのデバイスを通じて，ユーザーが見た現実世界の上に（戦闘機のパイロットのヘッドアップディスプレイのように[350]），コンピュータが生成した画像を重ねて表示する。その目的は，ユーザーの現実の視界を強化したり，コンピュータと仲介したりすることである。たとえば，スマートフォンのカメラをある山並みに向けると，それぞれの山の名前と標高が重ねて表示されるし[351]，QR コードにカメラを向けると 3D の心臓が現れ，それを詳しく調べることができる[352]。また，街中の特定の場所では，ポケモンのキャラクターが捕まえられるのを待っていたりする[353]。VR と AR は，従来は AI テクノロジーとは考えられていなかったが，どちらもユーザーエクスペリエンスを向上させるために[354]，AI の機械学習，画像認識，自然言語処理と組み合わされることが多いことから，ここで触れさせてもらう。

30 人の生徒全員がゴーグルをつけて他の世界に没頭していることを想像すると，担任教師はぞっとするだろうし，「VR は本質的に，動機づけや学習の面で，すべての体験を向上させるわけではない」[355]。しかし，賢く使えば，VR も AR も教育者の道具箱の有用なツールになる可能性がある。簡単な例をいくつかあげると，たとえば VR は，個に合わせた放射線治療を乳癌患者に行うにあたり，その不安を仮想体験で軽減する目的で効果的に使用されてきたし[356]，VR シミュレーションは，脳神経外科の研修医にさまざまな外科手術をトレーニングさせる用途や[357]，生徒が歴史的な人物と直接対話できるようにする用途[358]で広く使用されてきた。また，VR 教室は，研修中の教師に「心が引きつけられる，現実的でインタラクティブな仮想教室を提供し，仮想の生徒と現実そっくりの交流をする」[359] ためにも使用されている。研究者らはさらに，VR を利用した没入型シミュレーションで生徒の体験を向上させることを提案している。たとえば，ハーバード大学で開発された没入型のマルチユーザー仮想環境とそれと結びつけられた質問ベースのカリキュラムである EcoMUVE[360] では，生徒が科学者となり仮想生態系で調査やデータ収集をすることで生態系について詳しく学ぶことができるようになっている。VR インターフェースは一部の課題をより難しくするかもしれないが，研究者らは，仮想環境の中でそこにいるという感覚を高めることによってシミュレーションをより現実的にすることができ，その結果，仮想世界から現実世界への学習の転移が促進される可能性があると示唆している[361]。

　一方，AR は，化学の理解を深めるために有機分子の 3 次元モデルを調べたり，操作したりできるようにすることや[362]，小学校の児童が歴史について学ぶのを助けること[363]，AR 対応デジタルゲームベースの学習環境において生徒の読解を支援すること[364] などのために使われてきた。これらの例は，教育における VR と AR について調べた結果[365] のほんの一部を紹介したにすぎない。

## 9.5　学習ネットワーク編成器：Third Space Learning と Smart Learning Partner

　学習ネットワーク編成器（learning network orchestrators；LNO）[366] は，学習に関わる人々のネットワーク（生徒と同級生，生徒とその教師，生徒と産

業界の人々）をつくり，その活動を支援するツールまたはアプローチである。LNO は一般的に，参加者の都合やテーマとなる領域，参加者の多様な専門性に基づいて参加者同士をマッチングし，両者の協調や協力を促すことができる。LNO により「参加者は互いに交流し，学習体験を共有し，関係を築き，アドバイスを分かちあい，レビューを与え，協働作業や協働制作をすることなどができる」[367] のである。AI 技術は LNO 製品に徐々に導入されつつあり，このつながりづくりの大部分を自動化し，これまで達成できなかったネットワークの可能性を広げている。

　たとえば，Third Space Learning は，新しい取り組みとして，算数が苦手なイギリスの小学生をインドとスリランカの算数指導者と結びつけている。このシステムは個別指導を支援するものであり，指導者と生徒は双方向の音声通信と対話型ホワイトボードを備えた安全なオンライン仮想教室で互いにやりとりをする。AI は，毎週何千時間もの指導や学習をすべて自動的にモニタリングして，膨大な量のデータを生成するために導入されている。次に，アルゴリズムはリアルタイムのフィードバックで指導者を導き，それにより，広く支持された学習科学の原則に基づく台本に沿って指導をさせたり，指導者が気づかなかった生徒の理解の誤りを（個々の学習者モデルと全体的な学習者モデルを比較することで）特定したりして，指導者が絶えず指導技術を向上できるようにしてくれる。

　一方，Smart Learning Partner[368] は，はるかにシンプルな AI テクノロジーを利用して，生徒が自分の学習をコントロールできるようにしている。これは北京師範大学の未来教育先端イノベーションセンター（Advanced Innovation Center for Future Education）と北京市通州区の共同研究の成果である。Smart Learning Partner システムの核心は，携帯電話を介して生徒と人間の家庭教師をつなぐ AI を用いたプラットフォームである。このプラットフォームは AI をデートアプリのように使っているが，マッチングさせるのは生徒と指導者であり，それは生徒の質問，指導者の専門分野の他，指導者の都合とこれまでに指導を受けた他の生徒がその指導者に与えた評価に基づいている。生徒はアプリを使って指導者を検索し，学校の授業に関して知りたいことを聞くことができ，さらに，20 分間のマンツーマンのオンライン個別指導（音声と

画面のみが共有される）を受けることもできる。

# 10. 他にできることは何か？

　これまでに論じてきた AIED の多くは，AI 技術を現在主流の学習アプローチに応用したものであり，今ある教育の前提や実践を反映（あるいは自動化）したものという傾向が強かった。加えて，いくつかの注目すべき例外はあったが，多くの AIED は，（意図的であろうがなかろうが）教師に取って代わるか，教師の役割を作業的なものに変えるよう設計されており[369]，教師がより効果的に教えるための手助けをするようにはデザインされていない。このアプローチは，教師がほとんどいない環境では役立つかもしれないが，教師に特有のスキルと経験，そして，社会的な関係の中で行われる学習と指導への学習者のニーズを明らかに過小評価している。しかし考えてみると，AI はコンピュータに向かう生徒の指導を自動化するだけでなく，AI でなければできない形で指導と学習の可能性を切り開き，今ある教育に挑戦したり，教師の能力を高めたりしてくれるかもしれない。ここでは，いくつかの可能性について考えてみたい。そのうちのいくつかはすでに論じた AIED ツールが先駆けとなっているが，その他のものは新しいものであり，達成への道のりが複雑で，また，すべてが興味深い問題を提起するものである。まず，協働学習を支援するための AI について紹介し，次に AI による生徒フォーラムのモニタリング，継続的評価を支援するための AI，AI による生徒の学習コンパニオン，そして教師のための AI ティーチングアシスタントについて考える。そして最後に締めとして，学習科学をさらに発展させるための（言いかえると，私たちが学習について理解を深めることができるようにする）研究ツールとしての AIED について説明する[370]。

## 10.1 協働学習

　生徒が協力して問題を解決する協働学習（collaborative learning）がより良い学習成果を導くことはよく知られているが，学習者の効果的な協働を達成

することは難しい[371]。そこで，AIEDがさまざまな可能性を提供してくれる。まず，AIEDツールは，個々の学習者モデル（それぞれのモデルは，生徒の過去の学習経験と達成状況，生徒が他の教室で学んでいること，生徒の性格などの知識から構成される）のつながりを利用したり，つくり出したりすることで，特定の協働作業に最も適した生徒グループを自動的に提案することができるだろう[372]。このツールは，教師の求めに応じて，能力がバラバラの生徒グループや類似したグループを提案することもできるし，特定の生徒がリーダーを引き受けるようにしたグループ，性格や気性がぶつからないようにしたグループなども提案するだろう。もちろん，教師はツールの提案を簡単にくつがえすこともでき，AIは次の機会に向けてこの経験を学習する。また，AIEDツールが熟練した進行役や司会者のはたらきをして，生徒の協働活動をモニターし，共有すべき概念を生徒が理解できず困っていることを認識した場合などに，対象を絞った助けを提供することも考えられる。あるいは，AIEDは，グループディスカッションに積極的に参加する仮想エージェント（仲間や，教えることができるエージェントとしてふるまう）になったり，状況に応じたつながりをつくり出す仮想エージェント（同じ教室の他のグループによる議論とつなげたり，セマンティックウェブ[訳注]から引き出した関連資料とつなげたりする）となるかもしれない。しかし実際のところは，協働学習を支援するAIの研究はいくつか行われてはいるが[373]，現実の教室で利用できるようになるまでにはまだ解決すべき多くの技術的問題がある。

[訳注] セマンティックウェブ：Webサイト中の情報がもつ意味をコンピュータに理解させ，コンピュータ同士で処理を行わせるための技術のこと。ここでは，それによりつくられたWEBサイトのことを指している。

## 10.2　生徒フォーラムのモニタリング

　幅広い年齢の生徒がオンライン教育に参加するようになってきているが，そこではディスカッションフォーラムを利用することが一般的である。生徒は，与えられた課題への回答をフォーラムに投稿したり，あるいは，協働学習の一部として投稿したりするだろう。また，生徒は，コースの受講条件を明確にし

たり，教材について質問したりするためにチューターに向けて投稿することも
あるだろう。このため，特に生徒集団が大規模である場合（キャンパスが離れ
た大学や MOOCs で典型的であるように），これらのオンラインフォーラムは
膨大な数の投稿を生み出し，そのすべてをモニターし，調整し，対応すると
う仕事が生まれる。そして，フォーラムの投稿数が増えるに従い，この仕事は，
よくてもチューターの時間を非効率的に使わせることになるし（細かい作業を
繰り返し行うことになる），最悪の場合，徐々に実行不能な仕事になっていく。
また，投稿数が多すぎると，自分の興味につながる他の生徒の投稿を生徒が追
いかけることが難しくなる。

　AIED は，これに対し特に教師やチューターが生徒に対してより良いサポー
トができるように，さまざまな形で役立つと思われる（やはり，すでにいくつ
かの研究がこの分野で行われている [374]）。第 1 に，AIED ツールはフォーラム
の投稿を選別するために，自動で処理できるもの（「いつまでに提出すればよ
いですか？」など，コースの日程に関する実務的な質問）と，人間のチューター
が返答する必要があるもの（より深い核心的な問題を議論するような質問）を
識別してくれるだろう。AIED が扱える単純な投稿は即座に自動応答すること
で，チューターの反復作業が軽減されるし，生徒は実質的な活動にすぐに取り
かかることができるようになる。一方，他の投稿は自動的に人間のチューター
に照会され，その投稿がどのようなものであっても，生徒は質の高い適切な回
答を受け取ることができるだろう。

　これを一歩進めて，対応に時間のかかる投稿（まだ数は多いかもしれない）
を分析して，よく似た投稿や同じ問題についての投稿を識別し，集約すること
に AIED を使うこともできるだろう（1,000 人の生徒がいるコースでは，コー
スの一つの活動に対して 1,000 のバラバラな回答があるのではなく，むしろ密
接に関連した投稿がごく少数だけあると考えられる）。そして，人間のチュー
ターが少数の集約された投稿に返答を書き，それが発信元の投稿者全員に返信
される。こんな方法よりは，生徒それぞれにちゃんと返信するほうがよいとは
思うが，大規模なオンラインコースでよくあるように，生徒がまったく返答を
受けられないケースよりは明らかにましだろう。生徒フォーラムで役立つ別の
アプローチは，AIED が投稿間の関係性を解釈し，そこに動的なつながりをつ

くり出すことである。それによって，特定の話題が立ち上がったときにチューターに知らせて対応させたり，興味があると考えられる他の投稿について生徒に知らせたりすることができる。

　最後に，AIED は感情分析の AI 技術を利用して，ネガティブまたは非生産的な感情状態の投稿（過剰負担を抱えていたり，ドロップアウトしそうだったり，精神的な問題を抱えている可能性があるかもしれない）や，許容しがたい投稿（人種差別的，女性蔑視的，意味もなく攻撃的なコメントなど），話を脱線させる投稿（フォーラムの投稿を当初の意図からそれたものにしてしまう）を識別することもできるだろう。そのような投稿（投稿数が多いため人間が見逃しやすい）は人間のチューターに照会され，チューターが（デジタルの介入に頼るのではなく，生徒に電話で話すことで）迅速かつ適切，効果的に対応する。これらのさまざまな技術を組み合わせることで，生徒の意見やみんなが困っていること，フォーラムに周期的に現れるテーマのことを，チューターが常に把握できるようになるだろう。

## 10.3　継続的な評価

　心理学者や教育者は，一つのテストの点数から子どもの力を決めるのは間違いであり，判断はそれぞれの子どもに対するバランスのとれた全体的な理解に基づくべきであると認識している。数値や点数は，全体像を考慮しないと大きな誤解をまねく可能性があるため，定性的アプローチと定量的アプローチの両方を使用すべきである[375]。

　その妥当性，信頼性，正確性についての証拠はほとんどないにもかかわらず，ハイステークスな試験は世界中の教育制度で中核をなしている[376]。その理由はおそらく，これまでずっとそうだったからであり，また，生徒を効率的にランクづけできるためであり，実用的で費用対効果の高い代替案が考案されていないためでもあるだろう。さらには，この仕組みを運営している人々がそのような試験で最も成功した人々であるためかもしれない（そのような人々は仕組みを変化させる必要性に共感できない）。理由は何であれ，ハイステークスな試験が実施されているため，学校や大学では，深い理解や真の応用よりもルーチン的な認知スキルや知識の獲得のほうを優先して，試験のための教育で

終わってしまっていることがあまりにも多い。言いかえると，生徒や幅広い社会からのニーズではなく，何を教え，何を学ぶかを試験の存在が決めてしまっているのである。一方で皮肉なことに，AIテクノロジーは，主に試験で評価する類いの知識をまさに自動化している。「人間の知能には自動化できない要素がたくさんあるが，私たちが重視してきた学力試験の成功に関連する部分は，なんとか自動化できたものの一つである」[377]。いずれにしても，中断テスト形式の試験（stop-and-test examinations；学習スケジュールの特定の時期に実施するため学習を中断してしまう，問題が事前にわからない標準的なテスト）では，生徒が学習したすべての内容の理解度を厳密に評価することはできない。せいぜい，学習した内容の断片的なスナップショットが得られるだけである。最後に大事なことを言うと，あらゆる年齢の生徒が時に深刻なテスト不安に悩まされており，これは一般的な3時間の修了試験での成功にいとも簡単に悪影響を与えてしまう（そして，その正確性と信頼性をさらに曇らせている）。

　にもかかわらず，この分野におけるほとんどのAIED研究は野心的とは言えず，基本原理そのものに挑戦するのではなく，既存の試験用システムの改善にばかり焦点を当ててきた（たとえば，オンラインで試験を受ける生徒の身元を認証するAI技術の開発など[378]）。しかし，これまで見てきたように，典型的なITSや他のAIEDツールは，対象を絞ったフィードバックを提供したり，問題としているトピックを生徒が習得したかを評価したりするために，常に生徒の進捗をモニターしている。同様の情報は，協働学習を支援するように設計されたAIEDツールでも収集することができるし，また自動エッセイ評価ツールも生徒の理解について推論することができる。これらすべての情報やその他の情報は，生徒のノンフォーマル学習（たとえば，楽器や工作，その他の技能を学ぶこと）やインフォーマル学習（たとえば，言語学習，体験や参加による学習を介した文化の学び）に関する情報とともに，フォーマルな教育におけるすべての時間で収集・整理され（学習科学では構成的な評価活動に生徒が参加することの重要性が昔から知られている），学習者の全体像を形成するために役立つことになる。言いかえれば，AIによる評価は常にバックグラウンドで行われている。このため，生徒がズルをしたり，システムの意図に反する行為をしたりすることは（裕福な家が家庭教師を雇うケースのように）ほぼ不可能

だし[379]，生徒が満足いく点数が得られるまで必要な回数だけテストを受けることもまずできない。

　そして，このような個々の生徒についての詳細かつ繊細な情報は，知の履歴書である，AIを使ったeポートフォリオ[訳注][380]（拡張されたオープン学習者モデル）に表されるだろう（ダイナミックな画像として視覚化されるかもしれない）。このeポートフォリオは，ビットコインのような仮想通貨で使われているブロックチェーン技術[381]によって信頼性が保証される（ブロックチェーンは，暗号化技術を使ったリンクにより，インターネット上の何百万ものコンピュータによって管理された，オープンな分散型台帳であり，検証可能で破損なく，アクセス可能な方法でデータを共有できる）。これにより，生徒は自分のすべての学習経験と達成状況について，頑健で深い，認証された記録をもつことができる。それは，何枚もの修了証明書よりもはるかに詳しく，また使いやすい。このスマート履歴書の一部またはすべては，自分の学業上の姿やデータを完全に管理して，さらなるコースへの入学や新しい仕事に応募する際にも共有されるだろう。学習者の視点から見た利点をもう一つ言うと，継続的な評価は，個人的に不利な状況やついていない日の成績低下の影響をならす「移動平均」や「緩衝装置」として働いてくれるだろう（若者の学業成績や将来の人生が，重要な試験と家族の不幸がたまたま重なったことに左右される可能性があることはまったく理解されていない）。

[訳注] | eポートフォリオ：児童・生徒など学習者の学習の成果やそこにいたるまでの過程の記録，製作物，作品などを電子的に蓄積し，活用できるようにしたもの。

　まとめると，生徒の行動や成績を絶えずモニターすることは，はじめは適切に対処すべき重大で広い倫理的問題を提起するだろうが，遠くないうちに中断テスト形式の試験を教育制度から完全に排除し，古い過去の習慣として追いやる可能性がありそうである。

## 10.4　AIによる学習コンパニオン

　先ほどのスマート履歴書は，もっと大きなAIEDの可能性に一つの役割を果たすかもしれない。それは，生徒の生涯にわたる，AIによる学習コンパニ

オン（learning companion）である[382]。これまで見てきたように，ITS の発展を動機づけたものは，すべての生徒に自分に合った個別指導者をもたせたいという願いであったが，その行きつく先はなんだろう？　AI は，すべての生徒にパーソナライズされた学習コンパニオンを提供する可能性をもっている。それは，学習のパートナーとして働くこともあれば，時には，膨大な学習機会に対するガイド役を務めたりすることもあり，ブロックチェーンで保護されたスマート履歴書に生徒の興味や進歩を常に記録するインストラクターとなることもあるだろう。Siri，Cortana，Google Home，Alexa の登場とその急速な発展は，この可能性がじわじわと近づいていることを示唆している[383]。多くの国では，驚異的な処理能力と常時インターネット接続のスマートフォンが当たり前になっている。これらの能力を活用し，幼稚園児から高齢者までの生涯にわたって個々の学習者の学習に同行し，支援してくれる AI 駆動のスマートフォン学習コンパニオンをつくり出すことは，それほど大きな技術的ステップを要しないだろう。

　このような学習コンパニオンは多くの可能性をもたらす。それは，生徒が興味あるトピックを決めたら説明を提供したり，生徒の進行状況をモニターしたり，やらなければならない課題があるときに注意を促したり，対象を絞ったフィードバックや助言を提供したりしてくれるだろう。これらはすべて，音声でコミュニケーションするスマートフォンで行える（スマートフォン以外のデバイスでも利用可能である）。言いかえれば，これは私たちが「ITS プラス」と呼んでいる機能のことだと考えられる。

　しかし，学習コンパニオンは，もっと高度で戦略的なレベルでも働いてくれるだろう。たとえば，生徒の個人的な興味や人生の目標に基づいて，何を，どこでどのように学ぶか決めることも助けてくれるだろう（コンパニオンは，オンラインでもオフラインでも，またフォーマル教育でもインフォーマル教育でも，利用可能なあらゆる学習の機会を見つけ，それにつなげてくれると思われる）。学習コンパニオンはまた，将来の人生の目標に取り組むことを支援するために，包括的で長期にわたる学習経路を個に応じてデザインし，それをガイドすることができるだろう。またその過程では，学習の興味と達成とを結びつけながら，生徒が長期の学習目標をふり返り，発展させることができるように

注意を促し，励ましてくれるだろう。この学習コンパニオン[384]は，いわゆる21世紀型スキル[385]や社会情動的学習[386]に焦点を当てた学習の機会を提案するかもしれない。また，共通の関心や目標をもとに，同じ教室や地球の裏側にいる学習者同士を結びつけることも可能であり，個人的な達成と集団の成功の両方を重視したプロジェクトにおいて学習者が協働し，ともに発展することを支援してくれるだろう（その結果，協働，チームワーク，異文化の気づきのような他の重要なスキルの育成も支援する）。

## 10.5 AIティーチングアシスタント

　これまで何度か述べてきたように，多くのAIED技術は，教師が文句を言いたくなるような教育上の作業を軽減することを目的に設計されている（授業中の課題や宿題の採点といった時間のかかる作業の自動化が最も多い）。しかし，このような善意にもかかわらず，多くのAIED技術は，事実上，教師から指導の役割を奪うか（この技術は，パーソナライズされた適応学習活動を教師よりもうまく提供する），あるいは，少なくとも教師の役割を作業的なものに変えてしまうものとなっている（教師の仕事は，細かく書かれた脚本に従って働くこと，あるいは，生徒がAIEDを使えるように準備することになるだろう）。しかしながら，すでに述べたように，大事なことは，私たちはAIEDが教師に取って代わるような未来を予想していないということである。私たちが予想しているのは，教師の役割が進化し続け，ついには変化する未来である。そこは，教師が時間をより効果的かつ効率的に使用することができ，教師の専門性がよりよく展開，活用，拡張される未来である[387]。

　これは筋の通った主張というより，感情的な願いにすぎないのかもしれないが，教育とは知識を提供すること以上の行いであり，根本的に社会的プロセスの一つであると考えている。このような観点から，AIの重要な役割は，教師が生徒を教え，支えることを支援することであると言える。

　これを達成するための一つの方法は，教師の専門性とスキルをAIティーチングアシスタントで強化し，生徒のAI学習コンパニオンを補完し，協働することである。この方法は，多くの教育テクノロジーでよく見られる古風な教師用ダッシュボード[訳注]とは比較にならないくらい実用性が高い。これこそ

が生徒を支援する教師を AIED が助けるための重要な方法となるだろう。その可能性はまさに，未来の教室について記した短い物語「AI は教室の新しい TA」（*A.I. is the New T.A. in the Classroom*）[388] において紹介されている。そこでは，教師はパーソナライズされた献身的な AI ティーチングアシスタント（AI TA）に支援されている。

[訳注] | 教師用ダッシュボード：児童・生徒，学級，授業，校務などに関わるデータや情報を集約・統合して表示するソフトウェアや WEB サービスのこと。

　ここまで提案したアイデアの多くは，この起こりえる未来のシナリオにおいてさまざまな役割を果たすだろう（たとえば，生徒の協働グループを自動的に設定したり，中断テスト形式の試験を AI が支援する継続的な評価に置き換えたり，生徒の相互評価を管理したり，採点を自動的に実施したりする）。また，AI TA は，指導や専門性向上のためのリソース（テキスト，画像，動画，拡張現実アニメーション，インターネットのリンク，ネットワークのつながり）を自動的に示し，教師はその中から自分の指導の助けとなるものを選んで呼び出すことができるだろう。さらに，AI TA は生徒が教室で活動しているときのパフォーマンスをモニターして，学習者モデルを継続的に更新したり，指導中のトピックに関する領域モデルとつなげたり，進歩を時間の中で追跡したりすることもできる。このすべての情報（および，他の授業での評価，インフォーマル学習の成果，関連する健康状態や家族に関する情報など，それぞれの生徒に関するさらなる情報源からのデータ）は，これは役に立つと AI TA が判断したり，教師がそれを求めたりしたときにはいつでも簡単に使うことができる。このような未来においても，生徒に何をどのように教えるか，そして生徒をどのように支援するのが最善かを決めるのは，教師の責任と特権であり続けるだろう。AI TA の役割は，単に教師の仕事をよりやりやすく，効果的にすることなのである。

## 10.6　学習科学を発展させる研究ツールとしての AIED

　おそらく気づいていることと思うが，将来の AIED の利用法に関するそれぞれの可能性は，既存の AIED の研究とアプローチにしっかりと根ざしたものである。このことは私たちが示す最後の例，すなわち，学習科学を発展させる

ための研究ツールとしての AIED の使用にも同様に当てはまる。いかなるテクノロジーにしろ，それを使って教育実践をするためには，その実践が深く理解され，体系化されていなければならない。結果として，テクノロジーは仮想のスポットライトのように働き，何年も前から存在していたが（たとえば，最も効果的な指導アプローチの陰などに）隠れていたり，見すごされていたりした問題に光を当ててくれる。このことは教育への AI の導入に特に当てはまることで，多くの学習科学の問題に強烈な光が当たり始めている。しかし，この分野に関して AIED 研究では注目すべき発展があったものの，その大部分はどちらかといえば理論的なレベルにとどまっており，その可能性や意味はいくぶん不明確なままである。

　学習科学の研究ツールとしての AIED は，ビッグデータ研究[389]に由来した統計手法を用いる，独立しているが重なってもいる 2 つの学術分野，ラーニングアナリティクス（learning analytics）と教育データマイニング（educational data mining）[390]に結びつけて語られることが多い。ラーニングアナリティクスは「学習とそれが行われる環境を理解し最適化するために，学習者とその文脈に関するデータの測定，収集，分析，報告をすること」[391]であり，教育データマイニング[392]は「生徒の学習を理解，サポート，改善するためのデータの収集と分析をすること」[393]に関わるものである。この区別が当てはまらないが，これらの効果が示されている一つの例は，オープン大学の OU 分析ツール（The Open University's OU Analyse Tool）[394]である。このツールは，複数の大学にわたるデータを利用して（生徒のオンライン学習教材へのアクセス，課題の提出状況や学習成果など），退学の危険性がある学生を特定し，チューターと学生サポートスタッフが適切な予防救済サポートを提供できるようにしている。実際，各分野が絶えず情報を提供して互いに交流しているため，ラーニングアナリティクスと教育データマイニング，そして学習科学の研究ツールとしての AIED の区別はますます曖昧になってきている。多くの場合，それは単に研究のコミュニティがどのような専門用語を使っているかにすぎない。ここでは私たちは AIED について説明しているため，AIED における用語を引き続き使用する。

　学習科学の研究ツールとしての AIED の卓越した例が，最近，ケンブリッ

ジ大学の英国医学研究評議会，認知・脳科学部門（Medical Research Council Cognition and Brain Sciences Unit）によって発表された[395]。学習困難（learning difficulties）を有する生徒たちを，ADHD，読み書き障害（dyslexia），自閉症のような広範なカテゴリーで分類する昔ながらのやり方は，教育者が一人ひとりの学習成果を改善しようとするときにあまり有効でないことが長く知られてきた。そのため，ケンブリッジ大学の研究者らは，機械学習を利用して，学習に苦労している生徒を（リスニングスキル，空間的推論，問題解決，語彙，記憶の測定に基づいて）より細かいレベルで分類する研究を行っている。500人以上の子どものデータを分析することによって，機械学習は（これまであまり明確に区別されてこなかった）学習困難の4つのクラスターを明らかにした。それは，ワーキングメモリ（working memory）困難群，語音処理困難群，多くの領域での広汎的認知障害群，そして，その年齢における認知テストの典型的な結果を示す群である。研究者らは，これら4つのクラスターに基づいて学習困難者を診断することが，従来の診断ラベルよりも正確かつ有効であり，教育者が個々の学習困難に対処するうえで役立つことを見いだした。

　最後に一つの例を紹介して，学習科学の研究ツールとしてのAIEDに関する簡単な議論を締めくくる。それはまだ初期段階にあるが重要な可能性をもっている例，すなわち，機械学習を学習デザイン（learning design）の改善に使用することである。学習デザインとは，「教師や学習デザイナーが学習活動や介入をデザインする際に，どのようにすべきかを詳しい情報に基づいて決められるようにする」一連の方法論を指す[396]。これらの方法は，指導法や学習法を決定するためや，生徒の学習体験を支援する方法を決定するために詳しい情報を提供することを意図しており，また，ラーニングアナリティクスや教育データマイニングのためのコアデータを提供するために使用することもできる。学習デザインに関し，大学で使用されているほとんどのアプローチは[397]，教員の指導と学習に関する専門知識に基づいているが，多くの場合は暗黙知であるため，そこから知識を抽出しなければならない（この抽出は大変な作業であり，曖昧さや矛盾をまねく可能性がある）。これに対し，現在，オープン大学で研究されているアプローチでは，何千もの既存のモジュール的活動から機械学習を行い，細かいレベルで活動の分類を行う。一度こうした学習デザインの活動

分類が特定され，しっかりと認証されると，コースの各単元における実際の学習デザインを学習者の成果と関連づけることが可能になり，学習者がどのように学習するかを深く理解できるようになる。その結果，教師や学習デザイナーは，どの学習デザインが（たとえば，学習領域，特定の教科，期間やレベルに応じて）実際に最も効果的であるかを知ることができるのである。

# 11. 教育における AI：暫定的なまとめ

　ここまでのセクションでは，現在存在するさまざまな AIED テクノロジーとこれからのそれについて論じてきた。この多様性を整理するための一つの方法は，それらが主に生徒を指導するものか（主に，インストラクショニスト・アプローチをとる），生徒を支援するものか（主に構成主義的なアプローチをとる），それとも教師を支援するものか（主に，教師が行っていることをより早くまたはより少ない力で行うのを助ける）という観点から考えることである。表 2-11-1 はこれをまとめたものである。この表をざっと見ると，この分類は高次な視点から概観したものにすぎず，また AIED アプローチの多くは重複

表 2-11-1　生徒を指導する AIED，生徒を支援する AIED，教師を支援する AIED

| | 生徒を指導する（主にインストラクショニスト・アプローチ） | 生徒を支援する（主に構成主義的アプローチ） | 教師を支援する |
|---|---|---|---|
| AIED の応用例 | ・知的学習支援システム（ITS）<br>・対話型学習支援システム（DBTS）<br>・言語学習アプリ | ・探索型学習環境（ELE）<br>・自動ライティング評価（形成的評価）<br>・学習ネットワーク編成器<br>・言語学習アプリ<br>・AI による協働学習<br>・AI による継続的評価<br>・AI 学習コンパニオン | ・ITS＋<br>・自動ライティング評価（総括的評価）<br>・生徒フォーラムのモニタリング<br>・AI ティーチングアシスタント<br>・学習科学の研究ツールとしての AIED |
| AIED のテクノロジーやアプローチ | | ・チャットボット<br>・AR と VR<br>・自然言語処理<br>・適応性 | |

第 2 部　どのように？——指導と学習に対する AI の可能性と影響

しており, ほとんどのテクノロジーが表の複数の箇所に入りうることがわかる。そして, 時間とともに異なる AIED テクノロジーが多機能システムに統合され, おそらくは一つのテクノロジーの中に系列的な学習 (ITS), 問答法的な学習 (DBTS), 自己管理的な学習 (ELE) が組み込まれる可能性が高いだろう [398]。

表 2-11-2　AIED テクノロジーの特徴

| AIED のタイプ | 特徴 | 決定主体 | 対象 |
|---|---|---|---|
| 知的学習支援システム | ・ステップ・バイ・ステップの指導と課題<br>・個別化された学習経路<br>・システムがコンテンツと経路を決定<br>・生徒はコンピュータ（またはモバイルデバイス）で学習<br>・個別化されたフィードバック<br>・リアルタイムの適応性 | システム | 生徒 |
| 対話型学習支援システム | ・対話ベースのステップ・バイ・ステップ指導と課題<br>・個別化された対話<br>・システムがコンテンツと経路を決定<br>・生徒はコンピュータ（またはモバイルデバイス）で学習<br>・個別化されたフィードバック<br>・リアルタイムの適応性 | システム | 生徒 |
| 探索型学習環境 | ・探索型の課題<br>・個別化された学習経路<br>・システムがコンテンツと経路を決定。課題内では生徒が選択<br>・生徒はコンピュータ（またはモバイルデバイス）で学習<br>・個別化されたフィードバック<br>・リアルタイムの適応性 | システム, 生徒 | 生徒 |
| エッセイの自動フィードバックと採点 | ・アップロードされたエッセイなどをシステムが分析<br>・個別化された形成的フィードバック（生徒の文章の改善を支援）を提供するものと, 総括的な評価（エッセイを採点）のみを行うものがある | システム | 生徒（形成的）<br>教師（総括的） |
| ITS + | ・ITS + により異なる<br>・全校的な ITS<br>・生徒のデータを拡張現実メガネで重畳表示して教師に可視化<br>・他の EdTech プロバイダ向けのバックエンド ITS 機能（サービスとしての AIED） | ― | 生徒, 教師 |
| 言語学習アプリ | ・ステップ・バイ・ステップの指導と課題<br>・システムがコンテンツと経路を決定<br>・生徒はコンピュータ（またはモバイルデバイス）で学習<br>・個別化されたフィードバック | システム | 生徒 |

| | | | | |
|---|---|---|---|---|
| チャットボット | ・主に情報の提供 | 生徒（例：生徒の質問に答える） | 生徒 |
| 拡張現実と仮想現実 | ・主に他の方法ではアクセスできない環境の提供 | 混合 | 生徒 |
| 学習ネットワーク編成器 | ・主に学習機会へのアクセスを提供 | 混合（例：生徒の要望に応えるなど） | 生徒 |
| 協働学習 | ・協働学習の編成を促進<br>・協働学習の促進 | システム | 生徒 |
| 生徒フォーラムのモニタリング | ・フォーラムの投稿への自動フィードバックの提供。投稿間の関係づけや感情分析などを含む | ― | 生徒，教師 |
| 継続的評価 | ・生徒の力を，テストや試験ではなく，活動中（例：会話中）に評価 | システム | 生徒 |
| AI による学習コンパニオン | ・生徒の生涯に渡る学習の伴奏者となる可能性 | 生徒，システム | 生徒 |
| AI ティーチングアシスタント | ・教師向けの AI アシスタントとなる可能性 | 教師，システム | 教師 |

　この表2-11-1 まとめの内容は，次の表2-11-2 でより具体的に説明されている。

　最後に，すべての AIED テクノロジーを，本書の「はじめに――背景」で説明した SAMR モデルと比較する。表2-11-3 からは，AIED が短〜中期的にもたらすもののほとんどが，現在の活動を「増強」または「変形」するものであることが明らかである。しかし，長期的には，AIED は教育を「再定義」し，それによって，まだ誰も見たことのない素晴らしい恩恵を得ることができるかもしれない。

**表 2-11-3　AIED と SAMR モデル**

| | EdTech 全体（SAMR モデルによる） | AIED の具体例 |
|---|---|---|
| 再定義（Redefinition） | テクノロジーが，以前は考えられなかった新しいタスクの創造をもたらす | ・AI が中断テスト形式試験の必要性をなくす（継続的で，高度に適応的な評価を可能にすることで） |
| 変形（Modification） | テクノロジーがタスクの大幅な再設計をもたらす | ・AR や VR による学習体験<br>・AI による学習コンパニオン<br>・AI ティーチングアシスタント<br>・学習科学の研究ツールとしての AI |

Part Two The How: Promises and Implications of AI for Teaching and Learning

第2部　どのように？――指導と学習に対する AI の可能性と影響

| 増強（Augmentation） | テクノロジーが従来のツールを直接代替し，その機能も増強する | ・知的学習支援システム（ITS）<br>・対話型学習支援システム（DBTS）<br>・探索型学習環境（ELE）<br>・自動ライティング評価<br>・ITS＋<br>・言語学習<br>・チャットボット<br>・協働学習の支援<br>・生徒フォーラムのモニタリング |
| --- | --- | --- |
| 代替（Substitution） | テクノロジーが従来のツールを直接代替するが，機能的には変わらない | ・該当なし（執筆時点において） |

# 12. 教育 AI の社会的影響

　ここまで見てきたように，AI の教育への応用は急速に拡大している。本書では，現在使われているさまざまな AI 技術，50 年近くにわたって開発されてきた応用例，そして（個人的な価値観がどうであれ）ますます現実味を増す将来の可能性を探求してきた。

　AIED は明らかにいくつかの注目すべき成功を収めているし，考えられる応用例は少なくとも興味をそそるものではある。しかし，AIED が生徒や教師，そしてより広く社会にどのような影響を与えるかは，まだ完全には明らかになっていない。これは，AIED の正確性，それが下す選択や予測，プライバシー，教師の仕事，そして学校や大学で何を教えるべきかといった幅広い問題に当てはまる[399]。しかし，中でも特に当てはまるのは，新たに生まれてきた，AIED に関する倫理的問題である。「世界的には，ほとんど研究が行われておらず，ガイドラインも，何のポリシーも策定されておらず，教育に人工知能を活用することで起こる個々の倫理問題に対処するための規制も制定されていない」[400]のである。

　いずれにしろ，AIED がこれほど効果的であるにもかかわらず，なぜまだそれは学校，大学，企業研修に広く採用されていないのだろうか。実際のところ，教育に導入される AI 技術が本当にその役割を果たせるものかどうかは，まだ

わからない。非 AI 的な教育テクノロジーは，教育現場で長年にわたり批判されてきた。問題は，AIED が，使われもしないのに教室向けに大量に売られる最新のコンピュータ技術で終わってしまうのか，である[401,402]。また，もし効果のない AI 技術（または，偏ったデータセット）が教室で使われたら何が起こり，一人ひとりの学習者にどのような影響が生じるのかも考える必要があるだろう（たとえば，ロンドン警視庁で 95％の誤検出を生んだ顔認識技術[403]が，教室でのモニタリングに使われたとしたらどうなるだろうか？）。一方で，きちんと蓄積された再現可能な AIED 研究の例もきわめて限られている。この分野は急速に発展しているが，AIED のデータセットやアルゴリズムは公開されない傾向にある（ひがみっぽい？）。また，急速に増加している AIED ツールの大規模環境での有効性について，確固たるエビデンスを示したものもほとんど見あたらない。Mathia や Assistments のように，ある程度のエビデンスがあるものであっても，通常の教育と比較されることが多く，少なくとも一定の比較可能性をもつ別のテクノロジーとの比較は行われていない[404]。そして，他の多くのツールが有効であると言われているのは，採用されている AI が理由ではなく，教室での目新しさによるものだろう[405]。あれこれ言えるだけの証拠が単にないのである。

## 12.1　AIED テクノロジーが教室に与える影響

　私たちは，AIED の旅を知的学習支援システム（ITS）の紹介から始めた。これは，すでに見たように最も一般的な AIED の応用例であり，本セクションでは，このシステムを足場として，より注意を向けるべき，AI を教育に適用することの社会的影響を浮き彫りにする。

　まず，AI が初期データの隠れた特徴を増幅し，その基礎となっている仮定を強めることは以前から認識されていた。特にアルゴリズムが「人間のバイアスを含むデータで訓練されていれば，当然それを学習し，さらにそれを強めることもありうる。これは，アルゴリズムに偏見がないと考えられている場合には特に大きな問題となる」[406]。この点では，ルールベースの ITS も機械学習の ITS も同じである。その設計，すなわち文脈や社会的要因を無視し，知識カリキュラムに焦点を当てたステップ・バイ・ステップのインストラクショニ

ズム指導法を実装していることは，効果的な指導法や学ぶことの意味に関する
まだ論争中の仮定を強めることになる[407]。

　ITSはまた，パーソナライズされた学習アプローチが，集合的あるいは平均
的なものを特定することに依存しているという，あまり認識されていないパラ
ドックスを具現化している。

　　（ITSは）システムにおける他の学習者がどのように学習したかに基づい
　　て，ユーザーにレッスンを勧める。これらのシステムは，どの生徒も他の
　　生徒と似ていると仮定して生徒を「学ぶ」。私たちは有効性に関する研究で，
　　平均値上，有効であると示されると，なぜ一部の生徒で他の生徒よりも効
　　果があるのか，また，それはどの程度効果があるのかという微妙な問題を
　　無視して，介入が成功であると歓迎してしまいがちである。（まとめると）
　　それぞれの学習者の個々の努力は，雑音として簡単に失われてしまうので
　　ある。[408]

　言いかえれば，適切な介入を決定するために平均値に注目することには，ど
うしても限界がある。もし，厳密な研究によって，あるアプローチが第2のア
プローチよりもその平均値に効果があることが示されたならば，第2のアプ
ローチは，特定の個人またはグループに対してより効果的である可能性があっ
たとしても，完全に否定されてしまうだろう。

　ITSはまた，生徒の主体性を減らすことにもつながる。（政策決定者が決定
する）カリキュラムの制約はあるものの，何をどのような順序で，どのように
学ぶかを決定するのは，一般的にITS（そのアルゴリズムや学習者モデル）で
あり，より高次なレベルで言えばITSの設計者である。生徒には，ITSが決
めた個別の経路をたどる以外にほとんど選択肢がない（ある意味では，それは
教師を多少冗長な存在にする。生徒が何を学ぶべきかを決めるのは教師ではな
くシステムだからである）。たとえば，ほとんどのITSは基礎的なことから始
め，途中での失敗を最小限に抑えながら，習得すべき目標に向けた課題をステッ
プ・バイ・ステップで指導する。一見すると魅力的であるが，このインストラ
クショニスト・アプローチ[409]は，学習科学で研究されている他のアプローチ

（協働学習，誘導的発見学習，ブレンド型学習，生産的失敗法など）[410]の価値を無視してもいる。

　さらにITSは，データの選択を焦点とした，信頼性にまつわる複雑な問題も提起する[411]。たとえば，ITSには「生データ」のようなものは存在しないと言われてきた[412]。すなわち，どのような分析でも，使用されるデータは事前に選択されており（システムが生成したすべてのデータを計算に含めることはできない），これらの選択は必然として，意識的または無意識的に，そして明示的または暗黙的に，選択バイアスの影響を受ける[413]。同様に，選択または開発されたアルゴリズムは，また違った問題も提起する。それは，予測の正確さと意義にまつわる問題や（もし計算が間違っていたら，生徒たちは最大利益から遠ざかる方向に導かれてしまうのか？　誤りが生じても，その害が最小ですむようにするにはどうしたらよいのか？），生徒の感情状態を推測し，それに反応することに注目した問題（生徒の心の奥に隠れた感情はもはやプライバシーではないのか？）[414]，さらに，簡単に自動化できるが，長期的にはまったく役に立たない可能性がある知識を指導することに注目した問題などである[415]。

　いずれにしても，前述のように，実際の教育現場で本当にITSが有効かはいまだはっきりとしていない（ただし，教室での通常の授業と比較した場合，広く有効であることが示されている）[416]。事実，Facebookのエンジニアが開発したITSであるSummit Learning[417]は，約400の学校で利用されているが，生徒の抗議やボイコットの的となっている。

　　　残念ながら私たちは，このプログラムで良い体験はできなかった。このプログラムでは，授業中，何時間もコンピュータの前に座っていなければならない。……課題は退屈で，合格するのもカンニングをするのも簡単だ。私たち生徒は何も学んでいないように感じており，このプログラムでは卒業に必要なリージェンツ試験の準備ができないと思っている。最も重要なことは，このプログラムが全体的に，批判的思考の力を高めるために必要な人と人との交流，教師のサポート，他の生徒たちとの議論や討論の多くを排除していることだ。Facebookの宣伝資料に書かれていた文句とは違って，私たち生徒は自分がほとんど何も学んでいないことに気がついた。こ

れにより私たちの教育は深刻なダメージを受けている。それこそが，私たちが抗議のために席をたった理由だ。[418]

　最後に，ITS は，一般に教師の仕事の少なくとも一部を教師より効果的に行えるように設定されているため，未来の教室における教師の役割に疑問を投げかける[419]。これまで見てきたように，多くの研究者が願っていることは，教師の指導上の負担（進捗の管理や宿題の採点など）を軽減し，指導の人間的側面（社会的な関与など）にもっと集中できるようにすることである。実際のところ，「AI は複雑な戦略計画を創造したり，思い描いたり，管理したりすることはできないし，手と目の正確な協応が必要な複雑な仕事も遂行できない。AI は，まだ知られておらず，構造化されていない空間，特に観察不能な空間を扱えない。そして人間と違って，感じることや，共感や思いやりをもって人と接することができない。……これらはみな人間の教師のみができる仕事なのである。それゆえに，今後も人間の教育者に対するニーズは高いだろう」[420]。しかし一方で，私たち（生徒，教育者，保護者）が AI と批判的に関わらなければ，おそらく AIED は，教師を教師ではなく，ファーストフードのシェフ的な，用意された台本どおりにふるまうただの教室管理者にしてしまい[421]，指導上のあらゆる認知的要求には AI が対応することになるだろう（そうなると，教育から人間を完全に排除したディストピア的なシナリオまで，あとわずかである）。

　当然ながら，これらの問題の少なくとも一部に挑戦する ITS の例は数多く存在する（たとえば Mathia の開発者は，それを通常教育とのブレンド型で提供することを推奨している）。また，DBTS（ステップ・バイ・ステップ型ではあるが，インストラクショニスト・アプローチよりも問答法的アプローチを重視する）や AI を利用した ELE（誘導的発見学習アプローチを重視する）のような別のアプローチも見てきた。そして私たちは，AI が革新的に使われている，あるいは使われるだろう，さらに別の方法についても考えてきた。それは現在主流の教育実践から外に踏み出す可能性をもったもので，たとえば，生徒が（学びたいことを支援してもらうために）自分で選んだ人間の家庭教師とつながることを可能にするシンプルな AI や，彼らのニーズに専従する生涯の

学習コンパニオンとなる複雑な AI のことである。しかし，このようなアプローチでさえ，膨大な量の個人データと効率的なアルゴリズムに依存しており，プライバシーと倫理の問題はまだ十分に検討されているわけではない。

## 12.2 AIED の倫理

　本書では，教育における AI の倫理の問題を最後に残したが，これは早急に対応すべき問題である。たとえば，ある学校では……

> 　顔認識技術を導入して授業への生徒の集中度を監視している。生徒の一挙手一投足は，……黒板の上に置かれた3台のカメラで監視されている。……監視が強化されたことによって，すでに行動を変えている生徒もいる。……「カメラが教室に設置された後，ぼーっとしていることはできなくなった。不気味な目が絶えず私を見ているようだ」。このシステムは，生徒のさまざまな表情を識別するよう働き，その情報はコンピュータに送られ，生徒が授業を楽しんでいるかどうかや，心ここにあらずの状態になっていないかなどを評価する。……コンピュータは，中立，幸福，悲しみ，失望，怒り，恐怖，驚きといった7種類の感情を認識する。授業中に生徒が他のことに気を取られていると判断した場合は，教師に行動を起こすよう通知する。[422]

　生徒の注意を最大化するために AI を使用したこの例は，中国のものである。しかし，これを文化固有の現象として片づける前に，ALT School[304] もまた AI を使った教室用カメラで生徒の行動を監視していたことを思い出してほしい（一方，イギリスでは「何万人もの5歳前後の幼児が，ウェブカメラを通して監視される危険にさらされている……。子どもも両親も知らないうちに」[423]）。だからといって，AI を使って教室のビデオを分析することが，そもそも倫理に反するというわけではない。たとえば，ピッツバーグ大学の研究者らは，AI と教室のビデオを，教室での会話の質，議論の活発さ，生徒の参加レベルが効果的な学習にどのようにつながっているのかを理解するのに役立て，それによってより良い指導アプローチを見いだそうとしている[424]。

一方で，機械学習の技術を使って「パターンを見つける」ために，AI 企業[425]が大量の生徒のやりとりのデータを収集した例もある。当然ながら，その目的は「子どもたちが楽しんでいるか，退屈しているか，夢中になっているかを特定できるようにソフトウェアを訓練することで，生徒の学習を向上させる」[426]ことである。それにもかかわらず，このアプローチは物議を醸しており，そのようなデータ収集は「治療の必要がある潜在的な患者として子どもを見ることを奨励するような……メンタルヘルスの評価すれすれである」[427]と位置づけられている。

　現実を見ると，教室で研究され，学会で議論される AI 技術やテクノロジーの範囲は広がり，どんどん発展しているが，それらの倫理的な影響についてはほとんど考えられていない（少なくとも倫理を考慮した論文はほとんどない）。実際，AIED の研究，開発，導入は，ほとんどの場合，基本的にモラルの空白地帯の中で行われてきた（たとえば，子どもたちが知らないうちに，学校の進度に悪影響を与える偏ったアルゴリズムにさらされていたとしたらどうだろうか？）。特に，AIED の研究者たちは，道徳的な基盤を十分に確立しないまま活動を行っている。

　事実，これまで見てきたように，AIED の技術は，自明ではあるがまだ答えのない倫理的問題を数多く提起している。まず，主流の AI と同様に，AIEDをサポートするために善意で収集された大量のデータ（たとえば，生徒の学習支援のために記録した能力，感情，方略，理解の誤り，画面の使い方などのデータ[428]）に対する懸念が存在する。誰がこのデータを所有し，誰がこのデータにアクセスできるのか？　プライバシーの問題はどうなのか？　データをどのように分析し，解釈し，共有すべきか？　問題が発生した場合に誰が責任をとるのか？　並行して研究が行われている医療分野では，個人データの使用についての議論があり，頻繁に問題が生じているが[429]，教育分野ではこのような問題はまだ目に見える形では起こっていない。

　また，データは AIED 分野に大きな倫理的問題を提起するが，AIED の倫理の問題はそれだけでは収まらない。他の大きな倫理的懸念としては，AI アルゴリズム（すなわち，データがどのように分析されるか）[430]および AIED モデル（領域のどの側面が学習する価値があると想定されているか，どの指導法

が最も効果的であると想定されているか，どの生徒情報が最も適切であると想定されているか）に意識的，無意識的に組み込まれたバイアスの可能性[431]である。コンピュータの意思決定が人間の意思決定と区別できない場合，または少なくとも人間の審査委員会（なぜなら人間は，たとえば論文を採点するときなど，時に意見を異にすることがよく知られているからだ）[432]からのそれと区別できない場合は，おそらくその決定を受け入れるべきである[433]。しかし，そうはいうものの，これらのアルゴリズムやモデルを構築する際になされた決定は，個々の生徒の人権に（性別，年齢，人種，社会経済的地位，所得格差などの観点から）悪影響を与える可能性がある。現時点では，生徒が人権侵害を受けるかどうかはまだわからないが。

しかし，このデータとバイアスに関するAIの倫理的問題は「既知の未知」（known unknowns）であり，主流のAI研究ではすでに多くの研究と議論が行われている[434]。では，AIを教育に応用することで生じる倫理的な問題で，まだ特定されていない「未知の未知」（unknown unknown）についてはどうだろうか。

AIEDの倫理に関する問いには，以下のものが含まれる（もっとたくさん存在するが）。

・倫理的に容認可能なAIEDの基準は何か？
・生徒の目標，興味，感情が一時的なものであることは，AIEDの倫理にどのように影響するか？
・民間組織（AIED製品の開発者）および公的機関（AIED研究に関わる学校や大学）が負うAIEDに関する倫理上の義務はどのようなものか？
・学校，生徒，教師は，大規模なデータセットにおける自分たちの表現のされ方に，どう拒否したり，異議を唱えたりすればよいのか？
・AIEDの（多層ニューラルネットワークを使った）深遠な決定がどのようになされているかを簡単に調べることができないことの倫理的意味は何か？

AIアルゴリズムはハッキングや操作に対して脆弱であるため（Facebookに

対する Cambridge Analytica のデータスキャンダルはそれが現実であること
を示している），リスクを改善するための戦略も必要である。「個人のプライバ
シーとコントロールを大規模に維持することは不可能であるため，データの使
用目的が倫理的であり，倫理ガイドラインがはっきりと理解されていることが
重要である」[435]。また，AIED の介入が（たとえば，個人を特定の行動また
は行動方針に向かわせることによって）行動を変えることを目的とする場合，
AIED を通じた教育活動のすべてが倫理的に保証されている必要がある。最後
に，AIED の倫理に関するもう一つの視点を認識することもまた重要である。
それは，各事例について，倫理を重んじて行動を起こさないことやイノベーショ
ンが起こらないことのコストと，AIED のイノベーションが学習者，教育者，
教育機関にもたらす現実的な利益の可能性とのバランスを考える必要があると
いうことだ。

　要するに，AIED の倫理は複雑なのである。

　すでに明らかなように，この本の著者である私たちは，AI が提供する指導
と学習に熱い思いを抱いている……が，一方でとても慎重でもある。ここまで
実に多様な AIED のアプローチを見てきたし（Mathia や AutoTutor，Betty's
Brain から，Ada，チャットボット，OpenEssayist，Lumilo など），将来の驚
くべき AIED の可能性も考えてきた（試験の終焉から，生涯にわたる学習コ
ンパニオン，AI ティーチングアシスタントまで）。しかし，AI が日常的な学
習に欠かすことのできない存在となる前に，取り組むべきさまざまな重要な問
題があることも確認してきた。

　最も重要なことは，AIED の倫理の問題は完全に解決されなければならない
ということである。これは，広範なステークホルダー（生徒から哲学者，教師
から政策決定者，親から開発者まで）の関与を必要とする決してたやすくない
課題である。私たち（教師，政策決定者，学習科学者）は，データの収集が提
起する大きな問題を理解する必要がある（収集するデータと無視するデータの
選択，データの所有権，データのプライバシーなど）。また，適用される計算
アプローチの問題も理解しなければならない（どのような意思決定が行われて
いるのか，どのようなバイアスが潜んでいるのか，どのようにして意思決定が
正確かつ透明であることを保証するのか）[436]。これは当然のことであり，だ

からこそ，AI の倫理を決定し，管理するための多くの新たな取り組みが世界中で始められているのである。

　しかし，私たちは AIED の倫理だけでなく，教育の倫理，指導と学習の倫理（特定の指導法アプローチ，カリキュラムの選択，平均値の重視，資金の分配，その他多くのことに関する倫理）についても十分に理解する必要がある。これはもう一つのたやすくない課題であるが，そうでなければ，この 3 つの領域，すなわちデータと計算と教育がぶつかったときに何が起こるのかを，どうやって知ることができるだろう。

　ここで私たちは，はじめに戻ることになる。おそらくは，これが私たちの主たる収穫だろう。私たちがそれを歓迎するか否かにかかわらず，AI は教育と学習の文脈でますます広く使われるようになっている。人工知能を教育にどう展開させるかは，コンピュータ科学者，AI エンジニア[437]，大手 IT 企業など，他の人たちに任せることもできるし，自ら生産的な対話に参加することもできる。教育への AI の導入がその可能性を発揮し，すべての人にプラスの結果をもたらすことを確実にするために，それを黙認するか，与えられたものをただ受け入れるか，あるいは批判的な姿勢をとるのか？　それは私たち一人ひとり次第である。

原　註 ────────────────────────────────

* URL はすべて原著出版当時のものである。

**146** たとえば，https://www.nytimes.com/2018/06/09/technology/elon-musk-mark-zuckerberg-artificial-intelligence.html

**147** 「大きく報道された Sophia のようなプロジェクト（http://www.hansonrobotics.com/robot/sophia を参照）を見ると，人間に似ていて，意識さえあるかもしれない真の AI の登場まですぐそこと確信してしまう。しかし現実には，それはまだまだである。AI 研究の真の姿は，私たちが信じこまされてきた技術的なおとぎ話に，はるかに及ばないのである。AI について，より健全な現実主義と懐疑論から見なければ，この分野は永遠にマンネリ状態から抜け出せないだろう」。Dan Robitzski, https://futurism.com/artificial-intelligence-hype より 2018 年に引用。

**148** https://www.apple.com/uk/ios/siri　※日本語版 URL：https://www.apple.com/jp/siri/

**149** たとえば，https://www.washingtonpost.com/pr/wp/2018/06/12/the-washington-post-plans-extensive-coverage-of-2018-midterm-elections/?utm_term=.e66d88e4a716

**150** たとえば，https://equbot.com

**151** たとえば，http://www.predpol.com

**152** たとえば，https://www.cbp.gov/newsroom/national-media-release/cbp-deploys-facial-recognition-biometric-technology-1-tsa-checkpoint

**153** たとえば，https://www.babylonhealth.com

**154** Luckin, R., et al. (2016). *Intelligence Unleashed. An Argument for AI in Education*. Pearson. https://www.pearson.com/content/dam/one-dot-com/one-dot-com/global/Files/about-pearson/innovation/Intelligence-Unleashed-Publication.pdf

**155**「適応学習テクノロジーと人工知能については，それがとても進歩しており，指導と学習にプラスの影響を与えると考えられていることから，後2～3年のうちに採用されるだろう」。Becker, S.A., et al. (2018). "Horizon Report: 2018." *Higher Education Edition 2*.

**156** Holmes, W., et al. (2018). *Technology-Enhanced Personalised Learning. Untangling the Evidence*. Robert Bosch Stiftung.

**157** http://hackeducation.com/2015/08/10/digpedlab

**158** Woolf, B. (1988). "Intelligent tutoring systems: A survey.' In *Exploring Artificial Intelligence*: 1–43, Cumming, G., & McDougall, A. (2000). "Mainstreaming AIED into education?" *International Journal of Artificial Intelligence in Education* 11: 197–207, du Boulay, B. (2016). "Artificial intelligence as an effective classroom assistant." *IEEE Intelligent Systems* 31 (6): 76–81. https://doi.org/10.1109/MIS.2016.93

**159** https://www.linkedin.com/pulse/tech-giants-quietly-invest-adaptive-learning-system-rd-drew-carson

**160** http://www.knewton.com

**161** http://www.carnegielearning.com

**162** https://learning.xprize.org

**163** http://www.gettingsmart.com/2018/07/coming-this-fall-to-montour-school-district-americas-first-public-school-ai-program

**164** 中国のオンライン個別指導会社の Yuanfudao（猿輔導）は，3億ドルを投資して人工知能研究所を設立し，AI を訓練して，同社の宿題アプリの性能を向上させることを目指している。https://techcrunch.com/2018/12/26/yuanfudao-raises-300-million/

**165** O'Connell, S. (2018). "New Project Aims to Use Artificial Intelligence to Enhance Teacher Training." Center for Digital Education. http://www.govtech.com/education/higher-ed/New-Project-Aims-to-Use-Artificial-Intelligence-to-Enhance-Teacher-Training.html

**166** https://www.eschoolnews.com/2017/05/22/brace-ai-set-explode-next-4-years

**167** https://www.gminsights.com/industry-analysis/artificial-intelligence-ai-in-education-market

**168** Woolf, B.P. (2010). *Building Intelligent Interactive Tutors: Student-Centered Strategies for Revolutionizing e-Learning*. Morgan Kaufmann, 11.

**169** Gagné, R.M. (1985). *Conditions of Learning and Theory of Instruction, 4th Revised Edition*. Wadsworth Publishing Co Inc.

**170** Vygotsky, L. S. (1978). *Mind in Society: Development of Higher Psychological Processes*. Harvard

University Press.

**171** Luckin, R., et al. *Intelligence Unleashed. An Argument for AI in Education*.

**172**「人工知能は，数学の素養がなかろうが，誰でも利用可能なものになるべきである」という主張もある。https://www.youtube.com/watch?v=LqjP7O9SxOM&list=PLtmWHNX-gukLQlMvtRJ19s7- 8MrnRV6h6

**173** たとえば，"What is artificial intelligence?" https://www.brookings.edu/research/what-is-artificial-intelligence

**174**「AI といえば，まず頭に浮かぶのは何ですか？」という問いは，教育 AI に関するレクチャーや調査で何度となく聞かれてきたものである。あくまで逸話的だが，それに対する圧倒的多数の参加者の答えは「ロボット」だという。

**175** Crevier, D. (1993). *AI. The Tumultuous History of the Search for Artificial Intelligence*. Basic Books.

**176** http://edition.cnn.com/2006/TECH/science/07/24/ai.bostrom/index.html (Professor Nick Bostrom, director of the Future of Humanity Institute, University of Oxford).

**177** たとえば，https://www.mailwasher.net は，ベイズ法を用いて，電子メールのスパムメールの識別を学習させている。

**178** https://www.microsoft.com/en-us/cortana

**179** https://help.netflix.com/en/node/9898

**180** https://www.duolingo.com　※日本語版 URL：https://ja.duolingo.com/

**181** https://store.google.com/gb/product/google_home　※日本語版 URL：https://store.google.com/jp/magazine/compare_nest_speakers_displays

**182** https://www.amazon.com/b/?ie=UTF8&node=9818047011　※日本語版 URL：https://www.amazon.co.jp/b/ref=fst_h1_st_1?node=5364343051

**183** https://www.nytimes.com/2012/06/26/technology/in-a-big-network-of-computers-evidence-of-machine-learning.html?_r=1

**184** この AI は画像 400 万個からなるデータセットで訓練された。

**185** たとえば，http://bbcnewslabs.co.uk/projects/juicer

**186** たとえば，https://narrativescience.com/Products/Our-Products/Quill

**187** たとえば，https://talkingtech.cliffordchance.com/en/emerging-technologies/artificial-intelligence/ai-and-the-future-for-legal-services.html

**188** Hosny, A., et al. (2018). "Artificial intelligence in radiology." *Nature Reviews Cancer* 18 (8): 500–510. https://doi.org/10.1038/s41568-018-0016-5

**189** https://aws.amazon.com/machine-learning

**190** https://www.tensorflow.org

**191** https://www.ibm.com/watson

**192** https://azure.microsoft.com

**193** AI の技術についてより詳しく学びたいという読者には，以下の本がよいだろう。Russell, S., & Norvig, P. (2016). *Artificial Intelligence: A Modern Approach, 3rd Edition.* Pearson, Domingos, P. (2017). *The Master Algorithm: How the Quest for the Ultimate Learning Machine Will Remake Our World.* Penguin.

**194** あるサイトの PageRank = Σ [ リンク元の PageRank / そのページのリンク数 ]。

**195** Turing, A. (1952). "The chemical basis of morphogenesis." *Philosophical Transactions of the Royal*

*Society* 237 (641): 37–72.

**196** https://www.theguardian.com/technology/2016/mar/15/googles-alphago-seals-4-1-victory-over-grandmaster-lee-sedol

**197** 興味深いことに，機械学習の起源は，1959 年に IBM の研究者が "Some Studies in Machine Learning Using the Game of Checkers" という論文を発表したときまで遡ることができる。

**198** 「サービスとしての AI」プラットフォームの一つである Microsoft Azure で利用可能なアルゴリズムの包括的リストが，以下から利用可能である。http://download.microsoft.com/download/A/6/1/A613E11E-8F9C-424A-B99D-65344785C288/microsoft-machine-learning-algorithm-cheat-sheet-v6.pdf

**199** 今では悪名高い話だが，アメリカのディスカウントスーパー，ターゲット（Target）は，ある十代の少女の買い物内容のデータと教師なし学習の AI によって，誰にも話していなかったにもかかわらず，彼女が妊娠していることを自動的に判別した。https://www.forbes.com/sites/kashmirhill/2012/02/16/how-target-figured-out-a-teen-girl-was-pregnant-before-her-father-did/#31650c296668

**200** O'Neil, C. (2017). *Weapons of Math Destruction: How Big Data Increases Inequality and Threatens Democracy*. Penguin.（キャシー・オニール（著）久保尚子（訳）(2018).『あなたを支配し，社会を破壊する，AI・ビッグデータの罠』インターシフト）

**201** Morcos, A.S., et al. (2018). "On the importance of single directions for generalization." ArXiv:1803.06959. http://arxiv.org/abs/1803.06959

**202** https://www.forbes.com/sites/kalevleetaru/2018/12/15/does-ai-truly-learn-and-why-we-need-to-stop-overhyping-deep-learning/#edd206168c02

**203** 学校の運営を支援するための AI テクノロジーの利用に関心のある読者は，英国の学校検査サービス，Ofsted について調べるとよいだろう。Ofsted は「どの学校が『良いとは言えない』のかを予測する人工知能アルゴリズム」を用いている。https://www.tes.com/news/ofsted-use-artificial-intelligence-algorithm-predict-which-schools-are-less-good

**204** Thorndike. E.L. (1927). "The Law of Effect." *The American Journal of Psychology* 39 (1/4): 212–22. https://doi.org/10.2307/1415413

**205** Pressey, S.L. (1950). "Development and appraisal of devices providing immediate automatic scoring of objective tests and concomitant self-instruction." *Journal of Psychology* 30: 417–447.

**206** Pressey, S.L. (1926). "A simple device for teaching, testing, and research in learning." *School and Society* 23: 374.

**207** Skinner, B.F. (1958). "Teaching machines." *Science* 128 (3330): 969–77.

**208** Crowder, N.C. (1960). "Automatic tutoring by means of intrinsic programming." In *Teaching Machines and Programmed Learning: A Source Book*. Vol. 116. Lumsdaine, A.A., and Glaser, R. (eds.) American Psychological Association, 286–298.

**209** Pask, G. (1982). "SAKI: Twenty-five years of adaptive training into the microprocessor era." *International Journal of Man-Machine Studies* 17 (1): 69–74. https://doi.org/10.1016/S0020-7373(82)80009-6

**210** Beer, S. (1960). *Cybernetics and Management.* The English Universities Press, 124.

**211** Self, J.A. (1974). "Student models in computer-aided instruction." *International Journal of Man-Machine Studies* 6 (2): 261–76. https://doi.org/10.1016/S0020-7373(74)80005-2

**212** Clancey, W.J. (1983). "GUIDON." *Journal of Computer-Based Instruction* 10 (1–2): 8–15.

**213** Carbonell, J. R. (1970). "AI in CAI: An Artificial-Intelligence Approach to Computer-Assisted Instruction." *IEEE Transactions on Man-Machine Systems* 11 (4): 190–202. https://doi.org/10.1109/TMMS.1970.299942

**214** Carbonell, "AI in CAI," 192.

**215** Bloom, Benjamin S. (1984). 'The 2 Sigma problem: The search for methods of group instruction as effective as one-to-one tutoring." *Educational Researcher* 13 (6): 4.　しかし，VanLehn によると「人間による個人指導の効果は，個人指導をしない場合の 0.79 シグマであり，Bloom (1984) の研究で見られた 2.0 シグマもの効果はない」とのことである。VanLehn, K. (2011.) "The relative effectiveness of human tutoring, intelligent tutoring systems, and other tutoring systems." *Educational Psychologist* 46 (4): 209. https://doi.org/10.1080/00461520.2011.611369

**216** Alkhatlan, A., & Kalita, J. (2018). "Intelligent tutoring systems: A comprehensive historical survey with recent developments." ArXiv:1812.09628. http://arxiv.org/abs/1812.09628

**217** オントロジー（ontologies）は，領域に存在する概念，データ，構成要素，エンティティ，属性と，それらの関係を表現する方法である。Sowa, J.F. (1995). "Top-level ontological categories." *International Journal of Human-Computer Studies* 43 (5): 669–85. https://doi.org/10.1006/ijhc.1995.1068

**218** ナレッジグラフ（knowledge graph）はオントロジーに対する別のアプローチである。https://ontotext.com/knowledgehub/fundamentals/what-is-a-knowledge-graph

**219** Luckin, R., et al. (2018). *Intelligence Unleashed. An Argument for AI in Education*, 18,　Boulay, B. du., Poulovassilis, A., Holmes, W., & Mavrikis, M. (2018). "What does the research say about how artificial intelligence and big data can close the achievement gap?" 4. In Luckin, R. (ed.) (2018). *Enhancing Learning and Teaching with Technology*, 316–27. Institute of Education Press.

**220** たとえば，多くの ITS は生徒の学習スタイル（learning style）に対応することを目指している。たとえば，Kumar, Amit, Ninni Singh, & Neelu Jyothi Ahuja. (2017). "Learning-styles based adaptive intelligent tutoring systems: Document analysis of articles published between 2001 and 2016." *International Journal of Cognitive Research in Science, Engineering and Education* 5 (2): 83–98. https://doi.org/10.5937/IJCRSEE1702083K　しかし，この構成概念は現在では多くの研究で疑問視されている。たとえば，Kirschner, P.A. (2017). "Stop propagating the learning styles myth." *Computers & Education* 106: 166–171. https://doi.org/10.1016/j.compedu.2016.12.006

**221** Bereiter, C., & Scardamalia, M. (1989). "Intentional learning as a goal of instruction." *Knowing, Learning, and Instruction: Essays in Honor of Robert Glaser*, 361–392.

**222** Vygotsky, *Mind in Society*, 86ff.

**223** Rohrer, D., & Taylor, K. (2007). "The shuffling of mathematics problems improves learning." *Instructional Science* 35 (6): 481–98. https://doi.org/10.1007/s11251-007-9015-8

**224** Mayer, R.E., & Moreno, R. (2003). "Nine ways to reduce cognitive load in multimedia learning." *Educational Psychologist* 38 (1): 43–52.

**225** Shute, V.J. (2008). "Focus on formative feedback." *Review of Educational Research* 78 (1): 153–89. https://doi.org/10.3102/0034654307313795

**226** Self, J.A. (1974). "Student models in computer-aided instruction." *International Journal of Man–Machine Studies* 6 (2), 261–276. http://dx.doi.org/10.1016/S0020-7373(74)80005-2

**227** Dimitrova, V., Mccalla, G., & Bull, S. (2007). "Preface: Open learner models: Future research directions."

Special issue of the *International Journal of Artificial Intelligence in Education, Part 2*. http://psycnet.apa.org/psycinfo/2007-13116-001

**228** VanLehn, K. (2011). "The relative effectiveness of human tutoring, intelligent tutoring systems, and other tutoring systems." *Educational Psychologist* 46 (4): 197–221. https://doi.org/10.1080/00461520.2011.611369, Ma, W., et al. (2014). "Intelligent tutoring systems and learning outcomes: A meta-analysis." *Journal of Educational Psychology* 106 (4): 901, Nesbit, J.C., et al. (2014) "How effective are intelligent tutoring systems in computer science education?" In *2014 IEEE 14th International Conference on Advanced Learning Technologies.* http://ieeexplore.ieee.org/abstract/document/6901409/, Kulik, J.A., & Fletcher, J. D. (2015). "Effectiveness of intelligent tutoring systems a meta-analytic review." *Review of Educational Research*, https://doi.org/10.3102/0034654315581420, Steenbergen-Hu, S., & Cooper, H. (2013). "A meta-analysis of the effectiveness of intelligent tutoring systems on K–12 students' mathematical learning." http://psycnet.apa.org/journals/edu/105/4/970/, Steenbergen-Hu, S., & Cooper, H. (2014). "A meta- analysis of the effectiveness of intelligent tutoring systems on college students' academic learning." http://psycnet.apa.org/journals/edu/106/2/331/

**229** Kulik, J.A., & Fletcher, J.D. (2015). "Effectiveness of intelligent tutoring systems a meta-analytic review." *Review of Educational Research*, 0034654315581420. https://doi.org/10.3102/0034654315581420

**230** ただし, あるメタレビューは, ITS が「成人による一対一の指導と同じくらい効果的」であることを見いだしている。VanLehn, "The relative effectiveness of human tutoring, intelligent tutoring systems, and other tutoring systems," 214.

**231** 効果量（effect size）は, 実験群の平均値が統制群の平均値からどの程度離れているかを, 統制群のスコアの標準偏差を基準に表した指標である。

**232** Hattie, J. (2008). *Visible Learning*. Routledge. （ジョン・ハッティ（著）山森光陽（監訳）(2018). 『教育の効果：メタ分析による学力に影響を与える要因の効果の可視化』 図書文化社）

**233** Lynch C., et al. (2006). "Defining "ill-defined domains"; a literature survey." In (2006), Proceedings of the Workshop on Intelligent Tutoring Systems for Ill-Defined Domains at the 8th International Conference on Intelligent Tutoring Systems. http://people.cs.pitt.edu/~collinl/Papers/Ill-DefinedProceedings.pdf, Woolf, B. (2010). "Social and caring tutors." ITS 2010 keynote address. https://link.springer.com/chapter/10.1007/978-3-642-13388-6_5, Lane, C., et al. (2007). 'Intelligent tutoring for interpersonal and intercultural skill." http://ict.usc.edu/pubs/Intelligent Tutoring for Interpersonal and Intercultural Skills.pdf

**234** https://www.carnegielearning.com/products/software-platform/mathia-learning-software

**235** https://www.assistments.org

**236** Pane, J.F., et al. (2015). "Continued progress. Promising evidence on personalized learning." https://www.rand.org/content/dam/rand/pubs/research_reports/RR1300/RR1365/RAND_RR1365.pdf

**237** Roschelle, J., et al. (2017). *How Big Is That? Reporting the Effect Size and Cost of ASSISTments in the Maine Homework Efficacy Study*. SRI International.

**238** Holmes, W., et. al. *Technology-enhanced Personalised Learning*, 65 and 68.

**239** https://www.knewtonalta.com

**240** Hylén. J. (2006). "Open educational resources: Opportunities and challenges." *Proceedings of Open Education,* 49–63.

**241** Paulheim, H. (2016). "Knowledge graph refinement: A survey of approaches and evaluation methods.", *Semantic Web* 8 (3): 489–508. https://doi.org/10.3233/SW-160218

**242** Embretson, S.E., & Reise, S.P. (2013). *Item Response Theory.* Psychology Press.

**243** https://www.aleks.com

**244** https://byjus.com

**245** https://www.century.tech

**246** https://www.cogbooks.com

**247** https://www.curriculumassociates.com/Products/i-Ready

**248** http://realizeitlearning.com

**249** https://www.smartsparrow.com

**250** https://www.summitlearning.org

**251** https://area9learning.com

**252** http://www.dreambox.com

**253** Fullerton, J. (2016). "Dreambox learning achievement growth in the Howard county public school system and rocketship education." Center for Educational Policy Research. https://cepr.harvard.edu/dreambox-learning-achievement-growth

**254** https://www.toppr.com

**255** http://www.classba.cn

**256** Carbonell, J.R., "AI in CAI." 190–202.

**257** Evens, M., & Michael, J. (2006). *One-on-One Tutoring by Humans and Computers*. Psychology Press.

**258** 前掲書，45.

**259** Graesser, A, C., et al. (2001). "Intelligent tutoring systems with conversational dialogue." *AI Magazine* 22 (4): 39.

**260** Graesser, A. C., et al. (2000). "Using latent semantic analysis to evaluate the contributions of students in AutoTutor." *Interactive Learning Environments* 8 (2): 129–47. https://doi.org/10.1076/1049-4820(200008)8:2;1-B;FT129　潜在意味解析 (LSA) は Thomas Landauer（コロラド大学）が情報検索のために文書をインデックス化する目的で開発したものであり，「人間の知識表現の計算モデルであるとともに，文章から単語や文章の意味的類似性を抽出する方法でもある」Peter W. Foltz, Darrell Laham, & Thomas K. Landauer. (1999). "The intelligent essay assessor: Applications to educational technology." *Interactive Multimedia Electronic Journal of Computer-Enhanced Learning* 1 (2). http://www.imej.wfu.edu/articles/1999/2/04/printver.asp

**261** Graesser, A.C. (2011). "Learning, thinking, and emoting with discourse technologies." *American Psychologist* 66 (8): 746–57. https://doi.org/10.1037/a0024974

**262** Wiemer-Hastings, P., et al. (1998). "The foundations and architecture of AutoTutor." *Intelligent Tutoring Systems*. Springer. 334–343. http://link.springer.com/chapter/10.1007/3-540-68716-5_39

**263** Nye, B.D., Graesser, A.C., & Hu, X. (2014). "AutoTutor and family: A review of 17 years of natural language tutoring." *International Journal of Artificial Intelligence in Education* 24 (4): 434 https://doi.org/10.1007/s40593-014-0029-5

**264** D'Mello, S., & Graesser, A. (2012). "AutoTutor and affective AutoTutor: Learning by talking with cognitively and emotionally intelligent computers that talk back." *ACM Transactions on Interactive Intelligent Systems (TiiS)* 2 (4): 23.

**265** VanLehn, "The relative effectiveness of human tutoring, intelligent tutoring systems, and other tutoring systems", Nye, Graesser, & Hu, "AutoTutor and family."

**266** https://www.ibm.com/watson/education

**267** Ventura, M., Chang, M., Foltz, P., Mukhi, N., Yarbro, J., Salverda, A. P., ⋯ Afzal, S. (2018). "Preliminary evaluations of a dialogue-based digital tutor." In Carolyn, R. (ed.). *Proceedings of the 19th International Conference*. AIED 2018 London, UK, 480–483.

**268** Ventura et al., 482 をもとに作成。

**269** たとえば、Bruner, J.S. (1961). "The Act of Discovery." *Harvard Educational Review* 31: 21–32.

**270** Kirschner, P., Sweller, J., & Clark, R.E (2006). "Why minimal guidance during instruction does not work: An analysis of the failure of constructivist, discovery, problem-based, experiential, and inquiry-based teaching." *Educational Psychologist* 41 (2): 75–86.

**271** Fratamico, L., et al. (2017). "Applying a framework for student modeling in exploratory learning environments: Comparing data representation granularity to handle environment complexity." *International Journal of Artificial Intelligence in Education* 27 (2): 321. https://doi.org/10.1007/s40593-016-0131-y

**272** du Boulay, et al. (2018). "What does the research say about how artificial intelligence and big data can close the achievement gap?" In *Enhancing Learning and Teaching with Technology*, Luckin, R. (ed.). Institute of Education Press, 316–27. をもとにしている。

**273** http://www.italk2learn.eu

**274** Rummel, N., et al. (2016). "Combining exploratory learning with structured practice to foster conceptual and procedural fractions knowledge." In Looi, C.K., Polman, J., Cress, U., & Reimann, P. *(eds.) Transforming Learning, Empowering Learners: The International Conference of the Learning Sciences* 1: 58–65.

**275** Leelawong, K., & Biswas, G. (2008). "Designing learning by teaching agents: The Betty's Brain system." *International Journal of Artificial Intelligence in Education* 18 (3): 181–208.

**276** Biswas, G., et al. (2005). "Learning by teaching: A new agent paradigm for educational software." *Applied Artificial Intelligence* 19 (3–4): 363–92. https://doi.org/10.1080/08839510590910200

**277** Biswas, G., Segedy, J.R., & Bunchongchit, K. (2016). "From design to implementation to practice a learning by teaching system: Betty's Brain." *International Journal of Artificial Intelligence in Education* 26 (1): 350– 364.

**278** Jeong, H., et al. (2008). "Using hidden Markov models to characterize student behaviors in learning-by-teaching environments." In *Intelligent Tutoring Systems*, 614–25. https://doi.org/10.1007/978-3-540-69132-7_64

**279** http://projects.intellimedia.ncsu.edu/crystalisland

**280** Holmes, W. (2017). "Digital games-based learning. Time to adoption: Two to three years?" In *Education and New Technologies: Perils and Promises for Learners*. Sheehy, K., & Holliman, A.J. (eds.). Routledge.

**281** Yannakakis, G.N., & Togelius, J. (2018). *Artificial Intelligence and Games.* Springer International Publishing. https://doi.org/10.1007/978-3-319-63519-4

**282** Bernardini, S., Porayska-Pomsta, K., & Smith, T.J. (2014). "ECHOES: An intelligent serious game for fostering social communication in children with autism." *Information Sciences* 264 (April): 41–60. https://doi.org/10.1016/j.ins.2013.10.027

**283** Dias, J., & Paiva, A. (2005). "Feeling and reasoning: A Computational model for emotional characters." In *Progress in Artificial Intelligence*, 127–40. Springer. https://doi.org/10.1007/11595014_13

**284** Kardan, S., & Conati, C. (2015). "Providing adaptive support in an interactive simulation for learning: an experimental evaluation." In *Proceedings of the 33rd Annual ACM Conference on Human Factors in Computing Systems*, 3671–3680. https://doi.org/10.1145/2702123.2702424

**285** Fujitani, S., & Minemura. K. (2017). "An analysis of expectations for artificial intelligence-supporting software in mobile learning." https://www.researchgate.net/publication/324537420_An_Analysis_of_Expectations_for_Artificial_Intelligence-supporting_Software_in_Mobile_Learninght

**286** John Behrens（ピアソン社）によると，自動エッセイ採点は「機械学習による大きな進歩が起こりつつある」分野の一つだという。次の文献からの引用，Johnson, S. (2018). *What Can Machine Learning Really Predict in Education?* https://www.edsurge.com/news/2018-09-26-what-can-machine-learning-really-predict-in-education

**287** M-Write が 1 例である。https://lsa.umich.edu/sweetland/m-write.html

**288** Gradescope が 1 例である。https://www.gradescope.com

**289** https://www.npr.org/sections/alltechconsidered/2012/04/24/151308789/for-automatic-essay-graders-efficiency-trumps-accuracy?t=1542533112695

**290** Dikli, S. (2006). "An overview of automated scoring of essays." *The Journal of Technology, Learning and Assessment* 5 (1). https://ejournals.bc.edu/ojs/index.php/jtla/article/view/1640，Raczynski, K., & Cohen, A. (2018). "Appraising the scoring performance of automated essay scoring systems—some additional considerations: Which essays? Which human raters? Which scores?" *Applied Measurement In Education* 31 (3): 233–40. https://doi.org/10.1080/08957347.2018.1464449，次の Hubert の記事も参照してほしい，"AI in education—automatic essay scoring." https://medium.com/hubert-ai/ai-in-education-automatic-essay-scoring-6eb38bb2e70

**291** Stevenson, M., & Phakiti, A. (2014). "The effects of computer-generated feedback on the quality of writing." *Assessing Writing* 19: 51–65.

**292** Shermis, M. D. (2014). "State-of-the-art automated essay scoring: competition, results, and future directions from a United States demonstration." *Assessing Writing* 20 (April): 53–76. https://doi.org/10.1016/j.asw.2013.04.001

**293** Dikli, "An overview of automated scoring of essays," 5.

**294** Shermis, M.D. (2014). "State-of-the-art automated essay scoring: Competition, results, and future directions from a United States demonstration." *Assessing Writing* 20: 53–76. https://doi.org/10.1016/j.asw.2013.04.001

**295** https://www.pearsonassessments.com/professional-assessments/products/programs/write-to-learn.html

**296** Foltz. P.W., & Rosenstein, M. (2013). "Tracking student learning in a state-wide implementation of automated writing scoring." In *NIPS Workshop on Data Driven Education*.

**297** Kukich, K. (2000). "Beyond automated essay scoring." *IEEE Intelligent Systems* 15(5): 22-27.

**298** Whitelock, D., et al. (2013). "OpenEssayist: An automated feedback system that supports university students as they write summative essays." http://oro.open.ac.uk/41844/

**299** https://www.edx.org

**300** Reilly, E.D., et al. (2014). "Evaluating the validity and applicability of automated essay scoring in two massive open online courses." *The International Review of Research in Open and Distributed Learning* 15 (5). http://www.irrodl.org/index.php/irrodl/article/view/1857

**301** http://humanreaders.org/petition/index.php

**302** ちょうど，現在進行中のフェイクニュース生成 AI（例：https://www.technologyreview.com/s/610635/fake-news-20-personalized-optimized-and-even-harder-to-stop）とフェイクニュース特定の AI（例：http://adverifai.com）の軍拡戦争のように。

**303** http://www.gettingsmart.com/2018/08/32-ways-ai-is-improving-education

**304** http://www.altschool.com

**305** http://kidaptive.com

**306** Holstein, K., McLaren, B.M., & Aleven, V. (2018). "Student learning benefits of a mixed-reality teacher awareness tool in ai-enhanced classrooms." In *Artificial Intelligence in Education*, ed. Rosé, C. P., et al. https://doi.org/10.1007/978-3-319-93843-1_12

**307** Holstein, K., et al. (2018). "The classroom as a dashboard: Co-designing wearable cognitive augmentation for K-12 teachers." In *Proceedings of the 8th International Conference on Learning Analytics and Knowledge—LAK '18*. https://doi.org/10.1145/3170358.3170377

**308** Lumilo は，Lynnette と呼ばれる ITS で研究されており，線形方程式を教えるように設計されている。Lynnette はベイジアンナレッジトレーシング（Bayesian knowledge tracing）を用いて学習経路を適応的に選択し，ステップ・バイ・ステップの助言とフィードバックを提供する。以下を参照してほしい，Aleven V., et al. (2016). "Example-tracing tutors: Intelligent tutor development for non-programmers." *International Journal of Artificial Intelligence in Education* 26(1): 224–269.

**309** https://www.blog.google/products/pixel/pixel-buds

**310** http://www.startrek.com/database_article/universal-translator

**311** http://hitchhikers.wikia.com/wiki/Babel_Fish

**312** もちろん，言語学習が教科書をすべて暗記するのと同じくらい古びたものになるかは疑問である。CCR はこの問題を詳しく追っていきたい。現時点では，次の３つの理由から言語習得はやはり重要であると推奨している。第１に，確かに会話型アプリケーションでは，翻訳テクノロジーがコミュニケーションを代わってくれる可能性があるが，人との会話では流暢さが必要なので，その可能性は低いだろう。次は文化的理解であり，これは他のメカニズムで教えられるかもしれない。最後に，まだ研究で明らかにされたことではないが，多言語を学ぶことによる認知的利益である。言語学習は，アルファベットが発明された後の記憶術のように，支持できないものになるのだろうか？　こうした状況が続く中で，CCR は，言語習得に敏感期（臨界期）があることをふまえ，複数の言語に接することで，複数言語の習得の基盤を築くことを推奨している。言語的に近い距離にある２つの言語ならば，早期に習得することが可能である（たとえば，英語を母語とする人の場合，最初の２年間は英語を身につけ，２～３歳までにスペイン語またはフランス語を学ぶようにする。これらは一方はゲルマン語族でもう一方はラテン語族だが，ともにインド・ヨーロッパ語族である）。そして，異なる語族に属する言語的に離れた第３の言語（たとえば標準中国語やアラビア語）や７歳までに教わる文字言語を学ぶことで，その利益は最大化できるだろう。また，時間の問題は，本書に記したようなテクノロジーで支援することができるだろう。

**169**

**313** https://www.memrise.com

**314** https://www.rosettastone.co.uk　※日本語版 URL：https://rosettastone.co.jp/

**315** https://app.mondly.com　※日本語版 URL：https://ja.mondly.com/

**316** https://www.babbel.com

**317** https://www.duolingo.com　※日本語版 URL：https://ja.duolingo.com/

**318** Ausubel, D.P., & Youssef, M. (1965). "The effect of spaced repetition on meaningful retention." *The Journal of General Psychology* 73: 147–50. https://doi.org/10.1080/00221309.1965.9711263

**319** Melton, A.W. (1970). "The situation with respect to the spacing of repetitions and memory." *Journal of Verbal Learning and Verbal Behavior* 9 (50): 596–606.

**320** Duolingo はこの効果を利用した唯一のサービスではないが，このアプローチを最適化するためにさまざまな研究を行ったことは注目に値する。

**321** Leitner, S. (1995). *So Lernt Man Lernen: Angewandte Lernpsychologie—Ein Weg Zum Erfolg*. Herder.

**322** たとえば，Dale, R. (2016). "The return of the chatbots." *Natural Language Engineering* 22 (5): 811–817, "Everything you ever wanted to know about chatbots (but were afraid to ask)." https://www.jisc.ac.uk/blog/everything-you-ever-wanted-to-know-about-chatbots-but-were-afraid-to-ask-08-oct-2018

**323** https://messenger.fb.com

**324** Wolf, M.J., Miller, K., & Grodzinsky, F.S. (2017). "Why we should have seen that coming: Comments on Microsoft's tay 'experiment,' and wider implications." *SIGCAS Comput. Soc.* 47 (3) 54–64. https://doi.org/10.1145/3144592.3144598

**325** チューリングテスト―より正確には模倣ゲーム（imitation game）は，現代のコンピューティングと人工知能の父として認められるアラン・チューリング（Alan Turing）が，コンピュータが知能をもっていると見なせるかを決めるものとして考案した。「私は，約 50 年のうちには，コンピュータをプログラムして，平均的な質問者が行う 5 分ほどの質問で正体がばれる確率が 70％以下になるほど，模倣ゲームをうまくプレイさせられるようになると信じている」。Turing, A. (1950). "Computing machinery and intelligence." *Mind* 59 (236): 433–460.

**326** 以下を参照してほしい，https://www.extremetech.com/computing/269030-did-google-duplexs-ai-demonstration-just-pass-the-turing-test，および，https://www.extremetech.com/computing/269497-did-google-fake-its-google-duplex-ai-demo

**327** https://home.pandorabots.com

**328** https://www.techworld.com/picture-gallery/apps-wearables/platforms-for-developers-build-chatbots-3639106

**329** https://bb.klm.com/en

**330** https://www.tacobell.com/Tacobot

**331** https://www.your.md

**332** https://www.rbs.com/rbs/news/2016/03/rbs-installs-advanced-human-ai-to-help-staff-answer-customer-que.html

**333** https://hiremya.com

**334** https://www.sage.com/en-gb/products/pegg

**335** https://bots.kik.com/#/vspink

**336** https://www.pandorabots.com/mitsuku

**337** Fitzpatrick, K.K., Darcy, A., & Vierhile, M. (2017). "Delivering cognitive behavior therapy to young adults with symptoms of depression and anxiety using a fully automated conversational agent (woebot): A randomized controlled trial." *JMIR Mental Health* 4. https://doi.org/10.2196/mental.7785

**338** https://www.virtualspirits.com/chatbot-for-university.aspx

**339** https://www.slu.edu/alexa/index.php

**340** たとえば，ディーキン大学は，IBM Watson を使って学生サービスを支援するチャットボットを走らせている。http://www.deakin.edu.au/about-deakin/media-releases/articles/ibm-watson-helps-deakin-drive-the-digital-frontier　また，香港公開大学も i-カウンセリングシステムをスタートした。https://library.educause.edu/resources/2012/5/case-study-9-the-open-university-of-hong-kong-the-icounseling-system

**341** Lundqvist, K.O., Pursey, G., & Williams, S. (2013). "Design and implementation of conversational agents for harvesting feedback in elearning systems." In *European Conference on Technology Enhanced Learning*, 617–618.

**342** http://bots.duolingo.com

**343** Winkler, R., & Soellner, M. (2018). "Unleashing the potential of chatbots in education: A state-of-the-art analysis." *Academy of Management Proceedings* (1): 1–17. https://doi.org/10.5465/AMBPP.2018.15903abstract

**344** http://www.aftabhussain.com/ada.html

**345** Heller, B., et al. (2005). "Freudbot: An investigation of chatbot technology in distance education." In *EdMedia: World Conference on Educational Media and Technology,* 3913–3918. https://pdfs.semanticscholar.org/ba80/d43699062892440f7e9adb6aea8e3ca1ddfe.pdf

**346** たとえば，http://www.classvr.com

**347** https://edu.google.com/expeditions

**348** http://ossovr.com

**349** https://www.pottermore.com/news/new-expanded-fantastic-beasts-and-where-to-find-them-vr-experience-announced

**350** https://www.youtube.com/watch?v=Ay6g66FbkmQ

**351** https://www.peakfinder.org

**352** https://medmovie.com/augmented-reality-heart

**353** https://www.pokemongo.com/en-gb　※日本語版 URL：https://www.pokemongo.jp/

**354** たとえば，https://www.apple.com/uk/ios/augmented-reality，https://www.samsung.com/global/galaxy/galaxy-s9/augmented-reality，https://ametroslearning.com

**355** ，Dede, C., et al. (2017). "Virtual reality as an immersive medium for authentic simulations." https://doi.org/10.1007/978-981-10-5490-7_8

**356** Jimenez, Y.A., et al. (2018). "Patient education using virtual reality increases knowledge and positive experience for breast cancer patients undergoing radiation therapy." *Supportive Care in Cancer* 26 (8): 2879–88. https://doi.org/10.1007/s00520-018-4114-4

**357** McGuire, L.S., & Alaraj, A. (2018). "Competency assessment in virtual reality-based simulation in neurosurgical training." In *Comprehensive Healthcare Simulation: Neurosurgery*. Springer. 153–157.

**358** Baierle, I. L. F., & Gluz, J. C. (2018) "Programming intelligent embodied pedagogical agents to teach the beginnings of industrial revolution." In Nkambou, R., Azevedo, R., & Vassileva, J. (eds.) *Intelligent Tutoring Systems. Lecture Notes in Computer Science* 10858. Springer. https://doi.org/10.1007/978-3-319-91464-0_1

**359** Stavroulia, K.E., et al. (2018). "Designing a virtual environment for teacher training: Enhancing presence and empathy." In *Proceedings of Computer Graphics International 2018 on CGI 2018*. ACM Press. https://doi.org/10.1145/3208159.3208177

**360** http://ecolearn.gse.harvard.edu

**361** Dede et al. (2017) を参照してほしい。この論文で著者らは，シミュレーション環境における VR の可能性と限界について深く議論し，効果的な実装につながる原理を提案している。

**362** Behmke, D., et al. (2018) "Augmented reality chemistry: Transforming 2-D molecular representations into interactive 3-D structures." *Proceedings of the Interdisciplinary STEM Teaching and Learning Conference* 2(1). https://doi.org/10.20429/stem.2018.020103

**363** Efstathiou, I., Kyza, E.A., & Georgiou, Y. (2018). "An inquiry-based augmented reality mobile learning approach to fostering primary school students' historical reasoning in non-formal settings." *Interactive Learning Environments* 26 (1): 22–41. https://doi.org/10.1080/10494820.2016.1276076

**364** Tobar-Muñoz, H., Baldiris, S., & Fabregat, R. (2017) "Augmented reality game-based learning: Enriching students' experience during reading comprehension activities." *Journal of Educational Computing Research* 55 (7). http://journals.sagepub.com/doi/10.1177/0735633116689789

**365** Radu, J. (2014) "Augmented reality in education: A meta-review and cross-media analysis." *Personal and Ubiquitous Computing* 18 (6): 1533–1543.

**366** たとえば，Nepris（https://www.nepris.com）と Educurious（https://educurious.org）の両団体は，学校を世界中の専門家とつなぎ，授業に産業界からの視点を取り入れることを支援している。可能性としては，インタラクティブな質疑応答セッション，仮想フィールド旅行，プロジェクトのメンター指導などがある。

**367** Holmes, W., et al. *Technology-Enhanced Personalised Learning*.

**368** http://slp.bnu.edu.cn (Note: Only accessible to students and faculty who have an account.)

**369** 本書で言及した開発者の一人は，AIED をより洗練したものにすることは，教師が，厳密に定められた台本に従いファストフードのシェフのように（彼らの言葉では「KFC 風に」）働く，補助的な存在になることを意味すると述べている。

**370** 教育における AI の興味深い利用法の一つは，小テストの問題の自動生成である。これについては，その有効性がまだ実証されていないため詳しくは検討していないが，頭に留めておく必要があるだろう。以下を参照してほしい，https://mt.clevere.st，https://learningtools.donjohnston.com/product/quizbot

**371** Luckin, R., et al. (2017). *Solved! Making the Case for Collaborative Problem-Solving*. Nesta. https://www.nesta.org.uk/report/solved-making-the-case-for-collaborative-problem-solving/

**372** スペインのバレンシア工科大学は，まさにそんなシステムを研究している。Alberola, J. M., del Val, E., Sanchez-Anguix, V., Palomares, A., & Teruel, M. D. (2016). "An artificial intelligence tool for heterogeneous team formation in the classroom." *Knowledge-Based Systems* 101: 1–14. https://doi.

**373** たとえば, Diziol, D., et al. (2010). "Using intelligent tutor technology to implement adaptive support for student collaboration." *Educational Psychology Review* 22 (1): 89–102. https://doi.org/10.1007/s10648-009-9116-9, および, Spikol, D., et al. (2016). "Exploring the interplay between human and machine annotated multimodal learning analytics in hands-on stem activities." In *Proceedings of the Sixth International Conference on Learning Analytics & Knowledge*. 522–523.

**374** Goel, A.K., & Joyner, D.A. (2017). "Using AI to teach AI: Lessons from an online AI class." *AI Magazine* 38(2): 48. https://doi.org/10.1609/aimag.v38i2.2732

**375** Gunzelmann, B.G. (2005). "Toxic testing: It's time to reflect upon our current testing practices." *Educational Horizons* 83 (3): 214.

**376** https://curriculumredesign.org/wp-content/uploads/Evolving-Assessments-for-the-21st-Century-Report-Feb-15-Final-by-CCR-ARC.pdf

**377** Rose Luckin の言葉を次の Web ページから引用, https://www.jisc.ac.uk/news/the-ai-revolution-is-here-17-aug-2018

**378** たとえば, http://tesla-project.eu

**379** Luckin, R. (2017). "Towards artificial intelligence-based assessment systems." *Nature Human Behaviour* 1. https://doi.org/10.1038/s41562-016-0028

**380** 著者の一人による米国特許番号 9,262,640 と 9,582,567。これらは, プライバシーとセキュリティも守ってくれる。

**381** Sharples, M., & Domingue, J. (2016). "The blockchain and kudos: A distributed system for educational record, reputation and reward." In *European Conference on Technology Enhanced Learning*. Springer. 490–496.

**382** 南カリフォルニア大学では, そのような応用例の研究が何年も行われている。http://ict.usc.edu/prototypes/personal-assistant-for-life-long-learning-pal3

**383** https://www.theatlantic.com/magazine/archive/2018/11/alexa-how-will-you-change-us/570844/

**384** World Economic Forum. (2015). New Vision for Education: Unlocking the Potential of Technology. World Economic Forum.

**385** Trilling, B., & Fadel, C. (2012). *21st Century Skills: Learning for Life in Our Times*. John Wiley & Sons.

**386** Fadel, C., Bialik, M., & Trilling, B. (2015). *Four-Dimensional Education: The Competencies Learners Need to Succeed*. Center for Curriculum Redesign. （C. ファデル, M. ビアリック, B. トリリング（著）関口貴裕・細川太輔（編訳）東京学芸大学次世代教育研究推進機構（訳）(2016). 『21世紀の学習者と教育の4つの次元：知識, スキル, 人間性, そしてメタ学習』北大路書房）

**387** Luckin, R., et al. *Intelligence Unleashed*, 11.

**388** Luckin, R., & Holmes, W. (2017). "A.I. is the new T.A. in the classroom." *How We Get to Next*. https://howwegettonext.com/a-i-is-the-new-t-a-in-the-classroom-dedbe5b99e9e

**389** Mayer-Schonberger, V., & Cukier, K. (2013). *Big Data: A Revolution That Will Transform How We Live, Work and Think*. John Murray. （ビクター・マイヤー＝ショーンベルガー, ケネス・クキエ（著）斎藤栄一郎（訳）(2013).『ビッグデータの正体：情報の産業革命が世界のすべてを変える』講談社）

**390** ラーニングアナリティクスと教育データマイニングの類似点や相違点をもっと知りたい読者は, 次を読むとよいだろう, Benedict du Boulay and others, "What does the research say about how artificial intelligence and big data can close the achievement gap?" in Luckin, R. (ed.) (2018). *Enhancing Learning and Teaching with Technology*. Institute of Education Press, 316–27, ま た は, Siemens, G., & Baker, R. S. J. d. (2012). "Learning analytics and educational data mining: Towards communication and collaboration." In *Proceedings of the 2nd International Conference on Learning Analytics and Knowledge*, 252–254. http://dl.acm.org/citation.cfm?id=2330661

**391** Siemens, G. (2011). "1st International conference on learning analytics and knowledge 2011: Connecting the technical, pedagogical, and social dimensions of learning analytics. https://tekri.athabascau.ca/analytics/about

**392** 言葉の区切り方がモンティパイソンの「ライフ・オブ・ブライアン」を思い起こさせる。「ブライアン：あなたはユダヤ人民・戦線ですか？」「レッジ：うせろ、ばかやろう！」「ブライアン：は？」「レッジ：ユダヤ人民・戦線？　我々はユダヤ・人民戦線だ」。 http://montypython.50webs.com/scripts/Life_of_Brian/8.htm

**393** du Boulay, et al., "What does the research say about how artificial intelligence and big data can close the achievement gap?" 270.

**394** 以下を参照してほしい, Herodotou, C., et al. (2017). "Predictive modelling for addressing students' attrition in higher education: The case of OU analyses." http://oro.open.ac.uk/49470/, https://analyse.kmi.open.ac.uk

**395** 以下を参照してほしい, Astle, D.E., Bathelt, J., & Holmes, J. (2018). Remapping the cognitive and neural profiles of children who struggle at school." *Developmental Science*. https://doi.org/10.1111/desc.12747 短くまとめたものとしては, https://www.opencolleges.edu.au/informed/learning-strategies/artificial-intelligence-identifies-students-struggle-school

**396** Conole, G. (2012). *Designing for Learning in an Open World* (v. 4). Springer Science & Business Media. https://books.google.co.uk/books?hl=en&lr=&id=gjHNlbc1BMYC&oi=fnd&pg=PR5&dq=Designing+for+learning+in+an+open+world+&ots=SwmKc5sSR3&sig=9RUsYFxOKFtZkfxj85WsLkJGcKc

**397** たとえば, Cross, S., et al. (2012). "OULDI-JISC project evaluation report: The impact of new curriculum design tools and approaches on institutional process and design cultures." http://oro.open.ac.uk/34140/, および, Laurillard, D., et al. (2013). "A constructionist learning environment for teachers to model learning designs." *Journal of Computer Assisted Learning* 29 (1): 15–30, Dalziel, J. (ed.), *Learning Design*. Routledge.

**398** 萌芽的な例としては次をあげたい, Holmes, W. (2013). "Level up! A design-based investigation of a prototype digital game for children who are low-attaining in mathematics." (Unpublished PhD thesis, University of Oxford), および, Rummel, N., et al. (2016). "Transforming learning, empowering learners." *The International Conference of the Learning Sciences* 1.

**399** たとえば, "Machine learning: universities ready students for AI revolution," https://www-timeshighereducation-com.libezproxy.open.ac.uk/news/broader-four-year-degrees-offered-in-response-to-ai-revolution, および, "The most important skills for the 4th industrial revolution? Try ethics and philosophy." https://www.edsurge.com/news/2018-10-06-the-most-important-skills-for-the-4th-industrial-revolution-try-ethics-and-philosophy

**400** Holmes, W., et al. (2018). "Ethics in AIED: Who cares?" In *Artificial Intelligence in Education* (ed. Rosé, C.P., et al.). 19th International Conference Proceedings, Part II. https://doi.org/10.1007/978-3-319-93846-2

**401** Cuban, L. (2001). *Oversold and Underused: Computers in the Classroom*. Harvard University Press.

（L. キューバン（著）　小田勝己・小田玲子・白鳥信義（訳）(2004).　『学校にコンピュータは必要か：教室の IT 投資への疑問』（叢書現代社会のフロンティア2）　ミネルヴァ書房）

**402** Al Essa（McGraw-Hill Education 社）「EdTech はほとんどすべてが最悪なものです。機械学習が EdTech を向上させるなんてことはないでしょう」，Janel Grant「私は子どもが Alexa の前に座って勉強しているのを見たことがない。学びの手がかりは他にもたくさんあるからです。機械学習がそこに到達するとはとても思えない」ともに次からの引用，Johnson, S. (2018). "What can machine learning really predict in education?" *EdSurge*. https://www.edsurge.com/news/2018-09-26-what-can-machine-learning-really-predict-in-education

**403** *The Independent*, May 2018. https://ind.pn/2InMfGf

**404** Holmes, W., et al. *Technology-Enhanced Personalised Learning*, 65 and 68.

**405** Schomaker, J., & Meeter, M. (2015). "Short- and long-lasting consequences of novelty, deviance and surprise on brain and cognition." *Neuroscience & Biobehavioral Reviews*. https://doi.org/10.1016/j.neubiorev.2015.05.002

**406** Douglas, L. (2017). "AI is not just learning our biases; it is amplifying them." *Medium*. https://medium.com/@laurahelendouglas/ai-is-not-just-learning-our-biases-it-is-amplifying-them-4d0dee75931d

**407** インストラクショニズムは「教師が教育として行う説明（インストラクション）を中心とした認知学習理論に基づいている。インストラクショニズムの観点から言うと，より良い学習の結果を得るためには，説明を改善する必要がある」。Seel, N. M., ed. (2012). *Encyclopedia of the Sciences of Learning*. Springer.

**408** Mubeen, J. (2018). "When 'personalised learning' forgets to be 'personalised.'" *Medium*. https://medium.com/@fjmubeen/when-personalised-learning-forgets-to-be-personalised-48c3558e7425

**409** Gagné, *Conditions of Learning and Theory of Instruction*.

**410** Dean Jr., D., & Kuhn D. (2007). "Direct instruction vs. discovery: The long view." *Science Education* 91. https://doi.org/10.1002/sce.20194

**411** たとえば，https://www.theatlantic.com/magazine/archive/2018/11/alexa-how-will-you-change-us/570844/

**412** Gitelman, L., et al. (2013). *"Raw Data" Is an Oxymoron*. MIT Press.

**413** 「データを得ることは簡単だが，その中には多くのバイアスが含まれている」。John Behrens（ピアソン社），以下から引用，Johnson, *What Can Machine Learning Really Predict in Education?* https://www.edsurge.com/news/2018-09-26-what-can-machine-learning-really-predict-in-education

**414** "Tech firms want to detect your emotions and expressions, but people don't like it." https://theconversation.com/tech-firms-want-to-detect-your-emotions-and-expressions-but-people-dont-like-it-80153

**415** Rose Luckin，以下から引用，https://www.jisc.ac.uk/news/the-ai-revolution-is-here-17-aug-2018

**416** du Boulay, B. "Artificial intelligence as an effective classroom assistant." *IEEE Intelligent Systems* 31. https://doi.org/10.1109/MIS.2016.93

**417** https://www.summitlearning.org

**418** Chan Zuckerberg Initiative 社は，Summit Learning プロジェクトに資金を提供し，この主張に異議を唱えている。https://www.washingtonpost.com/education/2018/11/17/students-protest-zuckerberg-backed-digital-learning-program-ask-him-what-gives-you-this-right/?noredirect=on&utm_term=.27d5e322ac1c

**419** 教師たちから「なぜ自分らにとって代わろうとするテクノロジーを使わねばならないのか」と疑

問の声があがり，少なくとも1つの ITS 企業は，自社製品を学校に売り込むことから方向転換したようである。

**420** https://www.linkedin.com/pulse/10-jobs-safe-ai-world-kai-fu-lee，以下も参照してほしい，"Intelligent machines will replace teachers within 10 years, leading public school head teacher predicts." https://www.independent.co.uk/news/education/education-news/intelligent-machines-replace-teachers-classroom-10-years-ai-robots-sir-anthony-sheldon-wellington-a7939931.html，"Could artificial intelligence replace our teachers?" https://www.educationworld.com/could-artificial-intelligence-replace-our-teachers，"Why artificial intelligence will never replace teachers." https://www.thetechedvocate.org/artificial-intelligence-will-never-replace-teachers

**421** 前述したように，ITS の開発者の一人は，AIED をより洗練したものにすることは，教師が，厳密に定められた台本に従いファストフードのシェフのように（彼らの言葉では「KFC 風に」）働く，補助的な存在になることを意味すると述べている。

**422** https://www.telegraph.co.uk/news/2018/05/17/chinese-school-uses-facial-recognition-monitor-student-attention/

**423** https://https://www.telegraph.co.uk/technology/2018/12/15/children-young-5-risk-spied-webcams-using-school-software

**424** Kelly, S., Olney, A.M., Donnelly, P., Nystrand, M., & D'Mello. S.K. (2018). "Automatically measuring question authenticity in real-world classrooms." *Educational Researcher* 47. https://doi.org/10.3102/0013189X18785613

**425** たとえば，https://www.algebranation.com

**426** "How (and why) ed-tech companies are tracking students' feelings." https://mobile.edweek.org/c.jsp?cid=25919761&bcid=25919761&rssid=25919751&item=http%3A%2F%2Fapi.edweek.org%2Fv1%2Few%2Findex.html%3Fuuid=C08929D8-6E6F-11E8-BE8B-7F0EB4743667

**427** Jane Robbins, American Principles Project Foundation。上述の記事 "How (and why) ed-tech companies are tracking students' feelings." より引用。

**428** "FaceMetrics lands $2 million to gamify kids' screen time and track immersion with AI." https://venturebeat.com/2018/06/13/facemetrics-lands-2-million-to-gamify-kids-screen-time-and-track-immersion-with-ai

**429** たとえば，"A controversial health app developed by artificial intelligence firm DeepMind will be taken over by Google …" https://www.bbc.co.uk/news/technology-46206677。法律家でプライバシーの専門家である Julia Powles は「ディープマインド社は，『個人的な健康データを特定可能な形で Google とつなげることは絶対にない』と何度も約束していた。今発表された … まさにそれは，透明性どころか，信頼の破壊である」と述べている。

**430** Pew Research Center が最近実施した調査によると「一般の人々は，生活のさまざまな場面で使われているアルゴリズムに懐疑的であることが多く，…アメリカ人の 58％が，コンピュータプログラムには常にある程度の偏見が反映されていると感じている」という。http://www.pewinternet.org/2018/11/16/public-attitudes-toward-computer-algorithms/

**431** 「アルゴリズムが社会においてますます広範な役割を果たすようになり，仕事の獲得やアイデンティティの認識に影響する決定を自動化したり，それに影響を与えたりするようになるにつれ，一部の研究者や製品開発者は，データを用いた製品は，科学的なレトリックで信じこまされているような中立的なものではないと警告している」。Kathryn Hume, integrate.ai。以下の記事からの引用，"AI needs debate about potential bias," by Carole Piovesan, https://www.lawtimesnews.com/article/

ai-needs-debate-about-potential-bias-15180，次の Fairness Toolkit も参照してほしい，https://unbias. wp.horizon.ac.uk/fairness-toolkit

**432** 一例をあげると，とある有名大学で著者の一人が書いた修士論文には，ある教授からは最優秀賞の評価が与えられ，別の教授からは不可の評価が与えられた。

**433** 見方を変えると，UCLA の法学教授 Eugene Volokh は「コンピュータは，人間の審査委員会が，自分の意見がある人間が書いた意見と同等かそれ以上だと考えるなら，それを受け入れるべきだ…」と主張している。https://www.axios.com/artificial-intelligence-judges-0ca9d45f-f7d3-43cd-bf03-8bf2486cff36.html

**434** たとえば，Ada Lovelace Institute（https://www.adalovelaceinstitute.org）や，AI Ethics Initiative（https:// aiethicsinitiative.org），AI Ethics Lab（http://www.aiethicslab.com），AI Now（https://ainowinstitute. org），DeepMind Ethics and Society（https://deepmind.com/applied/deepmind-ethics-society），the Oxford Internet Institute（https://www.oii.ox.ac.uk/blog/can-we-teach-morality-to-machines-three-perspectives-on-ethics-for-artificial-intelligence）。次の文献や，Winfield, Alan F. T., & Jirotka, M. (2018). "Ethical governance is essential to building trust in robotics and artificial intelligence systems." *Phil. Trans. R. Soc. A* 376. https://doi.org/10.1098/rsta.2018.0085，次も見てほしい，"Top 9 ethical issues in artificial intelligence." https://www.weforum.org/agenda/2016/10/top-10-ethical-issues-in-artificial-intelligence，"Establishing an AI code of ethics will be harder than people think." https://www. technologyreview.com/s/612318/establishing-an-ai-code-of-ethics-will-be-harder-than-people-think, Willson, M. (2018). "Raising the ideal child? Algorithms, quantification and prediction." *Media, Culture & Society*, 5. https://doi.org/10.1177/0163443718798901

**435** Tarran, B. (2018). "What can we learn from the Facebook–Cambridge Analytica scandal?" *Significance* 15 (3): 4–5.

**436** 次を参照してほしい，Miller, T. (2019). "Explanation in artificial intelligence: Insights from the social sciences." *Artificial Intelligence* 267. https://doi.org/10.1016/j.artint.2018.07.007

**437** "You and AI—machine learning, bias and implications for inequality." https://royalsociety.org/science-events-and-lectures/2018/07/you-and-ai-equality

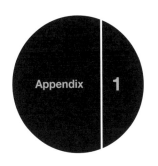

# 補足 I

## A1-1　トピックと概念のつながり

　カリキュラムの設計をする際に大事なことは，どのコンテンツも，その知識領域における閾値概念（threshold concept）[訳注]をすべてのレベルで強調するものとなっていることである。たとえば，表 A1-1 は，化学のトピックと，そのコアアイデア（Core Idea）との関係を示したものである。

[訳注]｜ 閾値概念（threshold concept）：理解を進め，ものの見方を変えるような概念。

　この表を見ると，いくつかのコアアイデアは，それによってコンテンツをうまく整理できるので，それ自体が潜在的な「主題」（subject）となっているように見えるかもしれない。これは，知識をこのような細かさで，すなわちトピックが概念とコンテンツを合わせたものになるように整理しているからである。しかし，これは，カリキュラムの要素の中から，コンテンツは濃いが概念は乏しいものを抜き出すための重要な基準となる。

　たとえば，「クエン酸回路」を細胞・分子生物学のトピックと考える人もいるかもしれない。しかし，それは確かに他の概念とも関連しているが，それ単独では有用な概念ではない。これを生態学における「遷移」（succession）と比べてみると，遷移は教科書の章のタイトルとなっているのみならず，それ自体，時間とともに生態系で生じるダイナミクスの一種を表す重要な概念であることは明らかである（生態学の閾値概念と言えるだろう）。したがって，クエン酸回路は，

**表 AI-I　トピックとそれに配置された概念。出典：Cooper, Posey, & Underwood**

| トピック（章の<br>タイトル）の例 | コアアイデアとの関係 |
|---|---|
| 周期的傾向 | ・**原子／分子構造と性質**：原子構造から，行を横に向かう方向と列を下に向かう方向で繰り返される傾向が生じる。<br>・**静電および結合相互作用**：原子を構成する粒子間の静電相互作用（有効核電荷を引き起こす）はほとんどの周期的傾向を説明する。<br>・**エネルギー（量子的）**：イオン化エネルギーのパターンは，エネルギー準位の量子化された性質から生じる。内殻電子による遮蔽は，価電子が受ける有効核電荷を決定し，原子中の量子化されたエネルギー準位と関連する殻構造との関係から生じる。<br>・**化学系の変化と安定性**：引力と斥力のバランスが原子の大きさを決める。 |
| 溶液 | ・**原子／分子構造と性質**：物質の溶解度は溶質と溶媒の両方の分子レベルの構造に依存する。<br>・**静電および結合相互作用**：溶媒と溶質の間の相互作用が溶解度を部分的に決定する。<br>・**エネルギー（巨視的）**：物質が溶解するときに起こる温度変化は，相互作用を克服するのに必要なエネルギーと，新しい相互作用が形成されるときに放出されるエネルギーに依存する。<br>・**化学系の変化と安定性**：物質の溶解度は，物質が溶解するときの全エントロピー変化に依存する。 |
| 相および相変化 | ・**原子／分子構造と特性**：物質の融点／沸点は分子レベルの構造に依存する。<br>・**静電相互作用と結合相互作用**：分子レベルでの相互作用の種類と強さが融点／沸点に影響する。<br>・**エネルギー（巨視的）**：相変化にともなうエネルギー変化は，相互作用の種類と強さによって決定される。<br>・**化学系の変化と安定性**：相変化温度は系と外界の間のエネルギー移動とそれに対応するエントロピー変化に依存する。 |
| 反応速度論 | ・**原子／分子構造と性質**：化学反応の速度は反応種の構造と反応物が衝突時に適切に配向されている確率に依存する。反応機構も分子構造に依存する。<br>・**静電および結合相互作用**：化学反応の速度は，反応種間の相互作用の強さおよび反応種内の結合の強さに依存する。<br>・**エネルギー（分子的，巨視的）**：化学反応の速度は，活性化エネルギー（それは構造と相互作用に依存している）および衝突する反応分子の運動エネルギーに依存する。<br>・**化学系の変化と安定性**：反応速度論は，化学変化がどのようにして，なぜ起こるのかを研究する学問である。正反応と逆反応の競争速度は，反応進行度という平衡に達するかを制御する。 |
| 熱化学 | ・**原子／分子構造と性質**：化学反応においては，いくつかの結合と相互作用が切断され，新しい結合が形成される。<br>・**静電および結合相互作用**：結合および相互作用の種類および強さは，関与する分子の構造および極性に依存する。相互作用の強さは静電的考察から予測できる。<br>・**エネルギー（分子的，巨視的）**：化学反応におけるエネルギー変化は，結合と相互作用を切断するのに必要なエネルギーと，新しい結合と相互作用が形成されるときに放出されるエネルギーとのバランスである。<br>・**化学系の変化と安定性**：化学反応が起こるかどうかは，系のエンタルピーとエントロピー変化を考慮して決定できる全エントロピー変化に依存する。 |

それをただ覚えるために学ぶのではなく，他の概念に役立つように学習すべきである。一方，遷移は，それ単独で意味ある生態学のトピックとなるだろう。

## A1-2　コンテンツの進化

　昔の西洋社会で定式化されたカリキュラムのうち，最も影響力があったのは3学（trivium）と4科（quadrivium）であった。これは古代ギリシャの教育理論を中世に復活させたものであり，大学教育における自由7科を，文法，論理学，修辞学，天文学，幾何学，算術，音楽と定めたものである。

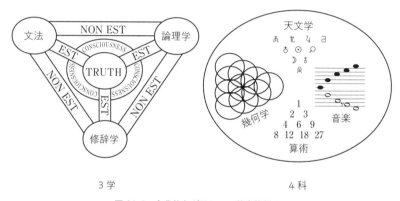

3学　　　　　　　　　　　　　　　4科

**図A1-1　古典的なギリシャの教育枠組み**

　このうち一部の科目（天文学，倫理学，ラテン語など）は選択科目になったり，高等教育レベルで教えられるようになったが（たとえば，修辞学，雄弁術がコミュニケーション学になった），その変化はとてもゆっくりとしたものである。アメリカの中等教育が扱う学問分野のスタンダードは，ハーバード大学の学長チャールズ・エリオット（Charles Eliot）が主導し，全米教育協会が後援した10人委員会（the Committee of Ten）によって，1893年に初めて確立された。彼は，主に大学の学長や学部長からなる教育専門家10人の委員会を招集し，すべての公立中等学校の標準的なカリキュラムの要件を定めるよう求めた。

　こうした学問分野の初期のスタンダードは，今日の教育制度の多くで，いま

**表 AI-2　10人委員会の報告書**

| 中等学校1年 | 中等学校2年 |
|---|---|
| ラテン語……………………………5 p. | ラテン語……………………………4 p. |
| 英文学，2 p.<br>英作文，2 p. } ……………4 p. | ギリシャ語…………………………5 p. |
| ドイツ語（またはフランス語）……5 p. | 英文学，2 p.<br>英作文，2 p. } ……………4 p. |
| 代数学　　　　　　　　　　　4 p. | ドイツ語，継続……………………4 p. |
| イタリア・スペイン・フランスの歴史……3 p. | フランス語，新規…………………5 p. |
| 応用地理学（ヨーロッパ政治―大陸と海洋の動植物）……………………………4 p. | 代数学*，2 p.<br>幾何学，2 p. } ……………4 p. |
| ‾‾‾‾‾ | 植物学または動物学………………4 p. |
| 25 p. | 1688年（名誉革命）までのイギリスの歴史 |
| | ……………………………………3 p. |
| | ‾‾‾‾‾ |
| | 33 p. |
| | *簿記か商業算術のいずれか |

| 中等学校3年 | 中等学校4年 |
|---|---|
| ラテン語……………………………4 p. | ラテン語……………………………4 p. |
| ギリシャ語…………………………4 p. | ギリシャ語…………………………4 p. |
| 英文学，2 p.<br>英作文，1 p.<br>修辞学，1 p. } ……………4 p. | 英文学，2 p.<br>英作文，1 p.<br>英文法，1 p. } ……………4 p. |
| ドイツ語……………………………4 p. | ドイツ語……………………………4 p. |
| フランス語…………………………4 p. | フランス語…………………………4 p. |
| 代数学*，2 p.<br>幾何学，2 p. } ……………4 p. | 三角法<br>高等代数学 } ……………2 p. |
| 物理学………………………………4 p. | 化学…………………………………4 p. |
| イギリスとアメリカの歴史………3 p. | 歴史（集中講義）と民政…………3 p. |
| 天文学，3 p., 前期<br>気象学，3 p., 後期 } ……………3 p. | 地質学または自然地理学，4 p., 前期<br>解剖学，生理学，衛生学，4 p., 後期 } ……4 p. |
| ‾‾‾‾‾ | ‾‾‾‾‾ |
| 34 p. | 33 p. |
| *簿記か商業算術のいずれか | |

だに中等教育の必修科目に反映されている（ギリシャ語，ラテン語，その他の特定の言語を除く）。

　世界の多くの教育制度で教えられている伝統的な学問分野は以下のとおりである。


・言語（国語）
・数学（計算，幾何，代数）

・理科（生物学，化学，物理学）

・言語（外国語）

・社会（歴史，地理，公民，経済など）

・芸術（演奏，視覚芸術）

・ウェルネス（とりわけ体育）

　どの学問分野でも似たようなものだが，ある知識が一般的になるとそれがカリキュラムに追加される。しかし，だからといって何かが大幅に見直されるわけではない。たとえば数学では，レオナルド・ダ・ピサ（Leonardo de Pisa；フィボナッチ）の記念碑的著作『算盤の書』（*Liber Abaci*）の内容がカリキュラムに反映されているが，これは商人が，それまでのローマ数字から新しくヒンズー・アラビア式の 1 〜 10 の数字を学んだり，比や割合，線形方程式などを学んだりするのを助けるために 1202 年に書かれたものである。

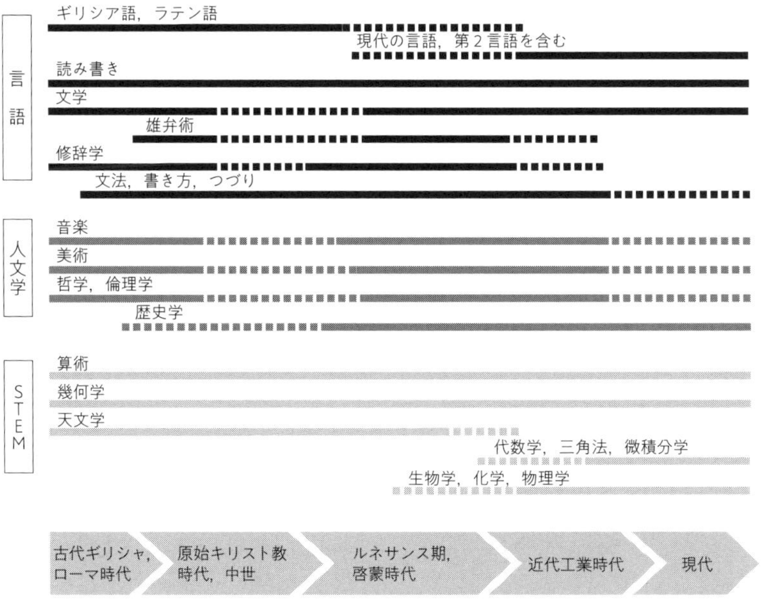

図 A1-2　時間にともなうコンテンツの進化。出典：CCR

13 世紀の商人にとって意味あることが，21 世紀の生徒たちに何の関係もないことは明らかである。人間の学問的営みは指数関数的に進歩している。三角関数や微積分はカリキュラムに追加されたが，ロボット工学や起業家精神のような，より現代的な科目は，現在のすし詰め状態のシステムには収まりきらない。さらに標準テストの存在が，特に言語と数学にプレッシャーをかけており，それによって学校の教科の余裕がさらに削られている。図 A1-3 からは，アメリカにおいて，国語（English language arts）と数学の時間をつくるために，社会，理科，美術／音楽，休み時間，そして体育の時間が大きく減っていることがわかる。

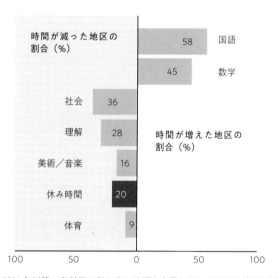

図 A1-3　2001 年以降に各科目の割り当て時間を変更したアメリカの地区の割合。
出典：Center for Public Education

# A1-3　分野横断的なテーマ

## 3.1　環境リテラシー

　人類は，さまざまな面でこの星の生態学的限界に急速に近づいているし，も

しかしたら，すでにそれを超えてしまっているかもしれない。将来の大規模な環境危機や生態学的な惨事を回避するためには，環境科学の基礎やこの社会が人類の長期的な持続可能性に与えている影響について，すべての市民がきちんと理解しなければならない。

「21世紀型スキルのためのパートナーシップ」（the Partnership for 21st Century Skills：以下，P21）は，環境リテラシー（environmental literacy）の構成要素を次のような力と定義している。

・環境やそれに影響を及ぼす条件の知識と理解，特にそれが大気，気候，土壌，食糧，エネルギー，水，生態系と関係することがわかっている。
・社会が自然界に与える影響についての知識と理解を示す（例：人口増加，人口推移，資源消費率など）。
・環境問題を調査・分析し，効果的な解決策を的確に決めることができる。
・環境問題に対処する行動を個人や集団としてとることができる(例：グローバルな活動への参画，環境問題への対応を促す策を考える)。

## 3.2　グローバルリテラシー

　国際社会はますます相互に結びついて成長し続けており，もはや一国の視点から学ぶだけでは不十分である。21世紀に向けた教育では，すべての生徒たちが，各科目を世界のさまざまな文化の視点から学ぶ必要がある。たとえば，世界史には世界の国々の歴史が含まれているし，数学の授業では西洋の数学者だけでなく，関連する東洋（アラブ，インド，中国）の数学者についても論じることができる。そして，生徒たちは自分自身の文化的な偏見や見方を批判的に吟味したり，他の視点を理解してそれを受け入れたりすることを促される。生徒たちはこうしたカリキュラムを通してグローバルリテラシー（global literacy），すなわち，個々の問題をグローバルな社会文化的意味の文脈で考えることや，国際的な意識をもつこと，文化的多様性を深く理解することを学ぶ必要がある。

### 3.3　市民リテラシー

　人も教育制度も社会の中に存在するものであり，社会との最も直接的な関わりは法と政策を通して行われる。大事なことは，生徒たちが，自分たちは社会とつながっており，それに変化をもたらすことができると感じられることである。今後数年のうちに，公の場で議論し，社会の単位で決定せねばならない多くの問題が出てくることを考えると，市民リテラシー（civic literacy）はますます重要になる。学校で学んだことを，必要に応じて対話の場で使うことができるようにするためには，法や政策がどのように授業内容と結びついているのかや，近い将来，社会が直面するどのような問題が情報に基づいて考えるべきものかを明確に示すことが有益だろう。P21 によると，市民リテラシーとは次のとおりである。


- ・情報の入手方法や政治のプロセスを理解して，市民生活に効果的に参加すること。
- ・市民の権利と義務を地方や州，国，世界レベルで行使すること。
- ・市民の意思決定が地域や世界に与える影響を理解すること。


　また，P21 は，市民リテラシーについてさらに学ぶための，いくつかの資料・書籍を紹介している。


### 3.4　情報リテラシー

　Google の CEO（最高経営責任者），エリック・シュミット（Eric Schmidt）によると，私たちは文明の始まりから 2003 年までにつくられたのと同じ量の情報を，2 日に 1 度のペースで生み出しているという。科学論文の量は（複利計算で）年 7 ～ 9%ずつ増加しており，これは科学的な成果がおよそ 10 年ごとに倍増していることに等しい。

　インターネットによる情報検索の方法を知っている人は多いが，そうした人たちが，検索した情報を批判的に吟味し，まとめるためのより繊細な思考スキルをもっているかは疑わしい。処理すべき情報の量が膨大であることを考えるとなおさらである。

「みんなの科学」（The People's Science）のプログラムである「21世紀の情報リテラシーツール」（Twenty-First Century Information Literacy Tools；TILT）は，現実場面において情報と関わり，活用するために重要な6つのスキルと感性を定めている。これらは，大量の情報をしっかりと吟味，評価し，有用な知識にするために育成すべき基本的な力をまとめたものである。

TILTでは，21世紀の情報リテラシー（information literacy）のコアとなる力として，以下をあげている。

・情報が徐々に変化するものであることを理解し，常に新たなエビデンスを受け入れる動的な心性を持ち続けること。
・情報の解釈や新しいアイデアが広がる際には，社会文化的なレンズがフィルターとして働いていると考えること。
・情報に基づいて議論することは，繰り返しや修正をしながら最終的な合意にいたる批判的で繊細な歩みであることを認識し，不都合なエビデンスも敬遠しないこと。
・情報が広がっていく共通アクセスポイントが情報源として信頼できるかを見極めること。
・あるエビデンスが，関連した知識からなるより広い景色の中でどのような位置にあるかをはっきりさせるため，情報に基づき解釈を行うこと。

情報が生み出される量がかつてない速さで増加していることから，情報リテラシーのスキルは，あらゆる分野で，すべての生徒たちにますます重要なものになってきている。

## 3.5　デジタルリテラシー

上述のように，テクノロジーに関する知識はますます重要になってきている。ツールやテクノロジーが発展し続けているため，生徒たちはさまざまな新しいテクノロジーの使い方を学ばなければならない。現在ある多くの仕事に技術革新の成果が反映されると，大半の仕事でスキルアップが必要となるだろう。生徒たちは，インターネット検索，ワープロ，表計算，ソーシャルメディアアプ

リなど既存のツールに慣れ親しむだけでなく，新しいテクノロジーを進んで学ぶことが大切である。

## 3.6　システム思考

　社会システムと同様に科学の分野も複雑系（complex systems）の考えに収斂しつつある（図A1-4参照）。そのためには，20世紀の西洋文化における機械論的・還元論的モデルから，よりバランスのとれたアプローチへのパラダイムシフトが必要である。分析をすることは，パラメータを特定し，それらを深く扱ったり，理解できるようになる点で依然として重要であるが，それらは，部分が全体となり，全体がまたより大きなシステムの一部と見なされ，そしてそれらすべての関係性が探究される形で，全体的視点で統合されることが重要である。

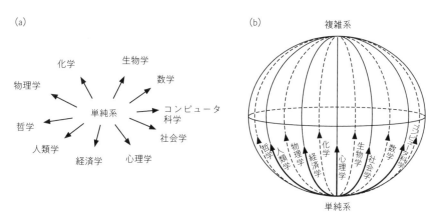

**図 A1-4　システム思考と学問分野の関係。出典：Bar-Yam, Y. Dynamics of Complex Systems**

　教育理論家で認知科学者でもあるデレク・カブレラ（Derek Cabrera）によると，生徒たちは，差異化（distinctions），システム（systems），関係性（relationships），そして視点（perspectives）のDSRPを考えるよう推奨されるべきだという。

- 差異化：アイデアや対象をより洗練させた形で特徴づけていくこと。
- システム：アイデアを分解し，さまざまな部分／全体の関わりを統合した新しい概念へとつくりなおすこと。
- 関係性：事物の間のつながりを見ること。
- 視点：さまざまな視点から物事を見ること。

　学習者は，複雑系に共通した特性を考えることで，伝統的な学問分野についても，現代的なシステム論的視点から見ることができるだろう。

## 3.7　デザイン思考

　これまで見てきたように，現在私たちが直面している 21 世紀の課題は，教育をはじめ，農業やエネルギー利用，製品の設計・製造，経済，政治にいたるまで，多くの社会制度に大幅な見なおしと再設計（リデザイン）を促している。現代のほぼすべての製品やサービスは，情報通信技術の利用の増加，グローバルなつながり，エネルギーと資源の生態学的持続可能性，長寿命化，ウェルビーイングの増進などを見据え，デザインしなおす必要がある。デザイン思考（design thinking）の考え方は，製品やサービスだけでなく，私たちが課題に取り組む際にも必要となるものである。

　デザインのプロセスを概念化する方法の一つは，以下の 4 つの原則を用いることである。

- 人間性のルール：すべてのデザイン活動は，究極には社会的なものである。
- 曖昧さのルール：デザイン思考者は，曖昧さを失わないようにしなければならない。
- 再デザインのルール：すべてのデザインは，再デザインである（失敗は，改善を繰り返すプロセスの中で生じる当然のことである）。
- 触感性のルール：アイデアを手で触れるものにすることは，コミュニケーションを促進する。

## 3.8 計算論的思考

　21世紀に向けて生徒にどのような力を身につけさせるかに関する議論では，あらゆるところでテクノロジーが重要な役割を果たしていることから，コンピュータ科学のスキルを学ぶ必要性に注目することが多い。しかし専門家たちの間では，特定のプログラミング言語やパラダイムではなく，コンピュータ科学の思考様式を身につけることが最も重要だということで，意見が一致している。英国王立協会（Royal Society）によると「計算論的思考（computational thinking）とは，私たちを取り巻く世界における計算の側面を認識し，自然および人工のシステムやプロセスをコンピュータ科学のツールや技術を適用して理解し，考える過程である」という。最近のレビュー論文では，以下の要素が計算論的思考の中心にあると定義された。


・抽象化とパターンの一般化（モデルとシミュレーションを含む）
・情報の体系的な処理
・シンボルシステムと表象
・制御フローのアルゴリズム概念
・構造化された問題の分解（モジュール化）
・反復的，再帰的，並列的な思考
・条件つきロジック
・効率性とパフォーマンスの制約。
・デバッグおよび体系的なエラー検出


　これらのテーマはいずれも，学びをより意義のある，現実世界に根ざしたものに変える方法，そして学習者のやる気を高め，行動指向にする方法を教育者と生徒の双方に提供する。また，これらのテーマは教育者が教科内容とコンピテンシーを融合し調和させることを可能にするレンズであり，学際的思考のための基礎も提供してくれる。

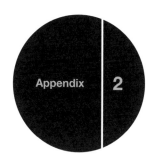

# 補足 2

## A2-1　AI とは何か？

　第 2 部の冒頭では，教育への AI の応用（AIED）について議論するために，AI を簡単に紹介した。ここでは，興味のある読者に向けた入門編として AI についてより詳しく説明していく。

　これをふまえ，まず，説明のための背景を示すには，言葉の定義から始めるのがよいだろう。オックスフォード英語辞典によると人工知能（artificial intelligence）は次のように定義されている。

> コンピュータまたはその他の機械の知的なふるまいを示す，またはシミュレートする能力
> ——オックスフォード英語辞典 [438]

　この定義は，「人工」がコンピュータやその他の機械を指すことをはっきり示しているが，「知的なふるまい」，さらにはそもそも「知能」とは何かという疑問を投げかけてくる。実際，「知能」の意味や「機械は知能をもつか」という問いは，長く議論の的となってきた（重要な議論としては，哲学者ジョン・サール〈John Searle〉の「中国語の部屋論」〈Chinese Room Argument〉[訳注] を参照 [439]）。現代のコンピューティングと人工知能の父として多くの人に認められているアラン・チューリング（Alan Turing）によれば，彼が「模倣ゲーム」（imitation game）と呼ぶ，見えないところにあるコンピュータが人間のふりをしながら一連の質問に答えるテスト（現在ではチューリングテストとして知

られている）をパスすれば，コンピュータが知能をもつと考えられるという。

　私は，約 50 年のうちには，コンピュータをプログラムして，平均的な質
問者が行う 5 分ほどの質問で正体がばれる確率が 70％以下になるほど，
模倣ゲームをうまくプレイさせられるようになると信じている。

——アラン・チューリング[440]

　この議論に人間　（質問者）を加えることで，人工知能と人間の知能を比較
する別のアプローチも提案できる。

　AI とは，人間が行う場合，知能が必要なことを機械に行わせる科学のこ
とである。

——マービン・ミンスキー（Marvin Minsky）[441]

これにより更新された，より拡張された別の辞書による説明を以下に示す。

　（人工知能とは）人間が行う場合，知能を必要とする課題を実行するコン
ピュータプログラムの構築に関する学問。AI が取り組む課題の例は，ゲー
ムプレイ，自動推論，機械学習，自然言語理解，計画，音声理解，定理証
明などである。

——コンピュータ科学辞典[442]

　考えてみると，人工知能の定義は，必然的に人工知能に関する本（多くの専
門書が出版されている）と同じくらいたくさんあると思われる。しかしながら，
スチュワート・ラッセルとピーター・ノーヴィグ（Stuart Russell and Peter
Norvig）の本[443]（多くの人にとって重要な AI の教科書）によれば，人工知
能の定義の多くは，思考とふるまいのどちらを優先するか，人間的，合理的の
どちらの視点をとるかによって，以下の 4 つのアプローチのマトリックスに収

表A2-1　人工知能へのアプローチ。出典：Russell & Norvig, Artificial Intelligence, p. 2. をもとに CCR が作成

| | 人間的 | 合理的 |
|---|---|---|
| 考える | 人間のように考える<br>人間の認知能力を自動化する<br>（例：意思決定，問題解決） | 合理的に考える<br>知覚と推論の計算モデル |
| ふるまう | 人間のようにふるまう<br>人間の非反射的能力を自動化する（例：画像認識，音声認識） | 合理的にふるまう<br>知的エージェント（知的な行動をする人工物）を設計する |

まるとされている（表 A2-1 を参照）。1）意思決定や問題解決などの人間の認知能力を自動化することにより，「人間のように考える」ことを目指した AI（知的学習支援システム〈ITS〉を含む多くの AIED など）。2）画像認識や音声認識など，人間の非反射的能力を自動化することにより，「人間のようにふるまう」ことを目指した AI（DBTS や自動エッセイフィードバックで使用されるもの）。3）知覚と推論の計算モデルによって「合理的に考える」ことを目指した AI（AIティーチングアシスタントで必要になるかもしれない）。4）知的エージェント（intelligent agent；多くの AIED シミュレーションで使用されている）によって「合理的にふるまう」ことを目指した AI。

　人工知能における「人工」という言葉の使用と，「コンピュータプログラムは決して自立した思考をすることができない」というサールの主張に戻ると，おそらく私たちは「人工知能」（人間でない何かによって示される知性）という言葉を使うのをやめて，解釈学の論争を避けるべきである。実際，多くの研究者がこのことを論じており，特に現代のコンピューティングの 2 大先駆者である，ダグ・エンゲルバート（Doug Engelbart）[444] とヴィント・サーフ（Vint Cerf）[445] は，人工知能ではなく「拡張知能」（augmented intelligence）[446] という言葉を用いている（知能増強〈intelligence augmentation〉[447] または知能増幅〈intelligence amplification〉[448] と呼ぶ人もいる）。この言い回しは，人間の脳を知性の源として考え，コンピュータとそのプログラムを私たち人間が知的能力を高めたり増強したりできる洗練されたツール（または複雑なツール）に位置づけることで，サールの反論をかわしている。このアプローチでは，コンピュー

タは人間が困難と感じること（大量のデータの中からパターンを見つけるなど）を行うために使用される。実際，最も大きな可能性を秘めているのは，人間とAIの組み合わせ（半人半AIの「ケンタウロス」とよぶ人もいる[449]）であり，人間だけの場合やAIだけの場合よりも優れていると主張する者もいる。

いずれにしても，拡張（augmented）知能か，人工（artificial）知能かという議論は必然的に続くだろうが，たとえ「拡張知能」のほうがより正確で有効な表現であったとしても，少なくとも一般的な用法では「人工知能」が勝利を収めつつある。このため，本書では，究極の割り切り方として，「AI」という言葉だけを用い，AIのAが何を表すかは読者にゆだねることにした。

## 1.1　AIの簡単な歴史

AIの基礎となるイベントは，1956年に米アイビーリーグのダートマス大学で開かれたワークショップとされている[450]。ここで最初のAIプログラムとされるLogic Theoristが発表され，議論された。ダートマスのワークショップには，この新しい分野に人工知能という名前をつけたジョン・マッカーシー（John McCarthy）をはじめ，マービン・ミンスキー，アレン・ニューウェル（Allen Newell），ハーバート・サイモン（Herbert Simon）など，後にAI研究の第一人者となる人々が参加していた。

その後の数十年間で，AIは，「AIの冬」として知られる信用と資金がほとんど失われた時期をはさみながら，断続的に起こる急速な進歩の中で発展を遂げてきた。初期のAI研究は，マサチューセッツ工科大学，カーネギーメロン大学，スタンフォード大学を中心としたいくつかの研究室に集中していたが，AI研究の範囲は急速に拡大した。ここでは，初期のAI研究の幅広さを説明するために，ルールベースシステム（rule-based system），ゲームをプレイするコンピュータ，コンピュータビジョン（computer vision），自然言語処理（natural language processing）の4つの分野について簡単に説明する。

## 1.2　ルールベースシステムとエキスパートシステム

ルールベースの推論システムは，初期の研究の焦点であり，また，長く続いたAIの成功例である。初期で特に記憶に残るルールベース・アプローチの

実装は，ELIZA[451] である。ELIZA は，さまざまな応用例の中でも，特に心理療法士になりすますようにプログラムされていた点に特徴がある。ELIZA は，AutoTutor のような AIED 対話型学習支援システム（DBTS）の先駆者であることは明らかである。コンピュータ端末にタイプされた ELIZA との典型的な会話の例を以下に示す。

「私のボーイフレンドが私をここに来させたの」
ELIZA：「あなたのボーイフレンドがここに来させたのですね」
「彼は私がいつも落ち込んでいると言う」
ELIZA：「あなたが落ち込んでいると聞いて残念です」

このように ELIZA は会話に反応してくれ，察しがよく，それゆえに知的であるように見えた。しかしそれは，「私」を「あなた」に変換したり（「私のボーイフレンド」を「あなたのボーイフレンド」に変換する），始めに句を挿入したり（「それを聞いて残念です」），まるで新しい論理的つながりをつくっているかのようにランダムに選んだ前のほうの文に戻ったりというルールを使っているだけである。ELIZA は，心理学的には何のメリットもないにもかかわらず[452]，商用化された最初の AI ツールの一つとなったこともまた注目に値する。

やがて，ルールベースのシステムはエキスパートシステム（expart system），すなわち，「複雑な問題を解決するために知識を使って推論するコンピュータプログラム」[453] として知られるようになった。初期の一例は MYCIN であり，感染性の血液疾患を診断するために設計された[454]（初期の AIED ITS の多くは本質的にエキスパートシステムである）。他のエキスパートシステムと同様に，MYCIN は一連の IF ～ THEN ルールとその他の条件ルールを用いて，血液検査と細菌培養の結果から診断を行う。その論理的推論のプロセスを示す簡略化した例を以下に示す。

もし（IF）　　　　細菌培養結果が陽性であり
かつ（AND）　　　登録が消化管であり
かつ（AND）　　　腹部が感染部位である

または（OR）　　　骨盤が感染部位である
ならば（THEN）　　腸内細菌である

　エキスパートシステムには通常何百もの IF ～ THEN ルールがあるが，結論を導き出すロジックを追いかけることは可能である。すなわち，システムのルールと判断をチェックできる。しかし，ルール間の相互作用は急速に増加しうるため，エキスパートシステムを理解したり，プログラム上の不具合を取り除いたりするのが難しい場合もある。にもかかわらず，エキスパートシステムは，安価に開発でき，エラーに対して回復力があり，比較的柔軟であった（新しい条件を考慮する必要がある場合，既存のルールを損なうことなく新しいルールを追加できるのが普通であった）。これらすべての理由から，用途こそ専門的な応用に限定されてはいたものの，ルールベースのシステムはすぐに産業界に受け入れられた（たとえば，ただ一人の専門機関士が引退間近であったため，ゼネラル・エレクトリック社〈General Electric〉は電気機関車の修理問題の80％を診断できるエキスパートシステムを開発した [455]）。

　この専門的な応用例のためのエキスパートシステムの開発は，「知識獲得」という重要な問題を浮き彫りにした。エキスパートシステムの設計者は，通常はその領域の専門家ではない。にもかかわらず，どのようにして成文化すべき知識を特定できるのだろうか。そのため，知識抽出（knowledge elicitation：論理的に例示化できる方法である領域の専門家から知識を抽出する方法）と知識工学（knowledge engineering；抽出された知識をエキスパートシステムの条件ルールとして例示化するための方法）の両方が発展した [456]。これらの方法は現在成熟しており，エキスパートシステムはさまざまな文脈（製造業，農業，エンジニアリング，税金査定，融資適格計算など），特に人間のエキスパートが（場所や費用の理由で）ほとんど利用できない状況で活用されている。最近では，エキスパートシステムは新しい AI 技術でさらに強化されているが，これについては後述する。

　以下に論じる初期の AI 研究の例（ゲーム，コンピュータビジョン，自然言語処理）では，研究のはじめの頃に急速な進歩が見られた。一方，それらは「初期の AI 研究の素朴さ」 [457] の好例である。初期の AI 研究者と資金提供者は，

実際に実現された以上の進歩を期待していた。

## 1.3　ゲームをするコンピュータ

　初期の AI 研究者の中には，チェス，バックギャモン，チェッカーなどのゲームをプレイできるシステムの開発に興味をもっていた人もいた。そのようなゲームは基本的な要素が少なく，制約を与えるルールがあり，簡単には解決できないからである。さまざまな方法が検討された。一つの戦術は試行錯誤による探索法であり，そこでは可能な手からなるツリー上の問題空間の中で，勝利への最適経路が探索される（チェスはどの局面においても可能な手が指数関数的に増加するため，この手法では難しい）。もう一つのアプローチは，人間の行動をより忠実に再現した評価方法を用いるもので，可能な手の良さを評価し，成功の可能性が最も高い動きを選択するための基準を定義する方法であった。また，いくつかのシステムは，これまでの多くの試合の結果に応じて，指手の選択に重みをつける統計的技術を導入したし，問題空間の探索をより効率的にするために，枝刈り（pruning；明らかな行き止まりの除去）や発見的手法（heuristics；経験則）を使用するシステムもあった。これらのシステムの多くは，主にコンピュータが大量の数値データを高速に計算できる能力を得たおかげで，最終的には上級レベルの人間のプレイヤーを打ち負かすことができた。しかし，IBM の Deep Blue が当時のチェス世界チャンピオン，ガルリ・カスパロフ（Garry Kasparov）をなんとか破ることができたのは 1997 年になってからだったし，Google のディープマインド社（DeepMind）が，それまでとはまったく違う AI を用いて，囲碁の世界チャンピオン，イ・セドル（Lee Sedol）を破ったのは 20 年後になってようやくであった。にもかかわらず，初期のゲーム研究者によって開発された技術の多くは，現在でも利用されている。それは特に，スマートフォンやタブレット上で何百万人もの人々がプレイしているさまざまなゲームアプリにおいてである。

## 1.4　コンピュータビジョン

　コンピュータビジョンとは，コンピュータが現実世界の物体を認識する，あるいは見る能力である。コンピュータビジョンを開発するためには，問題を大

**197**

幅に単純化する必要があることを，初期の研究者たちは認識していた。人間が見る光景の複雑な面（ランダムに形づくられた物体，テクスチャ，遠近法，何百万もの色，動きなど）を解釈しようとするのではなく，非常に単純化されたモデル，すなわち積み木の世界から始めた。その世界は，四角錐，立方体，直方体などの静止した幾何学的物体で構成されていた。初期のさまざまな試みでは，最初に積み木のコーナー，エッジ，面を識別しようとしたが，その多くは失敗した。重要な問題の一つは，システムが遮蔽（一つの物体が別の物体を部分的に隠すこと）を理解しないことである。この問題は，システム内に種々の知識ルール（たとえば，線分には2つの端があり，アーチには第3のブロックを支持する2つの離れた直立ブロックがあるなど）を導入することによって最終的に解決された。多くの著しい進歩があったが，コンピュータビジョンの全体的な進歩は遅いものであった。

## 1.5　自然言語処理

　初期の自然言語処理の研究は機械翻訳であった。これは冷戦時代のロシアの文書を自動的に翻訳するために，1950年代初頭からアメリカ政府より資金提供を受けて行われていた。しかし，この作業は失敗に終わった。「心は勇んでも肉体が弱ると何もできない」（the spirit is willing but the flesh is weak）を英語→ロシア語→英語に再翻訳した結果，「ウォッカはおいしいが，肉は腐っている」と翻訳した悪名高い例は，解決できなかった困難を示している[458]。資金提供はすぐに撤回された。もっと単純化された方法を使った例はSHRDLUである。SHRDLU[459]は，コンピュータのメモリの中にしか存在しない積み木の世界に対して，控えめな野望の達成を目指した。ユーザーはタイピングによる単純な対話をシステムと行い，日常言語で表現されたコマンド（「大きな赤いブロックを掴め」など）を用いて，仮想のロボットアームに仮想の積み木に対する操作（掴む，動かすなど）を命令することができた。自然言語処理に対する初期のアプローチと同じく，SHRDLUは条件ルールを一つひとつ直接プログラムすることで処理を行わせていたが，（すぐに気づくこととなったが）このアプローチは自然言語のバリエーションの大きさに対処することができなかった。ほとんどの言語は安定した基礎構造をもっているが，どの

言語にも無数の表層的な変化とさまざまな曖昧さが存在する。つまり，言語の規則がプログラム化されると，すぐにその例外が見つかり，新しい規則が必要になるということが無限に繰り返されるのである。

### 1.6 最初のAIの冬

以上の進歩はいずれも有望ではあったが，研究者と資金提供者の期待に応えることはできなかった。初期の資金の多くは，アメリカ国防総省の国防高等研究計画局（Defense Advanced Research Projects Agency；DARPA）からのもので，ほぼ無条件で何百万ドルも資金が提供されていた。しかし，イギリス科学研究評議会（British Science Reseach Council）の報告書[460]では，近い将来に有用なものを生み出す可能性のある AI 研究はほとんどないとされ，また，DARPA の研究に有効活用できる AI 技術もなかったため，資金は回収されてしまった。必然的に最初の AI の冬が訪れ，AI 研究はカタツムリなみのペースに減速した。

このように AI 研究の始まりを簡単に紹介した目的は，AI 研究の野望，広がり，成功，課題を描き出すことであった。これらはすべて AI の教育への応用に影響を与えている。本補足では，次に最近の 10 年間について説明する[461]。ここでは，より高速なコンピュータプロセッサの出現，大量のビッグデータが利用可能になったこと，計算手法の進歩という 3 つの重要な発展があり，そのおかげで，AI はルネサンス期に突入した。

## A2-2　今日のAI

第 2 部の冒頭で述べたように，AI は，目には見えないが，日常生活に欠かすことのできない，どこにでもある避けられない日常生活の一部となっている。実際，AI が私たちの生活に組み込まれれば組み込まれるほど，逆説的なことにそれは AI と考えられなくなる。

多くの最先端の AI が一般的なアプリケーションに組み込まれているが，それらが AI と呼ばれることはほとんどない。なぜなら，十分に有用で一

般的なものになると，もはや AI とは呼ばれなくなるからである。[462]

AI は，高度なコンピュータプログラム（電子メールのスパムフィルタリング[463]など）や，パーソナルアシスタント（Cortana[464]など），レコメンデーションシステム（Netflix[465]など），言語学習アプリ（Duolingo[466]など）の形で知られていることが多い。一方で，Google Home[467]や Amazon Echo[468]など，音声で操作する最近のスマートスピーカーは，AI をリビングルームでより目に見えやすいものにしてくれている。

実際のところ，先に述べた 3 つの重要な発展（高速なコンピュータプロセッサ，大量のビッグデータ，新しい計算手法）がもたらした AI の最近のさまざまな発展は画期的であり，多くの変革をもたらしている。事実，より新しいAI 技術，ツール，製品が常にリリースされていることから，この補足もすでに時代遅れなものになりつつある。

機械学習（machine learning；教師あり，教師なし，強化学習），ニューラルネットワーク（neural network；深層学習〈deep learning〉を含む），進化的アルゴリズム（evolutionary algorithm）などの AI 技術はすべて，自動運転，オンラインショッピング，自動ジャーナリズム，オンラインデートサービス，画像操作[469]，株式取引，法律および金融サービスなどの多様な応用例で使われてきた。本資料では，これら中核的な AI 技術について詳しく見ていく。しかし，まず背景を説明するために，最近の AI の応用例について考えてみる。

## 2.1　顔認識

自動顔認識は，ごく最近，質的な飛躍を遂げたとともに，ほぼ見えない存在となった分野の一つである。これはスマートフォンのカメラで常に顔にピントを合わせるのに使われていたり，電子パスポートのゲートで旅行者を特定して入国を許可したりするのに使われていたりする技術である。前のセクションで，コンピュータビジョンの始まりと，積み木の世界に焦点を当てて問題を単純化する必要性について説明した。その研究の後，ゆっくりとした進歩があったが，人間に近いレベルのコンピュータビジョンは，依然として手の届かないものであった。しかし，それは少なくとも 2012 年に，Google がまったく新し

い計算手法を顔認識に適用するまでのことである。Google の研究者らは，コンピュータビジョンをプログラムするのではなく，16,000 個のプロセッサで構成される脳にヒントを得た AI ニューラルネットワークに，YouTube から無作為に抽出した 1,000 万個の動画のサムネイルを提示した[470]。深層学習の技術により，特に何かを認識する方法を教えていないにもかかわらず，この機械学習システムはすぐに写真の中の人間の顔を検出する方法を学習した。その 2 年後，Facebook は 9 層の深層 AI ニューラルネットワークを導入し，1 億 2,000 万以上のパラメータを用いてタイムライン上の写真の顔を（単なる検出ではなく）識別した[471]。これはあらかじめ人間によってラベルづけされた 400 万枚の顔のデータセット（数年に及び写真をアップロードし，楽しそうに友だちにの顔ラベルをつけていた Facebook ユーザーによるもの）で訓練されたものであり，人間にほぼ匹敵する 97％を超える精度を達成することができた。しかし，これらの例は印象的ではあるが，AI と人間の知能の大きな違いも浮き彫りにしている。人間は家族や友人，有名人を簡単に認識できるようになるまで，1,000 万人や 400 万人の顔を見る必要はない（今でもまだ人間が AI を凌駕している点の一つだが，AI は絶え間なく進歩しているので，いつまでもそうとは限らない）。

## 2.2　自動運転

　近年 AI の開発が盛んに行われているもう一つの分野は自動運転であり，ニューラルネットワークを利用して，自動車，トラック，タクシーを人間の介在なしに運転できるようにしようとしている。開発者たちは，その目的を道路上の交通事故と死傷者数を大幅に削減し，交通渋滞を解消することであると公言している。自動運転車は，カメラやセンサー，通信システムなどの複雑な装置と巨大な演算能力を利用して，人間の運転者のように見たり，聞いたり，感じたり，考えたり，判断したりすることができる。車が走ると，そのセンサーが道路の端や路面標示，道路標識や信号，他の車や自転車，その他の障害物，歩行者（こちらに気づかず道路を横断する人も含め）を検知し，同時にニューラルネットワーク駆動の知的エージェントが車のステアリング，アクセル，ブレーキを制御する。ただ実際のところ，AI は必要だが，自動運転が成功する

かどうかは（すぐに広く利用されるようになることはなさそうだ），依然として人間にかかっている。すなわち，街を走行する車で撮影された数千時間分のビデオの各フレームに手動でラベルづけを行う数百人の人々（「カーテンの後ろの魔法使い」[472]）の仕事が必要である。言いかえれば，自動運転は現在も，そしておそらく今後もしばらくは人間に依存するだろう AI の研究分野である。

## 2.3　自動ジャーナリズム

あまり知られていない AI の利用法として，ジャーナリズムがある。世界中の報道機関が，ニュース収集や報道を支援する AI 技術を開発している。たとえば，AI エージェントは世界中の報道機関を絶えず監視し，意味解析を使用して，ジャーナリストが記事を書くための重要な情報を自動的に抽出する[473]。さらに一歩進んで，自動的に記事を書く AI 技術もある[474]。それらは，収集・整理した情報をテンプレートと照合し，複数の媒体で公開可能な記事を作成する。その出力は形式的なものかもしれないが，このアプローチは，人間のジャーナリストが書いた詳細な記事に読者を導く正確な前文を書くことに成功している[475]。ジャーナリズムにおける AI の他の利用には，フォーラムのコメントの管理[476]（感情分析を使って，攻撃的な投稿やその他の不適切な投稿を自動的に検出する），データの可視化[477]（特定のデータを表示する最適な方法を AI が自動的に決定する），ユーザーの質問に答えるためのチャットボット[478]，フェイクニュースの検出[479]などがある。しかし，AI はフェイクニュースを検出するだけでなく，フェイクニュース[480]（本物の記事を書くことができるので，偽の記事を書くこともできる）やフェイクメディア[481]（Deepfakes と呼ばれる人工知能技術を使えば，有名人の顔をほんものとしか思えない形でポルノビデオの俳優に重ね合わせることができる）を作成するためにも使われている。「誤った情報を広めることに躍起になっている人や政府関係者による悪用の可能性について考えてみよう。Deepfakes は，政治家の顔や口に特定の言葉や文を喋らせ，選挙に影響を与えることができるのである」[482]。

AI はますます多くの状況に適用されるようになってきており，この補足説明で完全にカバーするには広すぎる。このため，ここでは法律サービス，気象予報，医療診断の 3 つの例を簡単に説明して終わりにする。

## 2.4 AI 法務サービス

　AI の電子情報開示ツール（e-Discovery tool）は，民事訴訟や刑事訴訟の証拠として検討すべき膨大な文書の処理という，弁護士にとって面倒で時間のかかる作業を助けるのに使われている [483]。ある手法ではまず，専門家によってレビューされ，ラベルづけされた文書のサンプルの機械学習分析を行う。その結果，AI は残りの文書のうち，どの文書を優先して詳しくレビューすべきかを特定することができる。同様に AI ツールは，関連する判例や法令を調査したり，M&A（合併買収）における法務調査を実施したり，契約書の作成やレビューを実施したりする目的でも開発されてきた。

## 2.5 AI 気象予報

　気象予報において，機械学習は，従来のシミュレーションに基づく予測よりも正確であることが示されている [484]。気象学者は長い間，気象データを追跡し，それを複雑な知識ベースのシミュレーションに入力して予測を行ってきた。しかし AI 気象予報は，過去および直近の莫大な量の気象データを用いて予測を行っている。それは，1,000 以上の気象衛星と世界の 25 万以上の気象観測所から得た数十億に及ぶデータ記録で，ある企業は毎日 100 テラバイト以上のデータを利用していると述べている [485]。これらの AI 気象予報システムは，ニューラルネットワークと深層学習を用いてデータの中のパターンを（シミュレーションに入力するのではなく）特定し，将来の気象条件についてデータをもとに予測を行う [486]。

## 2.6 AI 医療診断

　最後の簡単な例は，医療診断における AI の使用である。たとえば，放射線科医は医療画像の異常をより迅速に，より少ないミスで特定するのに AI 技術を利用している [487]。あるシステムは，X 線画像のおかしな点を探し，見つけたものに応じてそれに優先順位をつける。たとえば，肺の画像上に結節を発見した場合は優先度を高く割り当て，さらなる検査のためにそれを肺専門の放射線科医に送る。別のシステムは，糖尿病性眼疾患を検出するために網膜スキャン画像を調べるが，それは人間の眼科医が行うよりもわずかに正確であること

が示されている[488]。最近のイノベーションの例をもう一つあげると，患者が入力した症状の説明とエキスパートシステム的な質問への回答に基づき，AI が診断を下すことができる AI によるオンライン医療診断がある[489]。ただし，この手の診断が本物の医者のものと同じくらい正確かどうかはまだ不明である（時がたてばわかるだろう）。

## A2-3　AI の技術

前のセクションで概説した AI の応用例が「何を」行っているのかを理解するのは比較的簡単であるが，その一方でそれらが「どのように」行われているのかを理解するにはある程度の高度な専門知識が必要になる。このことは，一つの応用例が複数の異なる AI 技術をもとにしていたりするため，さらに難しくなる。多くの AI 関係者が数学や物理学の修士号，博士号を取得している理由の一つはこれである。ただし，それも変わりつつあり，たとえば，Amazon ウェブサービス（AWS）における Amazon's Machine Learning[490] や，Google の TensorFlow[491]，IBM の Watson[492]，Microsoft の Azure[493] など，AI はますますサービスとして（AI as a service）提供されるようになってきている。とはいえ，いくつかの AI 技術はここまでも繰り返し言及されているし，またそれらは AIED において重要な役割を果たしているため重ねて言及されるだろう。そこで，互いに関連したいくつかの重要な AI の技術と専門用語について以下に紹介しておく[494]。

主要な AI 技術と専門用語について論じる前に，AI の話になるとよく話題に上る2つの問題，いわゆる汎用人工知能（artificial general intelligence）とシンギュラリティ（singularity；特異点）について説明する。

### 3.1　汎用人工知能とシンギュラリティ

これまでに述べてきた AI の例はすべて，領域固有または領域に特化したものである。すなわち，それらの AI が働く領域はきわめて狭く限定されており，AI はその複雑さにもかかわらず，他の領域に直接適用することができない。たとえば，囲碁で勝つための AI はチェスができず，天気予報に使われる AI

は株式市場の動きを予測できず，車の自動運転に使われる AI は腫瘍の診断ができないのである。AI のこれらの応用例は，すべて「特化型人工知能」(artificial narrow intelligence) と呼ばれるものであるが，それと対照をなすのがいわゆる「汎用人工知能」(artificial general intelligence) である。汎用人工知能は，人間の知能のように，あらゆる状況で使用することができる AI であり，「合理的な自己理解と自律的な自己制御をもち，さまざまな状況における複雑な問題を解決し，生み出された時点では知らなかった新奇な問題の解決方法を学習する能力をもつ AI システム」[495] と定義されている。しかし，いくつかの注目すべき例外を除いて[496]，汎用人工知能が AI 研究の焦点となることはめったになく，メディアの示唆とは異なり，それはまだ存在していない。実際，汎用人工知能がもたらす複雑さと課題を過小評価してはならず，実質的な意味での汎用人工知能はまだ数年は存在しそうもない。

　シンギュラリティとは一般に，AI が人間の知能を上回ると推定される未来の時点として理解されている（興味深いことに，この言葉は数学から取られたもので，方程式が意味をなさず正確に記述できない特性を指す）。すでに自分自身の再設計や改良が可能なアルゴリズムが開発中である[497]。このことは，まもなく AI の知性を急速に増大させるスパイラルが生まれることを意味し，「これまでに見られたあらゆる技術の革命よりも速い……知の急騰」[498] により，人類がこれまで想像したこともないようなアイデアを考えることのできる AI 超知能（AI super-intelligence）[499] の出現にいたると論じられている。これがシンギュラリティ，すなわち「人間の時代の終わり」である（幸いなことに必ずしも「人類の終わり」と同じではない）。

　驚くことではないが，シンギュラリティを歓迎し，超知能をもった AI が世界の問題の解決につながる高度な技術革新をもたらすと信じている人がいる一方で，AI 超知能は私たち人間と目標や価値を共有せず，必然的に私たちの支配から逃れ，立ち向かってくるだろうと心配する人もいる[500]。言いかえれば，ある人たちにとって汎用人工知能は，必然的に，まだ見ぬ破滅的結果（私たちが知る生命の終わり）をもたらす（一度開くと決して閉じることはできない）パンドラの箱なのである。にもかかわらず，汎用人工知能は依然として野望のままであり，最近の AI の一般的な意味での急速な発展にもかかわらず，シン

ギュラリティはまだあと何年も起こりそうにない。汎用人工知能の先導的な主唱者でさえ，シンギュラリティの到達予定日は常に後退しているようで，それについて書かれた時点からいつも 30 年以上先であるとしている[501]。

# A2-4　AI の技術と専門用語

## 4.1　アルゴリズム

計算またはその他の問題解決作業の際に，特にコンピュータによって実行される処理または一連の規則。　　　　　　——オックスフォード英語辞典[502]

本文で簡単に述べたように，アルゴリズム（algorithm）は AI の中核をなすものであり，AI の歴史はますます洗練され，ますます効率的な（またはエレガントな）アルゴリズムの開発の歴史と考えることができる。これもすでに述べたように，おそらく最近の最も有名なアルゴリズムは PageRank で，これは Google の創設者たちがスタンフォード大学の学生であった 1996 年に開発されたものである（web ページというより，ラリー・ペイジ〈Larry Page〉にちなんでいるようだ）。これは，Web サイトのページへの外部リンクの数を数えることで，その Web サイトの相対的な重要度のランクづけを行い，それによって Google 検索のどこに表示するかを決定する。

実際，コンピュータプログラムはすべてアルゴリズムである。これらは，数千ではないにしても，数百行のコードで構成されており，数値計算，文章の文法チェック，画像処理，自然界に見られるパターンの説明といった問題を解決するためにコンピュータが実行する一連の数学的命令を表している[503]。AI アルゴリズムが他のコンピュータプログラムと異なるのは，いくつかの特定のアプローチを必要とすることと，すでに述べたように，視覚認識，音声認識，意思決定，学習といった本質的に人間的と考えられる分野に適用されていることである。

図 A2-1 は，KNeighborsClassifier という別のアルゴリズムを呼び出す AI 分類器のアルゴリズムを短く抜粋したものを示している（アルゴリズム全体は数千行にも及ぶ）。

```
>>> # Split iris data in train and test data
>>> # A random permutation, to split the data randomly
>>> np.random.seed(0)
>>> indices = np.random.permutation(len(iris_X))
>>> iris_X_train = iris_X[indices[:-10]]
>>> iris_y_train = iris_y[indices[:-10]]
>>> iris_X_test = iris_X[indices[-10:]]
>>> iris_y_test = iris_y[indices[-10:]]
>>> # Create and fit a nearest-neighbor classifier
>>> from sklearn.neighbors import KNeighborsClassifier
>>> knn = KNeighborsClassifier()
>>> knn.fit(iris_X_train, iris_y_train)
KNeighborsClassifier(algorithm='auto', leaf_size=30,
metric='minkowski',
            metric_params=None, n_jobs=1, n_neighbors=5, p=2,
            weights='uniform')
>>> knn.predict(iris_X_test)
array([1, 2, 1, 0, 0, 0, 2, 1, 2, 0])
>>> iris_y_test
array([1, 1, 1, 0, 0, 0, 2, 1, 2, 0])
```

**図 A2-1　k 近傍法のアルゴリズムを呼び出す AI アルゴリズムの抜粋**


## 4.2　ベイジアンネットワーク

　ベイジアンネットワーク（Bayesian network）は，グラフィカルモデル[訳注]
の一種であり，いくつかの AI の応用例で採用されている。それは，ある事象
間の関係確率（それらの従属度）を表し，予測や診断といった計算タスクを可
能にする。ベイズネットワークグラフ（Bayes network graph；ベイズネット）
は，ノード（節点）を接続するさまざまな線（エッジとして知られる）で構成
されるものであり，次の図 A2-2 に示すように，ノードは変数を表し，エッジ
はそれら変数間の相互依存関係を表す。典型的なベイズネットでは，あるノー
ドから別のノードへのエッジは，第 1 のノードがある従属確率で第 2 のノード
を引き起こすことを示唆する。

[訳注]｜　グラフィカルモデル：ある確率変数同士の関係をグラフ（点と線からなるネットワー
　　　　クのような構造）の形で表現したモデルのこと。

　非常に簡単な例をあげると，AI システムが，その日の天候や気温に応じて

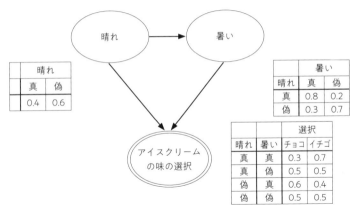

図A2-2　天気と気温，前日のアイスクリームの売り上げからチョコレートとイチゴのアイスクリームの売り上げ比率を予測するシンプルなベイズネット，および条件つき確率表

客が購入するアイスクリームの味を予測（味の選択確率を計算）するよう求められたとする。ベイズネットの手法では，ノードは，晴れているかどうか，暑いかどうか，これまでの客のアイスクリームの味の選択（これらはすべて既知のデータで構成される），そして今日どのアイスクリームの味が選ばれるか（これは未知の結果である）を表す。ベイズネットの計算は，さまざまな結果（天候と気温の状況の組み合わせよって客が選ぶアイスクリームの味）の確率を導出するために，訓練データ（天候，気温，これまでの客のアイスクリームの味の選択の記録）から導出されたそれぞれのノードに与えられた確率で始まる。

　アイスクリームの味の予測で説明すると，ベイズネットによる予測の計算は次のような式となる（単純化されたものだが，その複雑さは伝わるだろう）。

$$P(C{=}T \mid S{=}T) = \frac{P(S{=}T \cap C{=}T)}{P(S{=}T)}$$

＊Sは晴れ（Sunny），Cはチョコ（Chocolate），Tは真（True）を表す

　この式は次のように書かれている。晴れているときにチョコレートアイスが買われる確率は，晴れであり，かつチョコレートアイスが買われる確率を，晴

れである確率で割ったものに等しい。AIエンジニアにとってこの方程式の意味を正確に理解することは重要であるが（私たちにとってはそれほど重要ではない），幸いなことに，個々の状況では最適なアプローチをとることができるだろう。すなわち，先に述べた「サービスとしてのAI」プラットフォームが提供する計算を利用するのである。

実際には，典型的なAIベイジアンネットワークは，複雑な相互依存性（エッジ）を有する数十（または数百）の変数（ノード）から構成されており，方程式の立式とその解をますます複雑なものにしている。しかし，ベイズの計算手法は，不確実な状況において正確な確率を推測することができ，現実的な用途で予測を与えてくれる（続けて同じ例で言うと，アイスクリーム販売業者がそれぞれの味のアイスクリームをどのくらいつくったらよいか決めるのを助けてくれる）。実際，ベイジアンネットワークのアプローチは多くのエキスパートシステムで一般的であり，住宅価格のモデリング，石油化学探査，腫瘍の分類，被害者の識別など，無限と言えるほど広範囲に応用されている。

## 4.3　自然言語処理の統計的アプローチ

自然言語処理（natural language processing；NLP）の最終的な目標は，人間と同じように書き言葉や話し言葉を理解し，生成することである（現在ますますそれが可能となってきていることをSiri, Cortana, Echoなどのチャットボットが実証している）。すでに述べたように，初期の言語学ベースのNLPの試みは，自然言語の大きなバリエーションのために成功しなかった。自然言語は（問題の規模の大きさゆえに）条件ルールでは効果的に符号化することができなかったのである。1980年代から，NLPの研究者たちは統計モデルを用いた異なるアプローチを採用し始めた。ベイズネットと同様に，NLP統計モデルもすぐに複雑になったため，ここではNLPで採用されたさまざまな手法についていくつかの例を紹介するにとどめる。

統計的NLPは，巨大なテキストコーパス（文例となる言語資料。たとえば，『ブリタニカ百科事典』や「ニューヨークタイムズ」，「連邦議会議事録」）から，言語を構成する要素の特性を推論することから始まる。それには5つの基本的な言語要素（音韻論，語形論，統語論，語義論，および語用論）のそれぞれを考

慮する必要がある。ある NLP 統計手法は，密度推定（density estimation）として知られており，認識する文のもっともらしさを，テキストコーパスにおけるその出現頻度（およびその出現の文脈）に基づいて評価する。たとえばコーパスでは，「エンドウ豆にチャンスを与える」（gives peas a chance）は，それとよく似た発音の「平和へのチャンスを与える」（gives pease a chance）よりも生起確率が低い。このため（国際政治が文脈だと仮定して）「平和」が正しい解釈である可能性が高いと判断される（一方で，文脈が子どもの夕食の時間であれば……）。

　当然ながら，多くの文（特に長い文）は，実際にはテキストコーパスに現れない。このような場合には，その文における各単語の確率を計算することで文に確率を与えるという第 2 の統計モデルを使用して，結果を精緻化することができる。このプロセスは次のようなものである。まず「平和へのチャンスを与える」と「平和を与える」のそれぞれがコーパスに現れる回数を数え，それを割ることで「チャンス」の確率を計算する。そして，文のすべての単語についてこれを行い，最後に各単語の確率を掛け合わせることで文全体の確率を得るのである。その他の NLP 統計的アプローチとしては，単語を接頭辞，接尾辞，および語幹に分割すること（un+friend+ly），品詞を識別すること（名詞, 動詞, 形容詞），各単語について，それが別の単語の隣に現れる頻度のプロファイルを作成すること（たとえば，「幸せな子ども」は「三角形の子ども」よりも可能性が高い），および意味的に類似した名詞を識別すること（たとえば，「少年」は，意味的に「車」より「女性」に似ている）などがある。

　これらの統計手法を使用して，NLP はテキスト要約，情報検索，質問応答，そして機械翻訳などのさまざまな用途で設計されており，最終的には，人とコンピュータの間でダイナミックな対話を実現することを目指している。Siri, Google Home, Cortana, Echo などのデジタルコンパニオンとなるチャットボットについてはすでに触れた。一方，機械翻訳の代表例の一つである Google 翻訳（Google Translate）は，音声やタイプされた文章（文章の写真も！）を 100 以上の言語に瞬時に翻訳することができる。Google のアプローチで特に興味深いのは，時間とともにその翻訳が改善されていくことである。すなわち，使われれば使われるほど，その翻訳結果が良くなるのである[504]。言いか

えると，統計的 NLP は次に扱う機械学習の一例であると言える。

## 4.4　機械学習

> 経験から学ぶようにコンピュータをプログラムすることは，最終的に多くの……そして細かなプログラミング作業を無くすだろう。[505]
> ——アーサー・リー・サミュエル（Arthur Lee Samuel）

　前のほうで紹介したルールベースのエキスパートシステムでは，多くの AI は（標準的なコンピュータプログラムのように），タスクを完了するために実行する手順，すなわち従うべきルールを事前に記述する必要があった。一方，機械学習（machine learning）とは，事前にすべての手順を与えずにコンピュータを動作させるものである。何をすべきかをアルゴリズムに正確に「プログラム」するのではなく，大まかに言えば，何をすべきかをアルゴリズムが「学習」する能力をもっているのである。これは，機械学習が大量のプログラミング作業を必要としないということではない。むしろ機械学習では，出力に直接つながる命令の代わりに，新しい結果を予測するために大量の入力データが必要になる。

　機械学習アルゴリズムは，データを解析してパターンを特定し，モデルを構築し，それを使って将来の値を予測する。たとえば，人の名前のついた写真のパターンを特定することで，他の写真に写っている人物が誰かを推測したり，医学的症状のパターンを特定することで，診断を下したりする。さらには ITS における生徒のやりとりのパターンを特定することで，成功につながる可能性が最も高い学習経路を予測することもできる。機械学習は，1）データの解析，2）モデルの構築，3）アクションの実行の3段階のプロセスからなっており，それらが継続的に繰り返される。すなわち，アクションの結果として新しいデータが生成され，それがモデルを修正し，それによってさらに新しいアクションが引き起こされるのである。その意味で機械は学習している。

　これまで見てきた応用例の多く（自然言語処理，自動運転車，デジタルコンパニオン，さらには世界ナンバーワンの囲碁棋士を破った Google ディープマ

インド社の AlphaGo プログラム[506]など）は，すべて機械学習によって可能となったものである。今日では機械学習は非常に広く普及しており，一部の評論家にとっては，AI といえば機械学習を意味するものとなっている（機械学習は AI の一分野と見なすほうが適切である）。実際，過去 10 年間の AI のルネサンスと指数関数的な成長が生じたのは，（より高速なコンピュータプロセッサ，大量のビッグデータ，および新しい計算手法により）機械学習が大幅に進歩したことが原因であった[507]。このことを念頭に置いて，以下，本文中で紹介した特定の機械学習アプローチについて詳しく論じる。まずは，教師あり学習（supervised learning），教師なし学習（unsupervised learning），強化学習（reinforcement learning）の 3 つの包括的なカテゴリーから始める。

## 4.5 教師あり学習

教師あり学習では，エージェントは入力と出力のペアの例を観察し，入力から出力をマップする関数を学習する。

——スチュワート・ラッセルとピーター・ノーヴィグ[508]

ほとんどの実用的な機械学習には，教師あり学習が含まれる。AI にはまず，出力が既知である大量のデータ，すなわち，すでにラベルづけされたデータが与えられる。たとえば，事前に人間によって識別され，ラベルづけされた多数の物体（自転車，道路標識，歩行者）が写った何千枚もの道路の写真が与えられたり，人間が書き起こした何千もの発話の断片が与えられたり，人間の医師によって診断が下されている何千もの症例が与えられたりする。教師あり学習のアルゴリズムの目的は，データをラベルにリンクする関数を特定し，そこから新しい類似データに適用できるモデルを構築することである。これは大まかに言えば，前述した Facebook が写真の中の人物を特定するために使ったアプローチである。Facebook は，ユーザーが投稿してラベルをつけた何百万という写真を使って，新しい写真の中の人物を特定し，自動でラベルづけを行っている。上で述べた例で言うと，ラベルづけされた道路写真から検出されたパターンで構築されたモデルは，自動運転車が切り抜けるべき障害物の識別に使用す

ることができるし，ラベルづけされた音声の断片のパターンから構築されたモデルは，録音音声の中の単語を自動的に識別することに利用できる。そして，症状や疾患から検出されたパターンから構築されたモデルは，似た症状を示す患者への自動診断に使うことができるだろう。

教師あり学習には，「分類」（classification；出力が障害物／非障害物といったカテゴリーの場合）と「回帰」（regression；出力が時間や重量といった連続変数の場合）の2つのタイプがある。また，教師あり学習のアルゴリズムにはさまざまなものがあり，最も有名なものとして k 近傍法（k-nearest neighbors），線形回帰，ランダムフォレスト（random forest），サポートベクターマシン（support vector machines）をあげることができる（再度それを見たときに何のことかがわかるように，アルゴリズムの名前をあげておく）。

わかりやすい例を一つ示すために，k 近傍法を簡単に見てみよう。2つのカテゴリー（クラス：たとえば，障害物，非障害物）にラベルづけされたデータがいくつかあるとする。まず，各データ点をクラス分けして散布図にプロットする（散布図には障害物のデータ点のクラスと，障害物でないデータ点のクラスがある）。ここで新しいデータ点（新しい物体を表す）が散布図上にプロットされる場合，k 近傍法アルゴリズムは，現在ある最も近いデータ点（最近傍）を参照して，それがどちらのクラスに属するかを決定する（すなわち，新しい物体が障害物か非障害物かを予測する）。もし AI エンジニアが $k$ を5つに設定した場合，アルゴリズムは5つの最近傍をチェックして決定を行う。

## 4.6　教師なし学習

教師なし学習では，エージェントは明示的なフィードバックが与えられていなくても入力のパターンを学習する。
　　　　　　　　　　　　　　　──スチュワート・ラッセルとピーター・ノーヴィグ[509]

教師なし学習[510]では，AI はより大量のデータを供給されるが，今度は分類されていないデータ，すなわちラベルづけされていないデータが与えられる。このラベルなしデータを解析することにより，教師なし学習のアルゴリズム

は，データの基本構造の中に隠れたパターンや新しいデータの分類に利用可能なデータのクラスターを明らかにすることを目指す（これは広い意味で，前述した，写真の中の顔を検出するために Google が用いた手法である）。教師なし学習の応用例としては，オンラインの買い物客をグループに分け，対象を絞った広告を提供できるようにすることや，手書きのサンプルからさまざまな文字や数字を識別すること，合法的な金融取引と詐欺的な金融取引を区別することなどがあげられる。

　教師なし学習においても，「クラスタリング」（clustering；たとえば，手書き文字をその特徴的な形でグループ化する）と「アソシエーション」（association；たとえば，あるタイプのコメディを見た人が，特定タイプのアクション映画も見る傾向があることを割り出す）という2つのタイプがある。また，さまざまな教師なし学習アルゴリズムがあり，最も一般的なものに，k 平均法（k-means clustering），階層的クラスタリング（hierarchical clustering），主成分分析（principal component analysis），特異値分解（singular value decomposition）がある。

　簡単な例を1つあげると，k 平均法によるクラスタリングでは，データが自動的に「k 個のクラスター」に分類される（k が3の場合，たとえば，手書き文字のデータを p, d, b のように，3つのクラスターに分類する）。このアルゴリズムは以下のステップからなっている。1) 各クラスターの中心点（重心と呼ばれる）の候補がランダムに選択される，2) アルゴリズムは，どの重心が一番近いかを計算して，各データ点をいずれかの重心に割り当てる（最初はいくつかのきわめて不規則なクラスターとなる），3) 各データ点とその重心との間の距離の平均を計算する，4) 重心をその平均によって示された位置に再配置する，5) 前と同様に，近さを基準にデータ点を重心に再割り当てする（その結果，あるデータ点は同じクラスターに残り，他のデータ点は他のいずれかのクラスターに再割り当てされる）。そして，すべてのデータ点がクラスターを変更しなくなるまで，ステップ2〜5が繰り返される（その結果，最も適切なクラスターが形成される）。

## 4.7 強化学習

> 強化学習では，エージェントは一連の強化 – 報酬（または罰）から学習する。
> ——スチュワート・ラッセルとピーター・ノーヴィグ[511]

　ある意味，強化学習は機械学習のカテゴリーの中で最も強力なものである。教師あり学習でも教師なし学習でも，潜在的には強力であるがデータから導出されたモデルは固定されており，もしデータが変化した場合には，解析を再度行わなければならない（言いかえると，アルゴリズムがもう一度実行される）。しかし，強化学習では，フィードバックに基づいてモデルを継続的に改善する。すなわち，これは学習が継続するという意味での機械学習である。AIには，モデルを導出するための初期データがいくつか与えられ，そのモデルの結果が正しいか間違っているかが評価され，それに応じて報酬か罰が与えられる（コンピュータゲームの比喩で言うと，スコアが増えたり，減らされたりする）。AIは，この正または負の強化を利用してモデルを更新し，再び試行することで，時間とともに繰り返し発展（学習，進化）していく。たとえば，自動運転車が衝突を回避した場合，回避を可能にしたモデルに報酬が与えられ（強化），将来の衝突回避能力が向上する。また，医学的診断が患者の健康改善につながる

表 A2-2　機械学習の大きな 3 つのカテゴリー：教師あり学習，教師なし学習，強化学習

| カテゴリー | 特徴 | 目的 | 代表的なアルゴリズム |
|---|---|---|---|
| 教師あり学習 | ラベルづけされたデータから学習する | 新しいデータに自動的にラベルづけを行う | ・k 近傍法<br>・線形回帰<br>・ランダムフォレスト<br>・サポートベクターマシン |
| 教師なし学習 | ラベルづけされていないデータから学習する | データの中のパターン（クラスター）を自動的に特定する | ・k 平均法<br>・階層的クラスタリング<br>・主成分分析<br>・特異値分解 |
| 強化学習 | 報酬と罰を通じて，継続的に学習していく | モデルの出力を継続的に改善する | ・Q 学習<br>・SARSA（State-Action-Reward-State-Action）<br>・DQN（Deep Q Network） |

場合，モデルはやはり強化され，システムは将来の患者を正確に診断できるようになる。そして，Google AlphaGo がミスを犯して対戦に負けた場合，そのモデルは罰せられ，同じミスを繰り返さない確率が高くなる。

最後に，強化学習のアルゴリズムにも，Q 学習（Q-Learning），SARSA（State-Action-Reward-State-Action），DQN（Deep Q Network）など多くの例がある。しかし，これらはどれも複雑すぎて簡単に説明することはできない。

## 4.8　人工ニューラルネットワーク

人工ニューラルネットワーク（artificial neural network）は生物の神経ネットワーク（動物の脳など）の構造と機能に基づく AI アルゴリズムであり，高度な教師あり学習，教師なし学習，または強化学習に適用できる。私たちの脳は何十億ものニューロンから構成されていて，それぞれが 1,000 にのぼる他のニューロンと（軸索と樹状突起の間のシナプスで）つながることで，何兆もの結合を形成している。記憶は脳内のこれらの結合の複雑な組み合わせから生じると考えられており，学習はこれらの結合が強くなることによると考えられている。これはヘブの学習則（Hebbian learning）として知られるプロセスで，しばしば，「同時に発火するニューロンは結合を強める」(cells that fire together, wire together) とまとめられる[512]。

人工ニューラルネットワークはいくつかの驚くべきこと（たとえば，人の手を借りずに車を運転したり，移動する群衆の中から顔を特定したり，世界最高の囲碁棋士に勝ったりするといったこと）を行うように訓練されてきたが，高次な動物の脳と比べると依然として原始的である。たとえば，人間の脳に数十億ものニューロンがあるのに対し，通常はわずか数千（例外的なケースでも数百万）の人工ニューロンしか含まない。また，人間の脳とは異なり，人工ニューラルネットワークのニューロンは理論上の層の中に配置されており，ある層の各ニューロンはその前後の層のニューロンとしか接続していない。これらの理由から，人工ニューラルネットワークは，脳の直接的な実装というよりはむしろ，生物の神経ネットワークに着想を得たものと考えたほうがよいだろう（今後数年間にどんな発展があるかは誰にもわからないが）。

人工ニューラルネットワークは，入力層（環境からの刺激を，たとえば画像

からのピクセル情報のように何百万ものデータポイントの形で受け取る），1
層ないしは複数の隠れ層（hidden layer；それらが一緒になって計算を行う），
そして出力層（結果を伝える）の3タイプの層から構成されている。前述した
ように，ある層のすべての人工ニューロンは，その前後の層のそれぞれの人工
ニューロンに接続されている。そして，これらの結合にはそれぞれ重みづけが
されている。ある人工ニューロンが受け取る重みの合計は，それがあらかじめ
定義された閾値を超えるかどうかで，その次の接続先に送られる重みを決定す
る（やはり，動物の脳のシナプスに着想を得て，興奮の場合と抑制の場合があ
る）。機械学習のプロセスでは，これらの重みが強化学習の過程で調整され，
人工ニューラルネットワークがその後，新しい刺激に対する出力を計算するこ
とを可能にする。ここで留意すべきは，最新の実装例は，最大で50以上の層
と多くの異なる接続形態をもっており，第2部で示した図2-3-1は，理解を容
易にするために大幅に簡略化されているということである。

　隠れ層は人工ニューラルネットワークの力の鍵であるが，重要な問題ももた
らす。人工ニューラルネットワークがどのようにしてその答えを思いついたの
か（たとえば，どのようにして写真の中から特定の人物を見つけたのか）を問
いただすことが不可能である（少なくとも簡単ではない）ということだ。言い
かえれば，人工ニューラルネットワークは答えを出すことができるが，その論
理的根拠は隠されていて理解できないし，検証不能であり，場合によっては不
当なものである可能性[513]もあるということである。これは多くの研究の対象
となっている重要な問題である[514]。

　最後に，AIの技術と専門用語に関するこのめまぐるしいツアーの締めくく
りとして，誤差逆伝播法（backpropagation），深層学習（deep learning），進
化的機械学習（evolutionary machine learning）という，よく耳にする3つの
手続きを説明することとする。

## 4.9　誤差逆伝播法

　誤差逆伝播法（backward propagation of errors；英語では backpropagation
と略される）は，人工ニューラルネットワークの教師あり学習のためのアルゴ
リズムである。先ほどの人工ニューラルネットワークの説明では，一つの層の

ニューロンの出力が次の層のニューロンに影響を与える過程，すなわち前方方向にのみ動く過程を記述していた。しかし，人工ニューラルネットワークの中には，後方へと情報が進むものもある。人工ニューラルネットワークの結果は望ましい結果と比較され，隠れ層のニューロンやその重みづけに影響を与えていくのである。

## 4.10 深層学習

機械学習の拡張形は「深層学習」（deep learning）として知られており，これは多くの隠れ層と反復クラスタリング（iterative clustering）のプロセスで構成される人工ニューラルネットワーク・アルゴリズムのことである。たとえば，深層学習のアルゴリズムでは，画像に何か形が含まれていると判断すると，他の形を探すサイクルが始まり，さらにそれらの形の間の関係を特定するサイクルが始まり，何を見ているか（たとえば，顔）を認識するまでこれが何度も繰り返される。深層学習は AlphaGo で使われている主要な手法である。

## 4.11 進化的機械学習

進化的機械学習（evolutionary machine learning）は，興味深い最先端の研究領域であり，ダーウィンの自然淘汰[515]に触発されたプロセスを用いる，深層学習とはまた別のアプローチである。進化的アルゴリズムは，1960 年にジョン・ホーランド（John Holland）が発表した遺伝的アルゴリズム[516]の AI 版である。深層学習は，私たちがすでに知っていることのモデル化に焦点を当てているが，進化的機械学習は，まだ存在しない解決法をつくり出すことに焦点を当てている。AI エンジニアが最終的な AI のコード（プログラム）を書くのではなく，進化的学習アルゴリズム自体が多くのランダムコードを生成し，それぞれのコードの適合性を評価する（そのコードは役に立つか？）。うまくいかなかったコード（適合性が低いコード）は破棄されるが，最もうまくいったコード（ベストフィット）はその後ランダムに変異されて多くの新しいコードを生成する。そして，それらすべてが再び評価され，適者生存のサバイバルの対象となっていく。このプロセスが何度も繰り返され，その結果，AI が記述した新しい AI プログラムが生成される。進化的機械学習は現在，始まった

ばかりの研究として注目されている。それが何を成すかは時とともにわかるだ
ろう。


原　註 ─────────────────────────────────────────────

＊ URL はすべて原著出版当時のものである。

**438** OED. (2018). "artificial intelligence, n." *OED Online*. http://www.oed.com/view/Entry/271625

**439** John R. Searle. (1980). "Minds, brains, and programs." *Behavioral and Brain Sciences* 3 (3): 417–424.

**440** A. M Turing. (1950). "Computing machinery and intelligence." *Mind* 59 (236): 433–460.

**441** Marvin Minsky (1968)，次の文献から引用，Blay Whitby (1996). *Reflections on Artificial Intelligence*. Intellect Books, 20.

**442** "artificial intelligence." In (2016). *A Dictionary of Computer Science*. Butterfield, A., & Ngondi, G.E. Oxford University Press. http://www.oxfordreference.com/view/10.1093/acref/9780199688975.001.0001/acref-9780199688975-e-204

**443** Russell, S., & Norvig, P. *Artificial Intelligence*.（スチュワート・ラッセル，ピーター・ノーヴィグ（著）古川 康一（監訳）(1997).『エージェントアプローチ　人工知能』 共立出版）

**444** Engelbart, D. C. (1962). "Augmenting human intellect: A conceptual framework." Prepared for the Air Force Office of Scientific Research. Stanford Research Institute. https://www.dougengelbart.org/pubs/augment-3906.html

**445** Cerf, V.G. "Augmented Intelligence." *IEEE Internet Computing* 17. https://doi.org/10.1109/MIC.2013.90

**446** Pasquinelli, M. (2014). "Augmented intelligence, critical keywords for the digital humanities." http://cdckeywords.leuphana.com/augmented_intelligence

**447** https://www.weforum.org/agenda/2017/01/forget-ai-real-revolution-ia

**448** Ashby, W.R. (1956). *An Introduction to Cybernetics*. Chapman & Hall Ltd.

**449** Case, N. (2018). "How to become a centaur." *Journal of Design and Science*. https://doi.org/10.21428/61b2215c

**450** Crevier, D. (1993). *AI: The Tumultuous History of the Search for Artificial Intelligence*. Basic Books.

**451** Weizenbaum, J. (1966). "ELIZA—a computer program for the study of natural language communication between man and machine." *Communications of the ACM* 9 (1): 36–45.

**452** Weizenbaum, J. (1976). *Computer Power and Human Reason: From Judgment to Calculation*. Freeman.

**453** Feigenbaum, E.A. (1992). "Expert systems: Principles and practice." In *the Encyclopedia of Computer Science and Engineering*.

**454** Shortliffe, E.H., et al. (1975). "Computer-based consultations in clinical therapeutics: Explanation and rule acquisition capabilities of the MYCIN system." *Computers and Biomedical Research* 8 (4): 303–320.

**455** Crevier, *AI*, 198.

**456** Cooke, N.J. (1994). "Varieties of knowledge elicitation techniques." *International Journal of Human-Computer Studies* 41 (6): 801–849.

**457** Crevier, *AI*, 89.

**458** Russell, S., & Norvig, P., *Artificial Intelligence*, 21.

**459** Winograd, T. (1980). "What does it mean to understand language?" *Cognitive Science* 4 (3): 209–241.

**460** Lighthill, J. (1973). "Lighthill report: Artificial intelligence: A paper symposium." Science Research Council. http://www.math.snu.ac.kr/~hichoi/infomath/Articles/LighthillReport.pdf

**461** AIの歴史をさらに知りたい読者には，Daniel Crevier の *AI: The Tumultuous History of the Search for Artificial Intelligence* や Russell & Norvig の *Artificial Intelligence* の第1章がよいだろう。

**462** http://edition.cnn.com/2006/TECH/science/07/24/ai.bostrom/index.html (Professor Nick Bostrom, director of the Future of Humanity Institute, University of Oxford).

**463** たとえば，次の例は，ベイズ法を用いて電子メールがスパムか否かを学習させている。https://www.mailwasher.net

**464** https://www.microsoft.com/en-us/cortana

**465** https://help.netflix.com/en/node/9898

**466** https://www.duolingo.com

**467** https://store.google.com/gb/product/google_home

**468** https://www.amazon.com/b/?ie=UTF8&node=9818047011

**469** https://www.bbc.co.uk/news/av/technology-45361794/how-artificial-intelligence-can-edit-your-pictures

**470** https://www.nytimes.com/2012/06/26/technology/in-a-big-network-of-computers-evidence-of-machine-learning.html?_r=1

**471** このAIは画像400万個からなるデータセットで訓練された。

**472** https://www.ft.com/content/36933cfc-620c-11e7-91a7-502f7ee26895，https://www.bbc.co.uk/news/technology-46055595

**473** たとえば，http://bbcnewslabs.co.uk/projects/juicer

**474** たとえば，https://narrativescience.com/Products/Our-Products/Quill

**475** たとえば，https://www.washingtonpost.com/pr/wp/2016/08/05/the-washington-post-experiments-with-automated-storytelling-to-help-power-2016-rio-olympics-coverage/?utm_term=.e22f1adbfd5d

**476** たとえば，https://www.perspectiveapi.com

**477** たとえば，https://www.graphiq.com

**478** たとえば，https://www.theguardian.com/help/insideguardian/2016/nov/07/introducing-the-guardian-chatbot

**479** たとえば，http://adverifai.com

**480** たとえば，https://www.technologyreview.com/s/610635/fake-news-20-personalized-optimized-and-even-harder-to-stop

**481** https://www.unilad.co.uk/featured/the-real-reason-pornhub-has-banned-deepfakes

**482** https://www.ft.com/content/8e63b372-8f19-11e8-b639-7680cedcc421

**483** https://talkingtech.cliffordchance.com/en/emerging-technologies/artificial-intelligence/ai-and-the-future-for-legal-services.html

**484** McGovern, A., et al. (2017). "Using artificial intelligence to improve real-time decision-making for high- impact weather." *Bulletin of the American Meteorological Society* 98. https://doi.org/10.1175/BAMS-D-16-0123.1

**485** http://www.theweathercompany.com/DeepThunder

**486** https://www.techemergence.com/ai-for-weather-forecasting

**487** Hosny, A., et al. (2018). "Artificial intelligence in radiology." *Nature Reviews Cancer* 18. https://doi.org/10.1038/s41568-018-0016-5

**488** https://ai.googleblog.com/2016/11/deep-learning-for-detection-of-diabetic.html，および，https://www.google.co.uk/about/stories/seeingpotential

**489** https://www.babylonhealth.com

**490** https://aws.amazon.com/machine-learning

**491** https://www.tensorflow.org

**492** https://www.ibm.com/watson

**493** https://azure.microsoft.com

**494** AI の技術についてより詳しく学びたいという読者には，以下の本がよいだろう。Russell, S., & Norvig, P. (2016). *Artificial Intelligence*, Domingos, P. (2017). *The Master Algorithm: How the Quest for the Ultimate Learning Machine Will Remake Our World*. Penguin.

**495** Goertzel, B., & Pennachin, C. (eds.). (2007). *Artificial General Intelligence, Cognitive Technologies*. Springer.

**496** たとえば，https://opencog.org

**497** Kurzweil, R. (2006). *The Singularity Is Near: When Humans Transcend Biology*. Duckworth. （レイ・カーツワイル（著）井上 健（監訳）(2016).『シンギュラリティは近い：人類が生命を超越するとき』NHK 出版）

**498** Vinge, V. (1993). "Vernor Vinge on the singularity." Presented at VISION-21 Symposium Sponsored by NASA Lewis Research Center and the Ohio Aerospace Institute."

**499** Bostrom, N. (2016). *Superintelligence: Paths, Dangers, Strategies*. Oxford University Press. （ニック・ボストロム（著）倉骨彰（訳）(2017). 『スーパーインテリジェンス：超絶 AI と人類の命運』 日本経済新聞出版社）

**500** たとえば，Hawking. S., et al. (2014). "Transcendence looks at the implications of artificial intelligence—but are we taking AI seriously enough?" *The Independent*. http://www.independent.co.uk/news/science/stephen-hawking-transcendence-looks-at-the-implications-of-artificial-intelligence--but-are-we-taking-ai-seriously-enough-9313474.html

**501** Müller, V.C., & Bostrom, N. (2016). "Future progress in artificial intelligence: A survey of expert opinion." In *Fundamental Issues of Artificial Intelligence*. Springer, 553–570. http://link.springer.com/chapter/10.1007/978-3-319-26485-1_33

**502** https://en.oxforddictionaries.com/definition/algorithm

**503** Turing, A. (1952). "The chemical basis of morphogenesis." *Philosophical Transactions of the Royal Society* 237 (641): 37–72.

**504** ほとんどの翻訳アプローチは，原文とそれに対応する翻訳ずみの文章のコーパスを必要とするが，Facebook の AI 研究者は，2 言語の対応しない文章（すなわち，異なる文章）のみで可能な手法を探求している。https://www.forbes.com/sites/samshead/2018/08/31/facebook-develops-new-ai-technique-for-language-translation/-7b435f802f71

**505** Samuel, A.L. (1959). "Some Studies in Machine Learning Using the Game of Checkers." *IBM Journal of Research and Development* 3 (3): 210–229.

**506** https://www.theguardian.com/technology/2016/mar/15/googles-alphago-seals-4-1-victory-over-grandmaster-lee-sedol

**507** 興味深いことに，機械学習の起源は，1959 年に前掲の論文 "Some Studies in Machine Learning Using the Game of Checkers" が発表されたときまで遡ることができる。

**508** Russell, S., & Norvig, P., *Artificial Intelligence*, 708.

**509** Russell, S., & Norvig, P., *Artificial Intelligence*, 708.

**510** 「サービスとしての AI」プラットフォームの一つである Microsoft Azure で利用可能なアルゴリズムの包括的リストが，以下から利用可能である。http://download.microsoft.com/download/A/6/1/A613E11E-8F9C-424A-B99D-65344785C288/microsoft-machine-learning-algorithm-cheat-sheet-v6.pdf

**511** Russell, S., & Norvig, P., *Artificial Intelligence*, 708.

**512** Löwel, S., & Singer, W. (1992). "Selection of intrinsic horizontal connections in the visual cortex by correlated neuronal activity." *Science* 255 (5041): 209–12.

**513** O'Neil, C. (2017). *Weapons of Math Destruction*.

**514** Morcos, A.S., et al. "On the importance of single directions for generalization." ArXiv.org. http://arxiv.org/abs/1803.06959

**515** Charles Darwin. (1869). *On the Origin of Species by Means of Natural Selection: Or the Preservation of Favoured Races in the Struggle for Life*. D. Appleton. （ダーウィン（著）　渡辺政隆（訳）(2009).『種の起源』（上）（下）　光文社）

**516** https://en.wikipedia.org/wiki/Genetic_algorithm　（キャシー・オニール（著）　久保尚子（訳）(2018).『あなたを支配し，社会を破壊する，AI・ビッグデータの罠』インターシフト）

CCR について

# 教育のスタンダードを再設計する

　カリキュラム・リデザインセンター（the Center for Curriculum Redesign；CCR）は，K-12 教育（幼稚園から高等学校までの教育）のスタンダードを 21 世紀に向けて再設計することで，人類の可能性を広げ，集団としてより繁栄させることを目指した国際的な組織，研究センターである。CCR は，包括的な枠組みをつくり出すために，国際機関，自治体，研究機関，企業，財団を含む非営利団体など，多様な視点をもつ支援者を集め，「21 世紀に向けて生徒は『何を』学ぶべきか」という問いに答えようとしている。

## 当センターの基本理念

　人類の持続可能性，すなわち，集団の可能性の拡大とさらなる繁栄は，社会，経済，環境に関するさまざまな要因の組み合わせからなる。その中でも鍵となるのは，意味あるカリキュラムに基づいた適切な教育であり，それこそが持続可能性，バランス，ウェルビーイングを生み出すために不可欠である。

　指導法や教授法が大きく注目されているが，CCR は，K-12 教育で「何を教えるか」が「どのように教えるか」と同じかそれ以上に重要であると主張し，「何を」に特に焦点を当てている。

　21 世紀では，今まさに起こっている加速度的な変化や，社会や個人のニーズがさまざまに移ろいゆくことを考慮しなければならない。カリキュラムは，子どもたちが生きる未来に役立つものでないといけないし，それに適したものでなければならない。

教育の「何を」を意味あるものにするためには，さまざまな見方に心が開かれている必要がある。そのため，CCR は独断に陥ることを避け，革新と統合，すなわち，さまざまな情報を最も明快で最も影響力があるように活用し，体系化していくことを重視している。

私たちは，自らが望む未来をつくることができるし，そうしていきたいと思っている。

## 「何を」にフォーカスする

テクノロジーの急激な変化により将来についての予測はますます難しくなっているが，一つだけ確かなことがある。それは，子どもたちをこれまで以上に複雑な問題に対処できるようにしなければならないということだ。カリキュラムが最後に大きく改革されたのは，やはり社会のニーズが急速に変化していた 1800 年代の後半である。21 世紀になったというのに，19 世紀のカリキュラムに頼っている余裕はない。実際，21 世紀のニーズに合った，バランスのとれた柔軟なカリキュラムを検討し，再設計し，それを提供していかなければ，子どもたちの成功は期待できないだろう。ここでいう成功とは，適応力があり，多能で，思慮深い人になることを意味する。

適応力，多能性，思慮深さを中心としたカリキュラムの枠組みを設計することで，私たちは 2 つの大きな目標を達成したい。

・一人ひとりが個人として，また職業人として成功し，満たされる可能性を高める。
・人類の持続可能性のために，理解と社会参加能力の共通基盤を提供する。

## 当センターの業務

CCR はプログラムでもなければ，コーディネイト業でもない。CCR のスタッフと協力者は，総合的なアプローチで仕事をしており，政策立案者，スタンダード設定者，カリキュラムや評価の開発者，学校管理者，学校長，学部長，力のある教師，EdTech の専門家，その他の思想的リーダーや影響力のある人たち

と活発に関わりながら，あらゆる教育関係者のニーズと課題を完全に理解するよう努めている。これは，有意義で適切な 21 世紀の教育のビジョンを創出し，それを実際に実施するためにきわめて重要なことである。

　本組織の研究や調査結果，提言は，CCR が後援する会議やセミナー，Web，ソーシャルメディア，コンサルティング，講演など，さまざまな形で積極的に発信されている。

　以下のビデオは私たちの考えをまとめたもので，自由に共有してほしい。

http://bit.ly/CCRintrovideo

# 著者について

マヤ・ビアリック（**Maya Bialik**）は CCR のリサーチマネージャであり，『21世紀の学習者と教育の4つの次元』（*Four-Dimensional Education*）の共著者でもある。彼女は，個人および政策レベルで，科学の適切な解釈と応用に力を注いでいる。マヤはハーバード大学で「心・脳・教育」プログラムの修士号を取得しており，また，複雑系，教育，環境科学，心理学，神経科学，言語学に関する研究と執筆の経歴をもつ。

チャールズ・ファデル（**Charles Fadel**）は，教育に関する世界的な思想的リーダーであり，作家，未来学者，発明家でもある。彼はまた，カリキュラム・リデザインセンターの創設者兼代表，ハーバード大学大学院教育学研究科の客員研究員，オリン工科大学学長評議会のメンバー，BIAC／OECD 教育委員会委員長であり，『21世紀の学習者と教育の4つの次元』（18言語に訳された枠組み）や，ベストセラー『21世紀型スキル』（*21st Century Skills*）の共著者，ヘルベチカ・エデュカチオ財団（ジュネーブ，スイス）の創立者兼会長，コンファレンス・ボード（全米産業審議会）の上級研究員でもある。

　チャールズは30か国以上の教育システムや教育機

関と仕事をしている。初期の AI スタートアップ企業であるニューロダインを
はじめ，工学分野でも 25 年の経験をもっている。また，シスコシステムズの
グローバルエデュケーション・リーダー，マサチューセッツ工科大学実験的学
習グループ（ESG）とペンシルベニア大学ウォートン校最高教育責任者（CLO）
プログラムの客員研究員，ビーコン・エンジェルスのエンジェル投資家などを
歴任してきた。チャールズはまた，電気工学理学士（BSEE）および経営学修
士（MBA）を取得しており，特許も 7 つもっている。全略歴は以下の Web ペー
ジを参照。

http://curriculumredesign.org/about/team/#charles

**ウェイン・ホルムス（Wayne Holmes）**は，オープ
ン大学教育工学研究所（イギリス）の「学習科学とイ
ノベーション」プログラムの助教授である。また，サ
ンパウロ大学とアラゴアス連邦大学（ブラジル）の客
員准教授，北京師範大学未来教育先端イノベーション
センター（中国）の客員研究員，人工知能のための議
員連盟・教育タスクフォース（イギリス）のメンバー，
そして CCR のコンサルタント研究員を務めている。
ウェインは，オックスフォード大学の「学習とテクノロジー」プログラムの博
士号，教育学（オックスフォード大学）と哲学の修士号を取得している。また，
教育と人工知能に関する 2 つの報告書「知能の解放：教育と人工知能に関す
る議論」（Intelligence Unleashed: An Argument for Artificial Intelligence in
Education）と「テクノロジーが強化したパーソナライズ学習：証拠をひもとく」
（Technology-Enhanced Personalised Learning: Untangling the Evidence）の
共著者でもあり，2018 年の AIED 国際会議において，AIED の倫理に関する
初のワークショップ「AIED の倫理：気にするのは誰か」（Ethics in AIED：
Who Cares）を率いた人物でもある。

## 付論：人工知能と教育人材の養成

### はじめに

　ここでまとめられた "*Artificial Intelligence in Education*" の訳出作業は，編訳者の関口貴裕教授をはじめとして，2019 年 4 月，東京学芸大学大学院教育学研究科に新設された「教育支援協働実践開発専攻・教育 AI 研究プログラム」に所属する教員によって取り組まれたものである [1]。

　本書『教育 AI が変える 21 世紀の学び』は，AI という類いまれな技術がもたらすこれからの社会と教育への影響を，見事に描いた教育関係者必読の書である。他方で，私たちが本書に関心をもったそもそものきっかけには，こうした一連の変革に対応するであろう教育人材の育成という焦点があった。そこで，ここでは本書の付論として，AI がもたらしていると思われる教育人材養成に関する問題意識の一端を紹介することを通し，貴重な本書の訳出を快くご了解くださった，Charles Fadel 氏をはじめとする著者の先生方へのお礼に替えることができればと願っている。

### なぜ教育人材の育成なのか

　指数関数的に進んでいる昨今の AI 技術は，5G さらには，クラウド，そして新しく加わってきたブロックチェーンといった，汎用的基幹技術＝「GPT」（General Purpose Technology）の一つとして，現在，社会の変革を先導している。データが高速化され（5G），ビッグデータが飛躍的な能力で保存・処理されるとともに（クラウド），そうした情報がより効率的に公平化・民主化（ブロックチェーン）されるようになる中で，そのトライアングルの中心にあって，デジタルデータを用い判断の最適化をもたらす不可欠の役割を担っているのが

AI である。

　昨今の技術革新が「第4次産業革命」という言葉とともに注目を浴びるのは，まさにそうした社会のデジタル化とそこからもたらされる社会変容が，決して産業界にのみとどまるものではなく，多くの分野で，社会と生活のすべてを変えていく可能性をもつと認められているからである。この意味で，個人と社会の well-being の実現に役割を担う「教育」という営みには，変革の姿が具体化すればするほどに，目的と方法の両面から，大きな影響を与えることにならざるをえない。

　ところで，2019年に始まった「COVID-19」の感染拡大時に見られたように，ICT 技術の社会的偏在という現状が，社会やとりわけ教育において，「gap-widening society」（格差社会）の象徴として現れたことは記憶に新しい。たとえば，感染拡大防止のための「学校休業」という事態は，「学び」を支えるPC・ダブレット等の学習機器整備と通信環境という優劣の格差が，「学び」（機会の提供と質の担保）の格差を生み出した場面でもあった。さらには，こうした状況下で当該の資源を寡占する組織あるいは国家が，一定のヘゲモニー（覇権）を握るという，教育の公平性を脅かす事態まで進んだようにも思われる。もちろん，主にここで現れたのは，PC・タブレットや通信環境といった物理的な意味での格差ではあったが，技術そのものの開発や保持といった点からも，それはすでに課題化されている面がある。

　つまり，先端技術が社会変革における汎用性や基幹性を強くもつものであればあるほど，そこには社会的偏在と，それに連動するヘゲモニー闘争のような，教育や一定の社会的価値がこれまで立脚してきた基盤を揺さぶられる状況が生じるということである。「先端技術の民主化」は，この意味で技術革新が生活と分かちがたく結びついている社会においてこそ重要な問題であり，それは同時に，公教育においても大きな課題である。特に AI に関しては，この問題が実は相当に進んでおり，こうした技術が逆に個人と社会の well-being を阻害する事態が生じかねない状況が生まれているように見える。

　この点からすると，教育を通して，AI という技術とその利活用に関わるコンテンツやコンピテンシーが，一つの社会的教養としてまずは広く分かち持たれること，つまり教育における「AI リテラシー」育成への普遍的な取り組みが，

基本的な取り組みの一つとして強く求められているように思われる。もちろんここで取り上げたような視点によらずとも，本書でも随所で触れられているように，これからの教育に求められるコンテンツ，ないしコンピテンシーの一部として「AIリテラシー」を位置づければよいのであるが，それが個人にとっても，また社会にとっても「自由」や「平等」といった人間存在の本質的問題に強く関わる側面があることには，繰り返し注意を向けておく必要があるだろう。AIという技術のもつ革新的な力に，あるいはその比類のない特性にたじろぐからこその関心である。

　だとすれば，「何を」「どのように」という取り組みと並行して，「誰が」という教育人材育成の取り組みが，公教育に関わって，マルチモーダルに進められる必要がある。もちろん，AIが「GPT」であるからこそ，それを牽引する「AI人材」を教育においてどう育てるのかという課題もあるし，そもそも「AI人材」を育てる人材をどう育てるのか，といった課題もある。しかし，そのようなAIにおける専門人材の育成とは別に，これからの社会の教養としてのAIリテラシーを提供する人材の育成，そして，その技術の民主化を支える社会成員の形成や，そのための教育人材の育成という課題も，AIをめぐる大きな問題として横たわっているのではなかろうか。さらには，そのような教育人材が，学習者の「学び」を支える教育の方法というレベルでの教育者自身の営みを，AIとともにどのように改革していくのか，あるいは改革する力をどのように身につけていくのかという課題も同時にあろう。そしてそれは，学習者が身につけるであろうAIリテラシーの中身や，専門人材としてのAI人材の育成の姿にも大きな影響を与えていく。AIをめぐる教育人材育成がある種の螺旋的課題となるのはこのような文脈においてであり，主に公教育を支える教員養成系の大学院に，筆者らが，冒頭で述べた「教育AI研究プログラム」を設置した意図も，少なからずこのような問題意識によるものである。

## 教育人材育成のストラテジー

　では，AIリテラシーが分かち持たれる社会に向けた教育を構想した場合に，その「教育」をリードしていく主体は，いったい誰なのか。公教育を前提とした場合には，もちろん，それは「教員」である。このことから，本書でも論じ

られている，教育における AI の問題，つまり「何を」「どのように」は，「教員」や「教員養成」，さらには「教育研究者」に一義的には向けられている。また，それを通して広くは保護者を含む社会全般に向けられているようにも見える。本書の「読み手」とは誰か，といった，ウンベルト・エーコが好みそうなテーマである[2]。

　ここで，公教育で扱うべき AI に関わるコンテンツやコンピテンシーに，再度，目を振り向けてみたい。GPT という視点からは，AI に関する知識や技能（about AI）はもちろんとして，AI を利活用するための知識・技能・態度（for AI）や，AI を利活用した社会や未来の創造に関わるコンピテンシーやエージェンシー（with AI）といった内容もが，教育内容の 1 領域としてではなく，教育活動全般の基盤的内容として位置づけられる必要がある。従来から教育においてその利活用が取り組まれてきた ICT が，情報化と国際化が進む現在の社会において，まさにこのような内容として先行してとらえられているようにである。

　AI は，ICT の高度化をさらに進めるとともに，社会変革に対する影響力が比較にならないほどに大きいというのが「第 4 次産業革命」等を論じる立場の一致するところであろう。また，それは教育全体の目的や，それに連なる内容，方法，評価の全体系を編みなおす射程を含んでいる。そのような教育におけるイノベーションのプロセスは，どのように進むのであろうか。また，そこでの教員を含む「教育者」とは，どのような役割を果たしつつ，どのような体制で公教育に携わる教育人材となるのだろうか。

　2015 年より OECD が，「Education2030」という，これからの教育に求められる内容と方法を，広範な国際協力の中で検討する取り組みを進めている。現在は，「フェーズ 1」のとりまとめとして「ラーニングコンパス 2030」という，そこでキーワードとなるコンピテンシー／エージェンシーといった概念と全体のビジョンの提案までを行っている。そして，次に「フェーズ 2」として取り組もうとするのは，そうしたビジョンに基づきつつ教育におけるイノベーションを起こすことのできる教育者の養成や研修である。教育が，個人と社会への機能を有した学習を支える営みであり，より広くは「他者（ひと・こと・もの）との出会いに生じる，個人と社会のよりよい変化」を支える営みであるとすれ

ば，こうした「学び」は「教えるひと」＝「教師」によって，まずは支えられるものである。

　しかし，AIという先端技術においては，AIエンジニアやビジネスプロデューサーなどのいわゆる「トップ人材」やそういった人材のもつ能力を，そのまま教師がもちえることは実際に難しい。他方で，そのような「トップ人材」は教育の専門家ではなく，おしなべて社会人がもつベーシックな「教育に関する能力」を有しているのみである。この意味では，教師もまた教育においては「トップ人材」であるものの，AIないしICTに関しては，おしなべて社会人がもつベーシックな能力を有しているにすぎないのが通常である。つまり，教師の能力として，AIに関する教育力をカリキュラム化し養成したり，現職教員にそれを内容として研修したりして育成するのは相当な難題である。ここで，そうなったときに現実的に求められることになる，「トップ人材」と「ベーシックな力をもつ人材」の，そして「AI」と「教育」の間ないし両者をつなぐ力をもつ「ミドル人材」の育成には，相当のストラテジーをもたなければ，現状に対する段差やギャップが大きすぎて，過重負担か形式に吸い込まれてしまうだけになる可能性が強く，その結果，AI技術の社会的偏在という課題が横たわっているにもかかわらず，求められる教育人材の社会的配置は進まず，課題も解決されないということになる。

　ここで，公教育の主たる場となっている「学校」の現状を見てみると，国際的な動向として，教員と教員以外のスタッフとの「チームアプローチ」による，協働的な教育活動体制の構築が進んでいる。わが国では，特に2017年，2018年に改訂された新しい学習指導要領とそれに基づく教育活動を進める際の枠組みとして，「社会に開かれた教育課程」や「チーム学校」というキーコンセプトから学校と学校外が協働的な体制を構築することを通しての，公教育の新しい方向性が模索されている。このことから導かれるアイデアの一つは，AIによって変化する新しい公教育とそのおもな担い手である「教員」の養成・研修体制の検討・整備を新たに進めつつも，あわせて求められる「ミドル人材」としての学校外スタッフを，AIによって変革するこれからと今の教育の橋渡し的役割と，公教育に先端技術を導入するイノベーターとしての二重の役割を担う「教育AI支援者」として専門的に育成し，「学校」にできるかぎり迅速に

配置することである。

　このような「教育 AI ワーカー」（Artificial Intelligence Worker in Education）は一つの教育的役割であって，労働における自立した職種として社会的に配置できるか否かは組織や国の個別な状況によって異なることにはなろう。特にわが国の現行制度では，支援員や身分の不安定な非常勤として以外には，「学校」側に教職員としてか，あるいは学校外の，たとえば企業や NPO 等各種団体の社員・職員としてしかまずは配置しえない。しかし，たとえば初等・中等教育におけるクロスアポイントメント制度の援用や，「チーム学校」のより「教育 AI 支援者」に焦点化した社会実装など，人材の養成と配置が少しの改善をともなって進めば，それを「フェーズ 1」として学校現場への AI リテラシーの教育と AI 利活用を現状の学校教育体制の中でまずは進めることができる。またあわせて，実践的な AI 利活用の研究・開発や養成・研修のあり方の検討，さらには教育領域から逆に AI 技術の開発に対するオーダーを発信することもできる。さらにこの間に，AI に先導される新しい社会と教育に対する基礎的研究と，その成果も活かした新しい教員像とそれを具体化する養成・研修の改革を進めることにも取り組める。

　このような取り組みの蓄積が一定程度積み上げられれば，AI 時代に応じた求められる教育人材の育成のボリュームが各教育現場に与えられていくとともに，それに連動した AI リテラシーの教育と AI 利活用の拡充と高度化が探られ，そのことが AI という「GPT」を内に含み込んだ社会と教育の螺旋的発展が図られる「フェーズ 2」へとつながっていく。そしてその先には，社会課題の解決と教育の充実が先端技術に先導されて双方向的に進み，学校をハブとした拡張的な「学び」が人々の生活を支えることになる「フェーズ 3」が想定される。そのときに，随時アップデートされる先端技術が社会的偏在という問題も生じさせることもなく，ネットワーク型の公教育と，新しい未来の学校像を浮かび上がらせる形で，地に足のついたものとなっているのではないだろうか。もちろん，ここでのいくぶんユートピア的ビジョンやストラテジーを担保するものは，その具体性や論理性にあるというよりも，本書の訳出者が所属する，東京学芸大学大学院・教育 AI 研究プログラムの，フロンティアを生み出そうとする一つのチャレンジがもつ蓋然性そのものでしかない面はある。

しかし，このような AI をめぐる教育人材育成の一つのストラテジーに関するアイデアの上に少なくとも立てば，本書の「読み手」として私たちが期待しているもう一つの読者層は，学校の外部から AI と教育や社会の関係性を練りなおすことに関心をもつ「教育 AI ワーカー」であり，このようなネットワーク型の学校教育のあり方を模索する「実践者（教員と教員以外のスタッフ）」と「研究仲間」ということになるのであろう。

## 教育人材は「生身の人間」である必要があるのか

　本書は，教育における AI（artificial intelligence in education；AIED）の問題を，「何を」「どのように」という主要な 2 つの柱立ての中に論じ，OECD などの教育プロジェクトを先導するような豊富な事例と洗練された教育理論をもとに，今後の学習と教育のあり方の重要な指針を示すものであった。そして，ここではその付論として，そうして構想される教育改革をいったい「誰が」担うのかという関心から，教育人材の育成という観点と若干の問題について論じてきた。

　最後にここでは，AIED が教育人材の育成に関わって突きつけてくる，もう一つの問題に触れて付論を閉じることにしたい。それは，ここでいう「教育人材」とは，はたして「生身の人間」である必要があるのか，という問いである。

　もちろんこれは，AI 技術にあわせて進化するロボティックスの技術やサイボーグ技術を指して，「ロボットとしての教育人材」の適否について問おうとしているものではない。従来，人間にとっての技術とは，行為の主体としての生身の人間が，身体の外部にある「環境」に働きかけるときに，人間を補助する道具として意味をもつものであった。この点からすると，教育が育むものは，生身の人間の内部であり，あくまで知識・技能・態度・価値といった「学力」や「能力」，すなわち人間（身体）の内側に宿る「力」である。しかし，AI という技術は，「道具」として利用可能な技術であるとともに，環境の側を拡張させることによって，そもそもの人間の「能力」ないし「力」とは何かを問うてくる性質をもつ技術でもある。

　この点に関して，社会学者の堀内は，そもそも AI に対する楽観論や待望論，逆に脅威論を生み出すのは，人間と技術を截然と区別し，技術は「人間らしさ」

を体現しないと仮定するから生じていると指摘する。そして理性や意志にではなく、「緩やかに促される環境」の中にこそ、期待すべき時代がAIによってもたらされているのではないかと論じている[3]。スマートスピーカーを例にすると、何か指示する事項（たとえば、「楽しくなる曲をかけて」といった指示）を発話したときに、本人でさえも気づいていないいくつかの「選択肢」をスマートスピーカーに提示され、逆にそのことがきっかけとなって、いわば個人の欲求が喚起され、意図していなかった行動が起こされる。そこでは、それまでのありようで存在する「生身」の個人が行為の起点となっているのではなく、AIが個人に働きかけてくることから新しい「環境」がつくり出され（環境との双方向的なコミュニケーション）、新しい「個人（生身＋環境）」の誕生と、新しい価値を含む行為選択が顕現しているとここでは考えてみたい。

　つまり、この状況においては、従来の固定的な「個人／環境」という図式はすでに崩されており、環境がむしろ「拡張」し、個人は新しい関係性の中に流動化し姿を変えている。ここでは、イネーブリング（Enabling）の性格を帯びた「共依存関係」が成立しやすく、隠された支配を生み出す可能性が生じるという、より強烈な問題も起きているが、このときに「人間らしさ」（人間中心主義）を持ち出すのは、イネーブリングを強化するだけにしかならず、むしろ理性や意志にではなく「緩やかに促される環境」の中にこそ期待すべき時代として、人間の諸行為をとらえなおさなければならないのではないかと、先の堀内も強調する。つまり、乗り込んでいく、という姿勢への期待である。いずれにしても、AIEDによってもたらされる学習者の「学び」とは、学習者自身の道具に補助された高機能化による量の拡大ではなく、環境の拡張による「自身」の変化であり、自身の中に「他者」を見いだし、そしてその他者と「出会い」、より良い方向へと変化する営みを自ら生み出していくことであろう。この意味では、個別最適化（パーソナライズ）された学習とは、スマートスピーカーの事例に類して考えると、ドリルの個別化によって自身の内部を「効率よく鍛える」ことが可能になったというのではなく、自身を取り巻く環境との相互作用の結果として、本書でも触れられたような学習における「熟練」と「転移」が、まさに実践的に経験されたという事態ではないだろうか。

　もしこのようなとらえ方ができるとすれば、AIEDがもたらすものは、学習

における新しい「他者」の技術による生成，あるいは「教育」における教える側の「生身の人間」からの「解放」を示すことになるのではないだろうか。そうした事態は，教育における「他者」の多様化・多面化として，教育のあり方をこれまでにない形で変革するのだろうか。あるいは，それは教育や社会，翻っては人間を衰退させるのであろうか。

　教育を通して，AI という技術とその利活用に関わるコンテンツやコンピテンシーが一つの社会的教養としてまずは広く分かち持たれることは，おそらく，このような「環境が拡張する」という新しい社会像[4] に応じた教育のあり方へのラディカルな問いを含むものである。そしてそれは同時に，教育が前提としてきたある種のパラダイムへの問いなおしでもある。もっとも，AIED に関わる問題を新しい技術に対する活用能力等が，他の「力」と横並びでまた一つ増えることとしてイメージするのか，「with AI」時代の可能性として，環境が拡張する社会における新しい教育と人間のあり方の探索としてイメージするのかは，もちろん読者自身の判断でしかないのだけれども。

松田　恵示

## 注および文献

**1**　東京学芸大学大学院教育学研究科・教育 AI 研究プログラムについて詳しくは，以下の Web ページをご覧いただきたい。https://www.u-gakugei.ac.jp/graduate/master/policy/

**2**　ウンベルト エーコ／篠原資明（訳）『物語における読者』青土社，1993

**3**　堀内進之介　『人工知能時代を〈善く生きる〉技術』集英社，2018

**4**　ブレット キング／上野博（訳）『拡張の世紀』東洋経済新報社，2018

# 索 引

Index

·········· 人名索引 ··········

# 事項索引

# 編訳者紹介

## 関口貴裕（せきぐち・たかひろ）

1971 年　群馬県に生まれる
2000 年　大阪大学大学院人間科学研究科　博士後期課程　修了
現在　東京学芸大学大学院連合学校教育学研究科　教授　博士（人間科学）

［主著］
『ふと浮かぶ記憶と思考の心理学――無意図的な心的活動の基礎と臨床』（共編著）
　　北大路書房　2014 年
『21 世紀の学習者と教育の 4 つの次元――知識，スキル，人間性，そしてメタ学習』
　　（共編訳）北大路書房　2016 年
『学校教育ではぐくむ資質・能力を評価する』（共編著）図書文化社　2019 年

# 訳者・執筆者一覧

所属等は書籍発刊当時

| 関口　貴裕 | 東京学芸大学大学院連合学校教育学研究科 教授 | 編訳者，補足1 |
| 細川　太輔 | 東京学芸大学大学院教育実践創成講座 准教授 | はじめに，第1部1～4 |
| 犬塚　美輪 | 東京学芸大学教育学部教育心理学講座 准教授 | 第1部5 |
| 中野　幸夫 | 東京学芸大学教育学部広域自然科学講座 准教授 | 第1部6～7 |
| 萬羽　郁子 | 東京学芸大学教育学部生活科学講座 准教授 | 第1部8～11 |
| 遠藤太一郎 | 東京学芸大学大学院教育学研究科 准教授／株式会社エクサウィザーズ AI 技術統括 | 第2部1～3 |
| 森本　康彦 | 東京学芸大学 ICT センター 教授 | 第2部4，8 |
| 佐藤　耕平 | 東京学芸大学教育学部健康・スポーツ科学講座 准教授 | 第2部5 |
| 加藤　直樹 | 東京学芸大学 ICT センター 准教授 | 第2部6～7 |
| 櫨山　淳雄 | 東京学芸大学教育学部技術・情報科学講座 教授 | 第2部9 |
| 奥村　基生 | 東京学芸大学教育学部健康・スポーツ科学講座 准教授 | 第2部10 |
| 小宮山利恵子 | 東京学芸大学大学院教育学研究科 准教授／スタディサプリ教育 AI 研究所 所長 | 第2部11～12 |
| 栗原　恒弥 | 東京学芸大学大学院教育学研究科 教授／株式会社日立製作所 | 補足2 A2-1，A2-2 |
| 新海　宏成 | 東京学芸大学教育学部健康・スポーツ科学講座 准教授 | 補足2 A2-3，A2-4 |
| 松田　恵示 | 東京学芸大学 理事・副学長／教育学部健康・スポーツ科学講座 教授 | 付論 |

# 教育 AI が変える 21 世紀の学び
## ——指導と学習の新たなかたち——

2020 年 11 月 10 日　初版第 1 刷印刷　　定価はカバーに表示
2020 年 11 月 20 日　初版第 1 刷発行　　してあります。

著　者　ウェイン・ホルムス
　　　　マヤ・ビアリック
　　　　チャールズ・ファデル

編訳者　関　口　貴　裕

訳　者　東京学芸大学大学院・
　　　　教育 AI 研究プログラム

発行所　（株）北大路書房
〒 603-8303　京都市北区紫野十二坊町 12-8
電話　(075) 431-0361 (代)
FAX　(075) 431-9393
振替　01050-4-2083

編集・デザイン・装丁 上瀬奈緒子（綴水社）
印刷・製本 （株）大洋社
©2020　ISBN978-4-7628-3133-1　Printed in Japan
検印省略　落丁・乱丁本はお取り替えいたします

## 21世紀の学習者と教育の4つの次元
―― 知識，スキル，人間性，そしてメタ学習

C. ファデル，M. ビアリック，B. トリリング 著
岸 学 監訳 関口貴裕，細川太輔 編訳
東京学芸大学次世代教育研究推進機構 訳

ISBN978-4-7628-2944-4
A5判 196頁 本体2200円＋税

知識だけでなく，スキル（創造性・批判的思考…）や人間性（マインドフルネス・好奇心・勇気・レジリエンス・倫理…），そしてメタ学習（学び方を学ぶ），といった4つを関連させて育成していくことの重要性を提案。OECDの次期コンピテンシーの検討に刺激を与える。日本や世界の教育改革の方向性を理解するのにも最適。

## 21世紀型スキル
―― 学びと評価の新たなかたち

P. グリフィン，B. マクゴー，E. ケア 編
三宅なほみ 監訳 益川弘如，望月俊男 編訳

ISBN978-4-7628-2857-7
A5判 288頁 本体2700円＋税

生涯にわたる学習や自らの賢さを育て続ける力の育成が希求され，その教育と評価を考える国際プロジェクトが進行している。本書は，創造性，批判的思考，メタ認知，コミュニケーション，コラボレーション，ICTリテラシー等の4カテゴリー，10スキルについて詳説。日本でどう取り組んでいくべきかの書き下ろし2章を付加。

# 思考する教室をつくる
# 概念型カリキュラムの理論と実践
―― 不確実な時代を生き抜く力

H・リン・エリクソン, ロイス・A・ラニング,
レイチェル・フレンチ 著
遠藤みゆき, ベアード真理子 訳

ISBN978-4-7628-3120-1
A5判 272頁 本体3400円＋税

新学習指導要領が目指す, AI時代を生き抜くための資質・能力とは? またその育成方法はどうあるべきか? 文部科学省が導入を推進する国際バカロレアも取り入れている「概念型カリキュラム」について, 単元設計から評価まで解説。学習者が事実だけでなく, 批判的・創造的思考を獲得できる指導法を具体的に紹介する。

# デジタル社会の学びのかたち Ver.2
―― 教育とテクノロジの新たな関係

A. コリンズ, R. ハルバーソン 著
稲垣 忠 編訳

ISBN978-4-7628-3126-3
A5判 232頁 本体2200円＋税

テクノロジの活用は, 遠隔学習や, 生徒個々のニーズ・能力に最適な教育のカスタマイズを可能たらしめ, 21世紀型スキル習得の橋渡しにもなる。公教育制度下でどう積極的に導入できるか。2009年の初版本を, 北米における現在のデジタルメディア環境に即した内容へと一新。すべての教師たちの建設的な議論のために。